城市轨道交通概论

主　编　何安琪　胡　翔　李海英
副主编　谢　勇　刘　莉　文　豪

西南交通大学出版社
·成都·

图书在版编目（CIP）数据

城市轨道交通概论 / 何安琪，胡翔，李海英主编．—成都：西南交通大学出版社，2023.2
ISBN 978-7-5643-9093-8

Ⅰ．①城⋯ Ⅱ．①何⋯ ②胡⋯ ③李⋯ Ⅲ．①城市铁路－轨道交通－概论 Ⅳ．①U239.5

中国版本图书馆 CIP 数据核字（2022）第 250680 号

Chengshi Guidao Jiaotong Gailun
城市轨道交通概论

主　编 / 何安琪　胡　翔　李海英	责任编辑 / 李　伟
	封面设计 / 吴　兵

西南交通大学出版社出版发行
（四川省成都市金牛区二环路北一段 111 号西南交通大学创新大厦 21 楼　610031）
发行部电话：028-87600564　　028-87600533
网址：http://www.xnjdcbs.com
印刷：四川森林印务有限责任公司

成品尺寸　185 mm×260 mm
印张　17　　字数　415 千
版次　2023 年 2 月第 1 版　　印次　2023 年 2 月第 1 次

书号　ISBN 978-7-5643-9093-8
定价　48.00 元

课件咨询电话：028-81435775
图书如有印装质量问题　本社负责退换
版权所有　盗版必究　举报电话：028-87600562

前言

随着国民经济的高速发展,我国各大城市的规模不断扩张,在城市发展的过程中慢慢出现了交通拥堵、用地紧张和环境污染等一系列"城市病"。具有运量大、用地少与污染小等特点的城市轨道交通系统得到了广泛关注并不断发展,已成为大型城市公共客运交通体系中的骨干力量,是市民日常出行的主要选择。与其他常规交通方式相比,现代城市轨道交通具有无可比拟的优势,主要体现在运输能力大、运行速度快、能耗低、环境污染少、安全可靠性高、舒适性好和占地面积少等方面。

相较于欧美发达国家以及邻国日本,我国的城市轨道交通发展虽起步较晚,但发展迅速。北京于1969年开始试运营第一条地铁,之后天津于1980年建成长7.4 km的地铁线路。20世纪80年代以后,以上海地铁1号线、北京地铁复八线、北京地铁1号线改造、广州地铁1号线建设为标志,我国真正以交通为目的的地铁项目开始建设。截至2019年年底,我国已有40座城市的轨道交通系统投入运营,运营线路208条,运营线路总长度6 736.2 km。其中,地铁运营线路5 180.6 km,占比76.9%;其他制式城轨交通运营线路1 555.6 km,占比23.1%,当年新增运营线路长度974.8 km,部分城市的地铁已成网络运营。尽管取得了骄人的成绩,但我国的轨道交通事业仍存在诸多问题亟待完善,如我国的城市轨道交通以地铁为主,少部分有轻轨、单轨以及磁悬浮等其他制式,制式与运营模式较单一。

为满足城市轨道交通建设、发展、运营和维护等工作对高层次、高技能人才培养的需求,同时满足对城市轨道交通有兴趣人士的需要,我们组织了一批具有城市轨道交通现场工作经验和丰富教学经验的"双师型"教师团队编写了此书。

本书聚焦城市轨道交通的发展,系统地介绍了城市轨道交通设备的基本组成、基本原理和城市轨道交通运输组织工作,主要包括城市轨道交通线路、站场、车辆、供电、信号、通信、机电设备及运输组织工作。本书可作为城市轨道交通专业职业教育用书,还可作为从事城市轨道交通技术人员的学习资料。职业教育学生通过学习本书,可以对城市轨道交通形成宏观概念,为后面专业核心课程的学习打下坚实的基础。

本书最大的创新点在于融入了实际工作现场案例,在许多重要的项目中,例如车辆,在进行教材编写时,针对所讲的内容,配套实际运营中出现的相关故障进行更深层次地阐述,让读者能将所学内容与实际遇到的问题进行对应,加深读者的印象,方便学习和理解。本书作为铁道机车国家专业教学资源库立项课程的配套教材，具有完整的动画和视频教学资源，便于读者学习。

本书由武汉铁路职业技术学院何安琪、胡翔、李海英担任主编，武汉铁路职业技术学院谢勇、刘莉、文豪担任副主编。

各项目编写分工如下：项目一、二由李海英编写，项目三、四由谢勇编写，项目五由胡翔编写，项目六由刘莉编写，项目七由文豪编写，项目八、九由何安琪编写。全书由何安琪统稿。

由于编者水平有限，且编写时间仓促，书中难免存在疏漏、不妥之处，诚恳希望各院师生及读者提出批评及改进意见。

编 者

2022 年 11 月

数字资源列表

序号	项目	二维码名称	资源类型	页码
1	项目一	城市轨道交通发展简介	视频	1
2		地铁线路图	视频	15
3		城市轨道交通规划	视频	21
4		城市轨道交通的组成	视频	27
5	项目二	线路	视频	31
6	项目三	车站与停车场	视频	53
7	项目四	车辆编组及运行	视频	72
8		车辆的类型和特点	视频	74
9		车辆机械的相关知识	视频	78
10		车辆机械	视频	85
11		车辆电气系统	视频	100
12	项目五	供电系统的组成	视频	120
13		供电系统的基本要求	视频	121
14		供电方式	视频	122
15		城市轨道交通供配电系统的组成	视频	124
16		牵引供电系统	视频	125
17		动力照明系统	视频	125
18		主变电所	视频	127
19		牵引变电所	视频	128
20		降压变电所	视频	129
21		供电专业机构设置	视频	130
22		电力监控系统的组成	视频	132

续表

序号	项目	二维码名称	资源类型	页码
23	项目五	电力监控系统的基本任务及特点	视频	134
24		电力监控系统的功能	视频	135
25		电力监控系统信息的传送方式	视频	138
26		接触网的结构形式及特点	视频	139
27		接触网供电方式与分段	视频	141
28		迷流及其防护	视频	142
29	项目六	城市轨道交通信号系统概述	视频	145
30		城轨信号机认知	视频	147
31		信号机显示意义	视频	149
32		信号继电器认知	视频	151
33		道岔转换设备	视频	154
34		轨道电路设备	视频	156
35		计轴器设备	视频	158
36		区间闭塞的概念及方法	视频	160
37		区间闭塞技术的演变	视频	161
38		固定闭塞认知	视频	162
39		准移动闭塞认知	视频	163
40		移动闭塞认知	视频	164
41		进路的基本知识	视频	166
42		联锁的概念及内容	视频	167
43		联锁设备的基本功能和要求	视频	168
44		联锁具体设备认知	视频	169
45		城轨联锁系统控制特点	视频	171
46		城轨列车运行控制系统的概念及作用	视频	173
47		查询应答器	视频	173
48		列车测速装置	视频	175
49		列车定位技术	视频	178

续表

序号	项目	二维码名称	资源类型	页码
50	项目六	车地无线通信技术	视频	179
51		速度控制方式	视频	180
52		ATC 系统功能组成及设备分布	视频	183
53		ATS 的概念及功能	视频	184
54		ATP 的概念及功能	视频	186
55		ATO 的概念及功能	视频	187
56		基于点式 ATC 的列车运行控制系统	视频	188
57		基于 CBTC 的列车运行控制系统	视频	189
58	项目七	通信系统的定义及作用	视频	192
59		通信系统的分类	视频	192
60		通信系统网络架构	视频	193
61		通信电源系统	视频	196
62		传输系统	视频	196
63		OTN 技术	视频	197
64		ATM 技术	视频	198
65		MSTP 技术	视频	198
66		数字集群系统	视频	199
67		集中告警系统	视频	205
68		公务电话子系统	视频	209
69		调度电话子系统	视频	211
70		站内电话子系统	视频	213
71		站间和轨旁电话子系统	视频	214
72		电话录音系统	视频	214
73		时钟系统	视频	215
74		闭路电视系统	视频	219
75		广播系统	视频	223
76		乘客信息系统	视频	223
77		无线集群通信系统	视频	229

续表

序号	项目	二维码名称	资源类型	页码
78	项目八	车站给排水系统	视频	237
79		消防报警系统	视频	240
80		环境控制系统	视频	244
81		屏蔽门系统	视频	246
82		通风空调系统	视频	248
83		自动售检票系统	视频	248
84		车站低压配电系统	视频	248
85		火灾的危害	视频	248
86	项目九	全日行车计划	视频	249
87		车辆运用分类	视频	250
88		车辆运用计划的含义	视频	251
89		列车交路方案	视频	252
90		列车停站方案	视频	252
91		列车时刻表及晚点	视频	253
92		列车运行图	视频	253
93		安全生产方针与事故处理原则	视频	254
94		运营事故的分类	视频	255
95		运营事故的抢险指挥	视频	257
96		地铁运营事故分析	视频	258
97		事故预防对策	视频	259
98		事故应急预案	视频	260
99		乘务组织	视频	261
100		城市轨道交通经济评价	视频	261

目 录

项目一　城市轨道交通概述 ·· 001
　任务一　城市轨道交通发展简介 ··· 001
　任务二　城市轨道交通发展概况 ··· 010
　任务三　城市轨道交通规划 ·· 021
　任务四　城市轨道交通的组成及对人才的需求 ································· 027
　思考与练习 ·· 030

项目二　城市轨道交通线路 ·· 031
　任务一　城市轨道交通线路基础知识 ·· 031
　任务二　路基和线路设备 ··· 038
　任务三　城市轨道交通工程建设 ··· 048
　思考与练习 ·· 052

项目三　城市轨道交通站场 ·· 053
　任务一　站场基础知识 ··· 053
　任务二　城市轨道交通车站 ·· 060
　任务三　车辆基地 ·· 066
　思考与练习 ·· 071

项目四　城市轨道交通车辆 ·· 072
　任务一　城市轨道交通车辆基础知识 ·· 072
　任务二　车　体 ·· 078
　任务三　转向架 ·· 085
　任务四　车钩缓冲装置 ··· 091
　任务五　电气系统 ·· 100
　任务六　制动系统 ·· 108
　任务七　空调通风系统 ··· 117
　思考与练习 ·· 119

项目五　轨道交通供电系统 ·· 120
　任务一　供电系统的组成及作用 ··· 120

任务二　变配电系统 ··· 122
　　任务三　电力监控系统 ··· 132
　　任务四　接触网 ··· 139
　　思考与练习 ··· 144

项目六　城市轨道交通信号系统 ·· 145
　　任务一　城市轨道交通信号系统概述 ·· 145
　　任务二　信号基础设备认知 ··· 147
　　任务三　区间闭塞技术 ··· 160
　　任务四　城市轨道交通联锁基础 ·· 166
　　任务五　城市轨道交通列车运行控制系统 ··· 172
　　思考与练习 ··· 191

项目七　城市轨道交通通信系统 ·· 192
　　任务一　城市轨道交通通信系统概述 ·· 192
　　任务二　传输系统 ··· 201
　　任务三　电话系统 ··· 208
　　任务四　时钟系统 ··· 215
　　任务五　闭路电视系统 ··· 219
　　任务六　广播系统 ··· 223
　　任务七　无线集群调度系统 ··· 229
　　思考与练习 ··· 236

项目八　城市轨道交通其他设备 ·· 237
　　任务一　车站给排水系统 ··· 237
　　任务二　火灾自动报警系统 ··· 240
　　任务三　环境控制系统 ··· 244
　　任务四　屏蔽门系统 ··· 246
　　思考与练习 ··· 248

项目九　城市轨道交通行车组织 ·· 249
　　任务一　列车运行计划 ··· 249
　　任务二　运营事故处理规则 ··· 254
　　任务三　事故处理预案及预防 ··· 257
　　思考与练习 ··· 261

参考文献 ·· 262

项目一 城市轨道交通概述

随着国民经济的高速发展，我国各大城市的规模不断扩张，在城市发展的过程中不同程度地出现了交通拥堵、用地紧张和环境污染等一系列"城市病"。因此，具有运量大、用地少与污染小等特点的城市轨道交通系统得到了广泛关注并不断发展，已成为大型城市公共客运交通体系的首选，是市民日常出行的主要选择。通过本项目的学习，可以了解发展城市轨道交通的必要性，掌握城市轨道交通系统的定义与组成，掌握城市轨道交通系统的特点与基本类型，熟悉国内外城市轨道交通系统的发展历程与发展趋势。

任务一 城市轨道交通发展简介

一、城市轨道交通概述

（一）城市轨道交通的定义

城市轨道交通是一个包含范围较大的概念，一般而言，广义的城市轨道交通是采用轨道进行承重和导向的车辆运输系统，设置全封闭或部分封闭的专用轨道线路，具有车辆、线路、信号、车站、供电、控制中心和服务等设施，车辆以列车或单车形式，运送相当规模客流量的城市公共交通方式。而狭义的城市轨道交通则特指地铁、轻轨和单轨（独轨）。

城市轨道交通发展简介

随着现代轨道交通技术的不断发展，城市轨道交通以其载客量大、快速、准时、安全、环保等优势，成为解决城市交通拥堵问题的最有效手段，也是一个城市现代化程度的重要标志之一。

（二）城市轨道交通的主要类型

城市轨道交通发展不但呈现速度快、数量多的特点，而且呈现类型多样化、设施更先进、管理经验更科学、整体效益更佳的趋势。随着城市发展与城市化进程的加快，城市轨道交通的地位与作用正被重新估量。

城市轨道交通种类繁多，技术经济指标差异较大，世界各国评价标准不一，并无严格的基本分类。例如，城市轨道交通根据敷设方式可分为地下、地面、高架等类型。按照国家标准《城市轨道交通技术规范》(GB 50490—2009)的定义,城市轨道交通是"采用专用轨道导向运行的城市公共客运交通系统",一般包括地铁系统、轻轨系统、单轨系统、有轨电车、磁浮系统、市域快速轨道系统、自动导向轨道系统七种制式。因此,根据不同的分类标准与方法,可获得不同的结果。

1. 按照运量规模分类

1)大运量轨道交通系统

大运量轨道交通系统的高峰小时单向运输能力为 3 万人以上。属于该种类型的轨道交通系统主要有重型地铁和轻型地铁。

2)中运量轨道交通系统

中运量轨道交通系统的高峰小时单向运输能力为 1.5 万 ~ 3 万人。属于该种类型的轨道交通系统主要有微型地铁以及高技术标准的轻轨、单轨。

3)小运量轨道交通系统

小运量轨道交通系统的高峰小时单向运输能力为 0.5 万 ~ 1.5 万人。属于该种类型的轨道交通系统主要有低技术标准的轻轨和自动导向交通。

2. 按照基本技术特征分类

1)地铁系统

地铁即地下铁道的简称,是指轴重相对较重,单方向高峰输送能力在 3 万人次/h 以上的城市轨道交通系统。随着地下铁道的发展,地铁线路的敷设已不仅仅局限于地下隧道中,而是根据实际需要也可以布置在地面或采用高架的方式修建,但城区多以地下线路为主。一般情况下,地铁线路实行全封闭,可实现信号控制的自动化,适用于客运量较大的城市中心区域。

世界各地地下铁道所采用的技术标准不同,可分为重型地铁、轻型地铁与微型地铁三种类型。目前,地铁的服务范围主要集中在市区,也可延伸到市郊,具有站间距较密,电力驱动,线路全封闭,信号自动化控制,运量大、速度快、安全、准时、舒适、节约城市土地资源等特征。

1863 年,世界上首条地下铁路系统在伦敦开通,主要是为了解决当时伦敦的交通堵塞问题而建。当时电力尚未普及,所以即使是地下铁路也只能用蒸汽机车。由于机车释放出的废气污染环境且对人体有害,所以当时的隧道每隔一段距离便要有与地面打通的通风槽。1870 年,伦敦开办了第一条客运的钻挖式地铁,在伦敦塔附近越过泰晤士河。但这条铁路并不算成功,运营数月后便关闭。现存最早的钻挖式地下铁路则在 1890 年开通,亦位于伦敦,连接市中心与南部地区。铁路的建造者最初计划使用类似缆车的推动方法,但最后采用了电力机车,使其成为第一条电动地铁。

我国第一条地铁线路始建于 1965 年 7 月 1 日,于 1969 年 10 月 1 日建成通车,北京也因此成为中国第一个拥有地铁的城市。截至 2021 年年底,我国地铁运营线路累计达 7 209.7 km。图 1-1 为武汉地铁 7 号线。

图 1-1　武汉地铁 7 号线

2）轻轨系统

轻轨（Light Rail Transit，LRT）即轻轨铁路的简称。因轻轨交通车辆轴重较轻，施加在轨道上的荷载相对于市郊铁路或地铁的荷载来说比较轻，故称轻轨，如图 1-2 所示。轻轨是在有轨电车的基础上发展起来的，由电气牵引，轮轨导向，列车或车辆编组运行在专用行车道上，是一种中运量城市轨道交通系统，输送能力介于地铁和有轨列车之间，为 1.5 万～3 万人/h，旅行速度可达 30 km/h。由于轻轨系统使用的钢轨比重型地铁所使用的钢轨轻，其整体技术标准也低于地铁，运输能力也远小于地铁。早期的轻轨系统一般为旧式有轨电车系统直接改建而成，20 世纪 70 年代后期，一些国家开始修建全新的轻轨系统，其行车速度、乘坐舒适度及运行噪声得到了很大程度的改善。由于轻轨既免除了地铁的昂贵投资，又具有中运量的特点，在我国具有较大的发展前景。

图 1-2　轻轨列车

轻轨系统主要在城市地面或高架桥上运行，线路采用地面专用轨道或高架轨道，遇繁华街区，也可进入地下与地铁接轨。轻轨的服务范围主要连接市区与郊区，用于构建市区与重点郊区的大运能通道。

轻轨可分为两类：车型和轨道结构类似地铁，运量较地铁略小的轻轨交通，称之为准地铁；另一类为运量比公共汽车略大，在地面行驶，路权可以共用的新型有轨电车。

轻轨与地铁的不同之处在于轻轨运量较小，采用较小的车辆，线路曲率半径较小以及"最大坡度"较大等。它们的线路大体上是相同的，供电设备、信号设备、通信设备、机电设备以及运营管理是完全相同的。但是不能简单地认为位于地面和高架的线路是轻轨，而地铁必须位于地下隧道内。例如，上海轨道交通3号线全部采用高架线路，许多人称之为轻轨，这是不正确的。因为3号线完全是按地铁标准设计的。而6号线和8号线，大部分位于地下隧道内，却是按轻轨标准设计的。也不能认为轻轨的轨道较轻。虽然轻轨的轴重较轻，但是为了保证列车运行的平稳，仍然采用与地铁一样的钢轨。

3）单轨系统

单轨系统是指车辆或列车在单一轨道梁上运行的城市客运交通系统，如图1-3所示。单轨系统一般采用高架结构形式，其基础结构是架空的T形或I形轨道梁，这种轨道梁起承载、导向和稳定的作用，占用空间小，可以适应急弯及大坡度，其投资小于地铁系统。车辆则大多采用橡胶轮胎。根据构造形式不同，单轨系统还可以分为跨座式单轨与悬挂式单轨两类：车辆由若干节车厢组成，在轨道梁上部行驶的称为跨座式单轨交通；在轨道梁下部行驶的称为悬挂式单轨交通。单轨系统道岔转换时间较长，制约着线路的通过能力，单向小时最大运输能力为0.5万~2万人次，但其运行噪声较小，具有很好的爬坡性能，适宜于在地面起伏较大的城市修建。

图1-3 单轨列车

单轨系统是一种中运量的轨道运输系统，因其占地面积很少，与其他交通方式完全隔离，运行安全可靠，建设适应性较强。

4）有轨电车

有轨电车也称路面电车，简称电车，属轻轨的一种（以电力推动的列车，也称为电车），如图1-4所示。有轨电车是一种由电力牵引、轮轨导向、单车或两辆铰接运行在城市路面线路上的低运量城市轨道交通系统。有轨电车通常采用地面线，有时也设置有隔离设施的专用路基或轨道，在交通拥挤区会采用隧道或高架形式。有轨电车系统具有建设投资小、缓堵见效快等优点，并且由于电车以电力推动，车辆不会排放废气，因此是一种无污染的环保交通工具，但其运输能力相对较低。

图 1-4 有轨电车

20 世纪初，欧洲、美洲、大洋洲和亚洲的一些城市出现了路面电车。之后随着私家汽车、公共汽车及其他路面交通工具开始普及，不少路面电车系统于 20 世纪中叶陆续拆除。

我国最早的有轨电车出现于北京，1899 年由德国西门子公司修建，连接郊区的马家堡火车站与永定门。1904 年，香港开通有轨电车。此后，设有租界或成为通商口岸的各个城市相继开通有轨电车。

由于有轨电车的轨道主要铺设在城市道路路面上，车辆与其他地面交通混合运行，因此运行速度较慢，一般为 10~20 km/h。根据街道条件，有轨电车的轨道又可分为以下三种情况：即混合车道、半封闭专用车道（在道路平交道口处，采用优先通行信号）、全封闭专用车道（在道路平交道口处，采用立体交叉方式通过）。

5）磁浮系统

磁浮系统起源于人们对速度的追求，轮轨极限速度一般认为是 300~380 km/h，要想超越这一速度运行，必须采取不依赖于轮轨的新式运输系统。1922 年，德国人提出了电磁悬浮原理，并于 1934 年申请了磁浮列车的专利——"通过磁场达到悬浮并沿铁路轨道行驶的无轮车辆组成的悬浮列车"。磁浮系统依靠电磁吸力或电动斥力使列车悬浮于空中并进行导向，实现列车与地面轨道间无机械接触，再利用线性电动机驱动列车运行，如图 1-5 所示。因此，磁浮系统从根本上解决了传统列车的轮轨黏着限制、机械噪声和磨损等问题，具有速度快、爬坡能力强、能耗低、安全舒适等优点。磁浮系统是一种中等运量的轨道运输系统，适用于单向高峰小时最大断面客流量在 1.5 万~3 万人次的交通走廊。磁浮系统列车主要在高架桥上运行，特殊地段也可在地面或地下隧道中运行。

目前，磁浮系统主要有两种基本类型：一种是高速磁浮系统，其最高行车速度可达 500 km/h；另一种是中低速磁浮系统，其最高行车速度为 100 km/h。高速磁浮系统由于行车速度很高，通常适用于站间距离不小于 30 km 的城市之间远程线路客运交通。中低速磁浮系统由于行车速度相对较低，对城市区域内站间距大于 1 km 的中、短程客运交通线路较为适宜。

2001 年 3 月开工建设的上海磁浮列车示范线是我国乃至世界上第一条高速磁浮商业运行线。该线路西起上海轨道交通龙阳路站，东至浦东国际机场，线路总长为 31.17 km，设计速度为 505 km/h，运行速度为 430 km/h。2014 年 5 月开工建设的长沙中低速磁浮工程是我国第一条自主设计、自主制造、自主施工、自主管理的中低速磁浮线路，连接高铁长沙南站与长沙黄花国际机场，线路总长为 18.54 km，设计速度为 100 km/h。

图 1-5　磁悬浮列车

6）市域快速轨道系统

市域快速轨道系统是指服务范围覆盖城市市域范围内的城市轨道交通系统，如图 1-6 所示。它是一种大运量的客运系统，客运量可达 20 万～45 万人次/日，一般适用于城市区域内重大经济区之间中长距离的客运交通，主要在地面或高架桥上运行，必要时也可采用隧道。由于市域快速轨道系统线路长、站间距大，可选用运行速度在 120 km/h 以上的快速专用列车。北京、上海、南京、成都、郑州、兰州、青岛等城市开通了市域快速轨道系统。

图 1-6　市域快速轨道系统

北京市郊铁路 S2 线开通于 2008 年 8 月 6 日，是在京包铁路和康延支线上开行的通勤列车。该线路由北京昌平区黄土店站至延庆区延庆站、沙城站，是北京第一条快速通勤铁路运输系统。

7）自动导向轨道系统

自动导向轨道系统是指在混凝土轨道上运行，车辆采用橡胶轮胎，并通过导向装置自动导引车辆运行的轨道交通系统，如图 1-7 所示。自动导向轨道系统的车辆运行和车站管理采用计算机控制，可实现全自动化和无人驾驶，通常在繁华市区线路可采用地下线路，市区边缘或郊外宜采用高架线路，适用于城市机场专用线或城市客流相对集中的点对点运营线路，必要时中间可设少量停靠站，是一种中运量轨道运输系统。日本较早采用自动导向轨道系统，1981年开通的两条线路，一是神户新交通公司开通的三宫—中公园线路，全长6.4 km；二是大阪市住之江公园—中埠头间的6.6 km线路。上海轨道交通浦江线（全自动旅客捷运系统）于2018年3月试运营，线路全长6.644 km，采用胶轮4节编组列车。

图1-7　自动导向轨道系统

城市的形成和发展与交通工具的演变发展有关，新技术在城市交通中的应用首先表现在交通工具的发展上。新型交通工具如果符合城市发展要求、满足居民出行需求，就可能成为城市发展中的主导交通工具。

国家打造"轨道上的都市圈"，推动"四网融合"以及几大都市圈城市群多层级交通规划政策的出台，助推了市域（郊）轨道交通系统的发展，市域快轨系统制式在建规模的占比也在稳步上升。根据中国城市轨道交通协会发布的《城市轨道交通2021年度统计和分析报告》来看，地铁、轻轨、市域快轨等6种轨道交通制式在建结构如图1-8所示，其中以地铁为主，市域快轨占比有所增加。

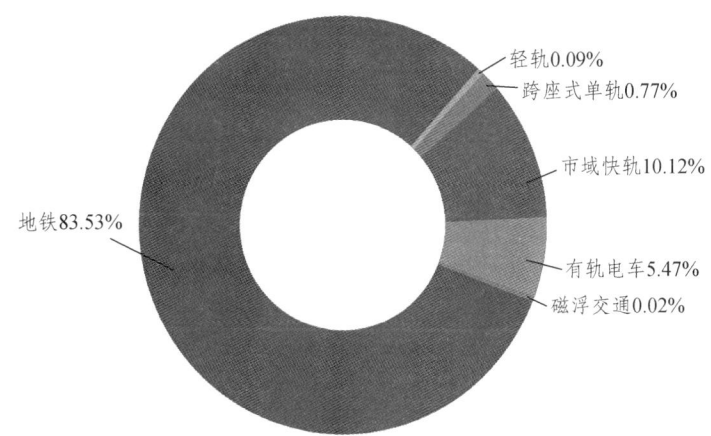

图1-8　2021年城轨交通在建线路制式结构

应当指出，对城市轨道交通系统的分类并不是绝对的。事实上，在某些类型的轨道交通系统之间并没有明确的、清晰的界限，因此不同的技术文献资料中有时会存在将同一轨道交通系统归入不同轨道交通类型的情况。此外，决定轨道交通系统高峰小时单向运输能力的基本参数是列车间隔时间、车辆定员和列车编组数等，通常是根据这些参数的常用取值来决定某个轨道交通系统应纳入何种运能类型。但由于这些参数的取值并不是唯一的，因此上述提出的按运能分类也是有条件的。

二、城市轨道交通的特点

（一）城市轨道交通的优势

与其他常规交通方式相比，现代城市轨道交通具有无可比拟的优势，主要体现在运输能力大、运行速度快、能源消耗低、环境污染小、安全可靠、舒适性好和占地面积少等方面。

1. 运输能力大

由于先进科学技术的运用，现代化的轨道交通系统具备行车间隔小、行车速度高、列车编组多等特点，从而具有较大的运输能力，能够充分满足现代化城市大客流的需要。目前，大型地下铁道系统的高峰小时单向运能可达 6 万~7 万人次。根据实际运营情况，世界各大城市的轨道交通系统已成为城市公共客运交通体系的骨干力量，每天承担着大量的乘客运输任务。

2. 运行速度快

由于现代城市轨道交通系统采用先进的电动车组动力牵引方式，又具有良好的线路条件和自动控制系统体系，不受其他交通工具的干扰，使得列车的快速安全运行得到保障。另外，城市轨道交通系统多采用高站台形式，列车停站时间短，乘客乘降迅速，换乘方便，因而也大大缩短了出行时间。因此，现代城市轨道交通系统的列车运行速度比过去有了明显的提高。目前，地下铁道列车的最高运行速度能达到 100 km/h，旅行速度基本可达到 35~45 km/h，这在各种城市交通方式中是最快的。

3. 能源消耗低

由于城市轨道交通系统多为大运量规模化客运系统，且采用了多种高新技术，在客流得到保证的前提下，每位乘客的平均能源消耗远远低于其他任何一种常规城市公共交通方式。

4. 环境污染小

城市轨道交通系统大多采用电力牵引方式，列车在运行过程中以电为能源产生动力，较之以燃油为动力的交通工具而言，它几乎不产生废气污染，即使以内燃机为动力的列车，也因其大运量集团化的运输方式，使得每位乘客所均摊的污染微乎其微。因此，城市轨道交通的快速发展能有效减少公共汽车的数量，进而降低废气排放量。另外，城市轨道交通在线路和车辆上均采用了各类降噪措施，使得噪声污染对城市环境的影响降到最低。因此，城市轨道交通有"绿色交通"之称，这正是现代都市可持续发展最为关注的问题——环境保护问题。

5. 安全可靠

城市轨道交通线路多采用地下或高架形式，与地面其他交通方式完全隔离，不受地面交通干扰。同时，现代城市轨道交通采用先进的信号安全系统来保障列车的安全运行，受气候条件影响较小，其准时性是其他交通方式难以比拟的。因此，城市轨道交通是城市客运交通方式中可靠性最高的一种，尤其是在上下班高峰时段、气候条件恶劣之时，对于时间观念极强的现代城市交通行为者而言，这个优势是至关重要的。

6. 舒适性好

与常规公共交通相比，城市轨道交通由于运行在专业行车道上，不受外界干扰，并且车辆具备良好的运行特性，车辆与车站装配有空调、导向标志、自动售检票系统等现代化服务设施。因此，对城市轨道交通系统而言，不论是车站的环境，还是车厢内的乘车环境，均因有现代化的环控设施保障而环境质量较佳；拥挤度则因轨道交通的快速性、准时性和列车间隔时间小所带来的乘客候车时间短而得到较佳地调整。

7. 占地面积少

目前，各城市用地紧张，土地费用高昂，但城市轨道交通系统能够充分利用地上与地下空间，不占用地面道路，大大减少了城市土地的占用，能够有效缓解城市道路拥堵情况，解决大城市中心城区过于拥挤的问题，有利于城市空间的科学合理利用，提高了土地利用价值，并能改善城市景观。另一方面，又因采用大运量集团化运输方式，使乘客的交通行为人均所占的道路面积进一步减少。

城市轨道交通还使得沿线土地得到有效利用和开发，使得城市的布局更加合理，更方便市民的出行，同时也增添了现代都市的景观效应。因此，城市轨道交通的发展近年来在世界各地呈现出蓬勃向上之势，无论是在经济发达的国家与地区，还是在发展中国家和地区，城市轨道交通均成为发展城市交通的重要手段。

（二）城市轨道交通的局限性

尽管城市轨道交通拥有诸多优点，但在其具体的发展过程中存在的局限性仍不容忽视。首先城市轨道交通建设投资巨大，施工要求高且难度大，运营成本高昂，经济效益有限，如果没有足够强的整体经济实力，是无法承受此等巨额投资的。其次，城市轨道交通系统建设周期长，一条线路的建设短则几年，长则可达十余年，甚者数十年之久，对周边的影响不言而喻。最后，建成后的线路调整难度大，线路和车站均为永久性结构，一旦建成改造的成本巨大。因此，决定是否建设城市轨道交通前需要谨慎细致地开展前期研究，切不可盲从跟风。

1. 建设投入大

为了使城市轨道交通的优势得到充分体现，城市轨道交通线路的修建往往需要采用立体交叉等形式，并且形成网络。而城市轨道系统建设要求高，施工难度大，设备技术标准高，使得每千米线路的修建需要上亿元资金的投入，特别是地下铁道线路每千米造价可达 4 亿元。因此，城市轨道交通线路建设一次性的工程投资巨大，一个国家或地区的城市若没有相当强的整体经济实力，则无法承担如此巨额的投资负担。

2. 线路建成后不易调整

城市轨道交通一般采用永久性结构，如地下隧道、高架桥梁等，建成后几乎没有调整的可能性。因此，城市轨道交通线路的选线及路网规划应严格按照城市发展规划方案进行，否则将会造成巨大的工程投资浪费。

3. 运营成本高

由于城市轨道交通系统采用科技含量较高的各类设备设施，为了使各个子系统处于良好的工作状态，必须加强日常维修与养护工作，因此设备投资成本、运营管理成本、设备维护和保养成本、能源消耗成本等费用就很高；并且城市轨道交通系统需要大量素质较高的从业人员，必须定期对员工进行技术、安全培训，培训教育经费及员工工资成本也较高。除此之外，由于城市轨道交通运营系统的特殊性，站间距小、车站服务项目多等，其需要员工人数也较多。这些因素均会导致城市轨道交通系统运营成本居高不下。

此外，城市轨道交通系统带有较强的公益性特征，注重社会整体效益，无法按运输成本核收票价，因此极易导致运营亏损。虽然已有少数城市轨道交通系统因客流量巨大、产业开发经营模式较好而略有盈余，但还是有众多城市轨道交通系统处于"亏本经营、入不敷出"的状态，需依赖国家与地方政府、社会机构补贴。

任务二　城市轨道交通发展概况

一、世界城市轨道交通的发展历史

蒸汽机车问世后，人们逐渐开始设想将其运用到驱动车辆运动上来的可能性。英国人特里维西克于1803年制成第一台铁路蒸汽机车。1823年，斯蒂芬森主持修建了英国北部煤矿城市斯托克顿与沿河城市克林顿之间的第一条商用铁路，正式将火车推向实用。随着西方各国修建铁路的热情高涨，这大力推进了铁路的建设和发展。铁路的快速发展奠定了西方工业化的坚实基础。在第二次世界大战后，随着汽车运输与航空运输的崛起，铁路的发展受到较为严重的打击，直至1973年发生了第一次石油危机后，铁路的发展才再次受到人们的重视。

随着铁路和城市的不断发展，在城市交通日趋拥挤的背景下，城市轨道交通应运而生。1863年1月10日，英国伦敦的"大都会铁路"（Metropolitan Railway）正式通车运行，这就是世界上第一条地铁。它的诞生，为人口密集的大都市如何发展公共交通提供了一个切实可行的解决方案。

自1863年伦敦开通世界上首条地铁以来，城市轨道交通的发展已有160年的历史。世界上有70多个国家的500多座城市开通了城市轨道交通，线路总长超过3万千米，各大城市的地铁、轻轨、新型轨道交通等均得到了良好的发展，为城市的公共客运交通和经济发展做出了重要贡献。世界城市轨道交通的发展，大致可分为以下几个阶段：

（一）初始发展阶段（1863—1924年）

在这一阶段，欧美的城市轨道交通发展较快，其间有伦敦、芝加哥、费城、波士顿、巴黎、柏林、汉堡、纽约、马德里等13座城市建成了地铁，还有许多城市建设了有轨电车。

20世纪20年代，美国、日本、印度和中国的有轨电车有了很大发展。这种旧式有轨电车运行速度慢，正点率很低，而且噪声大，加速性能不佳，乘客舒适度差，但在当时仍是公共交通系统的骨干力量。

（二）停滞萎缩阶段（1924—1949年）

第二次世界大战的爆发与汽车工业的发展，使得城市轨道交通的发展进入停滞与萎缩阶段。汽车因自身的灵活、便捷及良好的可达性，一度成为城市交通的宠儿，得到了飞速发展。反之，因投资巨大、建设周期长等，城市轨道交通系统一度失宠。这一阶段只有东京、莫斯科、大阪等5座城市发展了地铁，有轨电车则停滞不前，甚至有些线路被拆除。

（三）重新发展阶段（1949—1969年）

汽车的过度增加，使城市道路交通异常拥堵，行车速度下降，加之空气污染，汽车噪声很大，大量耗费石油资源，在市区行驶的汽车有时甚至难以找到停车位置。因此，人们又重新认识到解决城市客运交通必须依靠电力驱动的轨道交通。城市轨道交通因此重新得到重视，而且从欧美扩展到亚洲的日本、中国、韩国、伊朗等国家，这期间有名古屋、北京、蒙特利尔等17座城市新建了地铁系统。

（四）高速发展阶段（1970年至今）

世界上很多国家都确立了优先发展轨道交通的方针，立法解决城市轨道交通的资金来源。世界各国城市化的趋势导致人口高度集中，要求轨道交通高速发展以适应日益增加的客流。各种技术的发展也为轨道交通的发展奠定了良好的基础。这一阶段，城市轨道交通的发展遍及世界范围，有几十座城市修建了地铁、轻轨或其他制式的城市轨道交通系统。

二、世界主要城市的轨道交通

（一）伦敦地铁

伦敦城市轨道交通系统历史悠久，规模庞大。19世纪初期，英国伦敦人口从不足100万人增长到175万人，城区房屋林立，街道窄小，高峰时期出租公共马车易形成交通拥堵，这成为制约伦敦城市发展的一大难题。

1856年，伦敦开始修建地铁并于1863年1月10日正式投入运营，这也是世界上第一条地下铁路，被称为"大都会铁路"（Metropolitan Railway），它标志着城市快速轨道交通在世界上的诞生。该线路均采用明挖法修建，从帕丁顿到法灵顿街，全长约6.4 km，隧道横断面高5.18 m、宽8.69 m，为单拱形砖砌结构，以蒸汽机车牵引列车，是全世界历史最悠久的地铁线路。1890年，伦敦又建成一条地下铁道，全长约5.2 km，隧道为圆形，铸铁管片衬砌，以电力机车牵引列车，这也是世界上第一条电气化地铁线路。1971年，伦敦地铁开始在维多利亚线区应用遥控与计算机技术操纵列车。

作为世界上第一个修建地铁的城市，地铁是伦敦中心区的主要交通形式，伦敦拥有较为完善的地铁网络系统，拥有线路 12 条、车站 275 座、运营里程 439 km，其中 160 km 线路位于地下，全网日均载客量约 300 万人次。

（二）纽约地铁

纽约地铁（New York City Subway，NYCS）诞生于 1904 年。纽约地铁不仅是历史最悠久的地铁系统之一，还是国际地铁联盟（CoMET）成员之一。目前，纽约已发展成为由 29 条线路组成的地铁网络，地铁线路四通八达，其线网运营里程已达 443 km，拥有 504 个车站，站间平均距离 0.8 km，全网日均客流量约 490 万人次。纽约地铁运量占纽约市全部公共交通系统运量的 70% 左右，也是全球唯一昼夜 24 h 运营的地铁系统，上下班高峰期很拥挤，是世界上使用效率最高的地铁系统。

（三）东京地铁

日本东京早在 1927 年 12 月便建成并开通了银座至浅草寺的地铁线路，是亚洲最早运营地铁的城市。

1955 年以后，由于日本都市化迅猛发展，为解决城市人口的出行需求，轨道交通便成为首要选择，地铁系统也由此发展起来。东京地铁线网由东南海滨的城市中心向北、向西扇形发展，呈放射式布局，并与市郊铁路衔接联运。

目前，东京轨道交通系统包括 JR 线、地铁和私营铁路。JR 线主要的服务范围为东京站周边 50 km 半径的都市圈。东京地铁系统有两家运营公司组成，一家是东京地铁公司，另一家是都营地铁公司，共拥有运营路线 13 条，车站 220 多座，线路总长约 312.6 km。由于东京城市人口密度大，公路交通明显不能满足庞大的客流需求，故其轨道交通出行量占公共交通出行量的比重高达 86%，高峰期甚至超过 90%。东京地铁的日均客流量约为 1 100 万人次，是世界上客流量最大的地铁系统。

（四）巴黎地铁

巴黎城市轨道交通系统最早于 1900 年起开始运行，随后，1900 年至 1920 年间，地铁建设以巴黎核心路网为主，而 1930 年至 1950 年间，线网扩展至巴黎近郊，1960 年至 1980 年间，以建设区域快铁（RER）路网为主，整体路网于 1990 年完工。巴黎每个地铁站设计独特，内部装饰各异，成为展示法国文化艺术的窗口。巴黎地铁带给人们的不仅仅是快速便捷，更是一种艺术的享受。

巴黎城市轨道交通承担着近 70% 的客运量，地铁、市域快速轨道系统、有轨电车以及大巴黎的市郊铁路构成了整个巴黎的主要交通工具。巴黎地铁线网包括 14 条主线与 2 条支线，但其全长仅为 212.6 km，大多数走向与塞纳河垂直，并尽可能服务于整个中心城区，在巴黎交通换乘枢纽中实现与其他轨道交通系统的互通。

三、我国城市轨道交通的发展历史

相较于欧美发达国家以及邻国日本，我国的城市轨道交通发展虽起步较晚，但发展迅速。北京于 1969 年开始试运营第一条地铁，之后天津于 1980 年建成长 7.4 km 的地铁线路。20 世纪80年代以前，地铁在进行规划与建设时，除了考虑需具备实现城市客运的功能之外，更要考虑满足战备的要求。20世纪80年代以后，以上海地铁1号线、北京地铁复八线、北京地铁1号线改造、广州地铁1号线建设为标志，我国真正以交通为目的的地铁项目开始建设。2005年至今，随着国家积极财政政策的实施，国家从建设资金上给予大力支持，并通过技术引进和国际先进制造企业同国内企业的合作，实现了城市轨道交通车辆设备本地化，使城市轨道交通建设造价大大降低。此后，国家先后批准了深圳、上海、广州、重庆、武汉、南京、杭州、成都、哈尔滨等十多个城市轨道交通项目开工建设，并投入40亿元国债资金予以支持，我国轨道交通建设进入高速发展期。特别是从2009年开始，我国的轨道交通事业发展迅猛。截至2019年年底，我国已有40座城市的轨道交通系统投入运营，运营线路208条，运营线路总长度6 736.2 km。其中，地铁运营线路5 180.6 km，占比76.9%；其他制式城轨交通运营线路1 555.6 km，占比23.1%，当年新增运营线路长度974.8 km，部分城市的地铁已成网络运营。尽管取得了骄人的成绩，但我国的轨道交通事业仍存在诸多问题亟待完善，如我国的城市轨道交通以地铁为主，少部分有轻轨、单轨以及磁悬浮等其他制式，制式与运营模式较单一，较难满足广大人民群众日益增长的出行需求，尤其与城市的发展不相匹配。

因此，总结我国现代城市轨道交通发展历史，一般是以1965年7月1日开工建设的北京地铁为开端。发展至今，我国城市轨道交通大致经历了以下5个阶段。

（一）起始阶段

起始阶段是以1965年开始建设、1969年10月1日建成通车的北京地铁（复兴门站—苹果园站，全长23.6 km）和1970年开始兴建、1976年建成通车的天津地铁（新华路站—西南角站，全长5.2 km）为代表。

这一阶段地铁的规划与建设，除了实现城市的客运功能之外，更重要的是考虑满足人防战备的需要。

（二）开始建设阶段

开始建设阶段以北京地铁1号线完全建成（复八线建设和1号线改造）、上海地铁1号线（上海火车站—莘庄）、广州地铁1号线（西朗—广州东）的建成为标志。在这一阶段，随着改革开放和经济体制改革的逐步深入，城市交通需求剧增，导致道路交通供给能力严重不足，交通供需矛盾十分突出，这也成为城市社会经济发展的一个重要制约因素。为适应城市发展的需要、缓解城市交通的紧张状况，从20世纪90年代开始，我国政府加大了对城市交通基础设施的投入，强调轨道交通对解决城市交通问题和引导城市发展的作用。从此，发展大容量轨道交通方式的理念开始显现，我国开始了城市轨道交通的建设阶段。在这一阶段，除地铁建设外，以上海明珠线第一期工程为代表的轻轨交通也开始建设。

（三）建设高潮阶段

随着我国经济的发展和城市化进程的加快，我国城市的规模和人口在不断扩大，城市交通问题日益突出。城市交通问题的解决必须依赖公共交通的发展，大城市及特大城市还必须建设一个以轨道交通系统为骨干，以公共交通为主体，多种交通方式相互协调的综合交通系统。同时，经济的快速发展也为城市轨道交通的发展奠定了雄厚的物质基础。自 20 世纪末至 21 世纪初，我国城市轨道交通进入了快速发展的建设高潮阶段。这一阶段的城市轨道交通建设具有以下特点：

1. 兴建城市轨道交通的城市迅速增多

截至 2005 年，全国已开通城市轨道交通的城市有北京、上海、天津、广州、长春、大连、重庆、武汉、深圳、南京共 10 个城市，总计 20 条线路，运营线路总长 444 km。此阶段，除了上述 10 个开通了轨道交通的城市外，已开工建设的还有沈阳、成都、西安、杭州等城市。我国的城市轨道交通处于良好的快速发展阶段。

2. 城市轨道交通的网络化

我国部分城市的轨道交通建设出现了网络化的发展。北京、上海、天津、广州等城市均在建和筹建多条城市轨道交通线路，形成纵横交错、相互沟通连接的网络交通体系。

3. 城市轨道交通类型的多元化

我国的城市轨道交通已不再是单一的地铁交通。北京建成了市郊城市铁路交通；天津建成了滨海快速轨道交通；大连、长春、武汉建成了轻轨交通；重庆建设了跨座式单轨交通；上海开通了常导高速磁悬浮交通；广州出现了直线电机驱动的列车。城市轨道交通供电系统不仅有第三轨供电，还有架空线接触网供电方式，轨道交通类型呈多元化发展。

4. 城市轨道交通的现代化

随着城市轨道交通的发展，以车辆为代表的技术体系也实现了现代化。通过国际技术交流与合作，引进先进技术，实现设计制造技术的现代化，在提升技术水平的同时，也促进了国产化的进程。

（四）建设调整阶段

在我国城市轨道交通的发展过程中，值得指出的是，从 1995 年到 1998 年，由于地铁建设发展迅猛，有部分城市不顾地方经济实力，盲目上马建设轨道交通项目，速度过快、过猛；还有的城市盲目追求高标准，忽视了是否适合本城市的实际情况等问题，使城市轨道交通建设带有很大的盲目性。针对工程造价高、车辆全部引进、大部分设备大量引进等问题，1995 年国务院办公厅 60 号文通知，除上海地铁 2 号线项目外，所有地铁建设项目一律暂停审批，并要求做好发展规划和国产化工作。从 1995 年到 1998 年，近 3 年时间国家没有审批任何城市轨道项目，2002 年 10 月中旬国务院冻结了近 20 个城市的地铁立项，委托中国国际工程咨询公司对国内的地铁项目做全面调查分析，出台了一系列有关地铁项目审批的新政策，加大地铁项目的宏观调控力度。

（五）蓬勃发展阶段

我国的城市轨道交通建设在经历了早期建设、高速发展、建设调整等曲折过程后，正步入稳步、持续、有序的蓬勃发展阶段。

《国家中长期科学和技术发展规划纲要》(2006—2020年)明确提出构建以城市轨道交通为骨架的城市公共综合交通体系,我国城市轨道交通建设在"十二五"期间迎来新一轮的建设高潮。据《城市轨道交通2021年度统计和分析报告》指出,截至2021年年底,共有50个城市开通城市轨道交通运营线路283条,运营线路总长度达9 206.8 km。仅2021当年共计新增城市轨道交通运营线路长度1 237.1 km,新增运营线路39条,新开既有线路的延伸段、后通段23段,当年新增运营线路长度与上年基本持平,继续保持快速增长。

四、我国城市轨道交通建设概况

随着科技和经济的快速发展,我国开始进入城市化和机动化的加速发展阶段。城市轨道交通以其大运量、高效率、低污染等优势,迅速成为许多大城市解决交通问题的首要选择,并在我国形成以地铁、城市快速铁路、高架轻轨等为主的多元化发展趋势。下面以北京、天津、上海、广州及香港等城市为例,简要介绍我国城市轨道交通的发展。

(一)北京城市轨道交通

1965年7月1日,北京市开始建设我国第一条地铁线路。1969年10月1日,该条线路建成通车,全长23.6 km,东起北京站,西至苹果园站,使得北京成为中国第一个开通地铁的城市。随后30年里,北京陆续开通了2号线等线路。

地铁线路图

进入21世纪以后,随着城市地面交通压力日益增加,北京紧锣密鼓地开始了地铁建设工作。为保障北京奥运会期间的运输任务,北京地铁10号线一期、机场线、8号线一期于2008年7月19日同时开通试运营,北京地铁运营里程达到200 km。2009年9月28日,由香港地铁公司参与投资建设并负责运营的北京地铁4号线开通试运营。2010年12月30日,北京地铁15号线一期、房山线、昌平线、亦庄线与大兴线5条线路同时开通试运营,一次开通线路里程达108 km的情形在我国轨道交通建设史上是史无前例的。

截至2022年7月,北京地铁运营线路共有27条,运营里程783 km,车站463座(其中换乘站73座),北京城市轨道交通线网图如图1-9所示。根据《北京市轨道交通线网规划(2020—2035年)》,北京市轨道交通线网由区域快线(含市郊铁路)和城市轨道交通组成,规划线网总规模约2 683 km。区域快线(含市郊铁路)包含市郊铁路线路及新建区域快线,里程约1 058 km。城市轨道交通包含地铁普线、地铁快线、中低运量、机场专线等,里程约1 625 km。

(二)天津城市轨道交通

天津地铁老线于1984年建成,2001年停用;津滨轻轨东段于2003年建成,全长49.051 km。新1号线于2005年开始使用,全长26.188 km。西段(9号线)及2、3、9号线(中山门—天津站段)于2011年6月建成。截至2021年12月28日,天津轨道交通开通运营线路地铁线路共有8条,天津轨道交通路网通车总运营里程265 km,运营车站数164座,换乘车站增至19座。天津地铁线网如图1-10所示。

（三）上海城市轨道交通

上海是继北京、天津后中国内地第三个运营地铁的城市。1956 年 8 月，上海市人民委员会市政建设交通办公室提出《上海市地下铁道初步规划（草案）》。此后又经过多年论证和试验，到 1993 年 5 月 28 日第一条线路上海轨道交通 1 号线南段（徐家汇—锦江乐园）开通观光试运营，上海正式步入地铁时代。2002 年年底上海获得世博会举办权，届时将有超大规模的参观客流，而轨道交通则是保障庞大客流的关键，因此大规模建设地铁被提上日程，到 2010 年该目标顺利完成。世博会期间，上海地铁网络客流达 10.5 亿人次。此后，上海地铁建设伴随着城市的发展继续稳步推进。2021 年 12 月 30 日，上海地铁 14 号线和 18 号线一期北段正式开通，上海地铁总里程达到 831 km。上海成为中国首个地铁里程突破 800 km 的城市，同时也远远高于伦敦、纽约等城市的地铁里程，继续保持世界第一。其中，上海地铁首次开通 14 号线 8 节编组大容量全自动驾驶系统。至此，上海地铁已拥有 5 条全自动驾驶路线（10、14、15、18 号线及浦江线），自动驾驶里程增至 167 km，规模也是世界第一。

截至 2022 年 9 月，上海城市轨道交通运营线路达到 20 条（含磁悬浮），运营里程 831 km，运营车站 508 座，中心城轨道交通站点 600 m 半径覆盖率达到 40.9%，轨道交通网络规模领跑全球，已成为市民公共交通出行的主体方式，日客运量突破千万人次。上海地铁线网图如图 1-11 所示。

图 1-9　北京城市轨道交通线网图

项目一　城市轨道交通概述

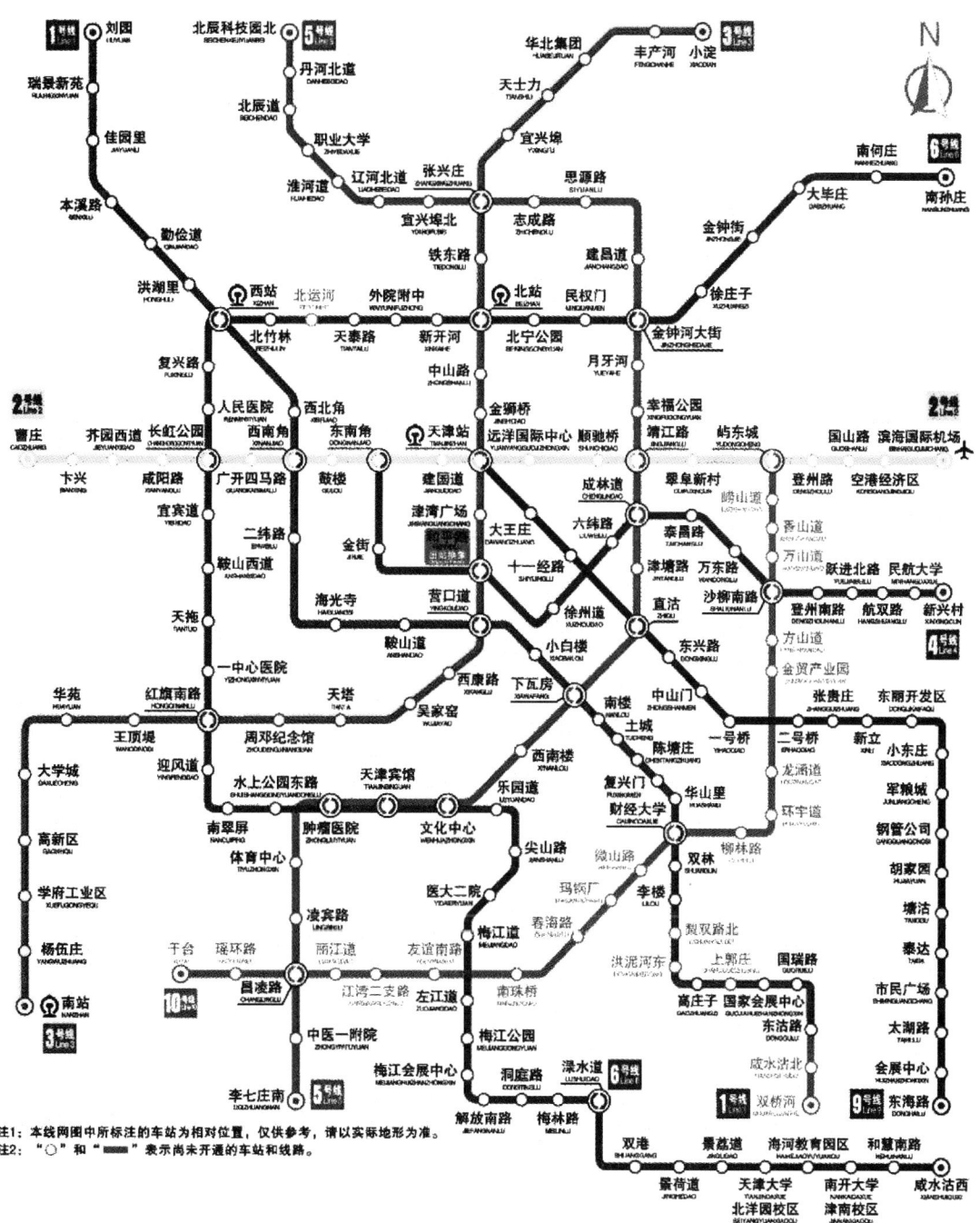

图 1-10　天津地铁线网图

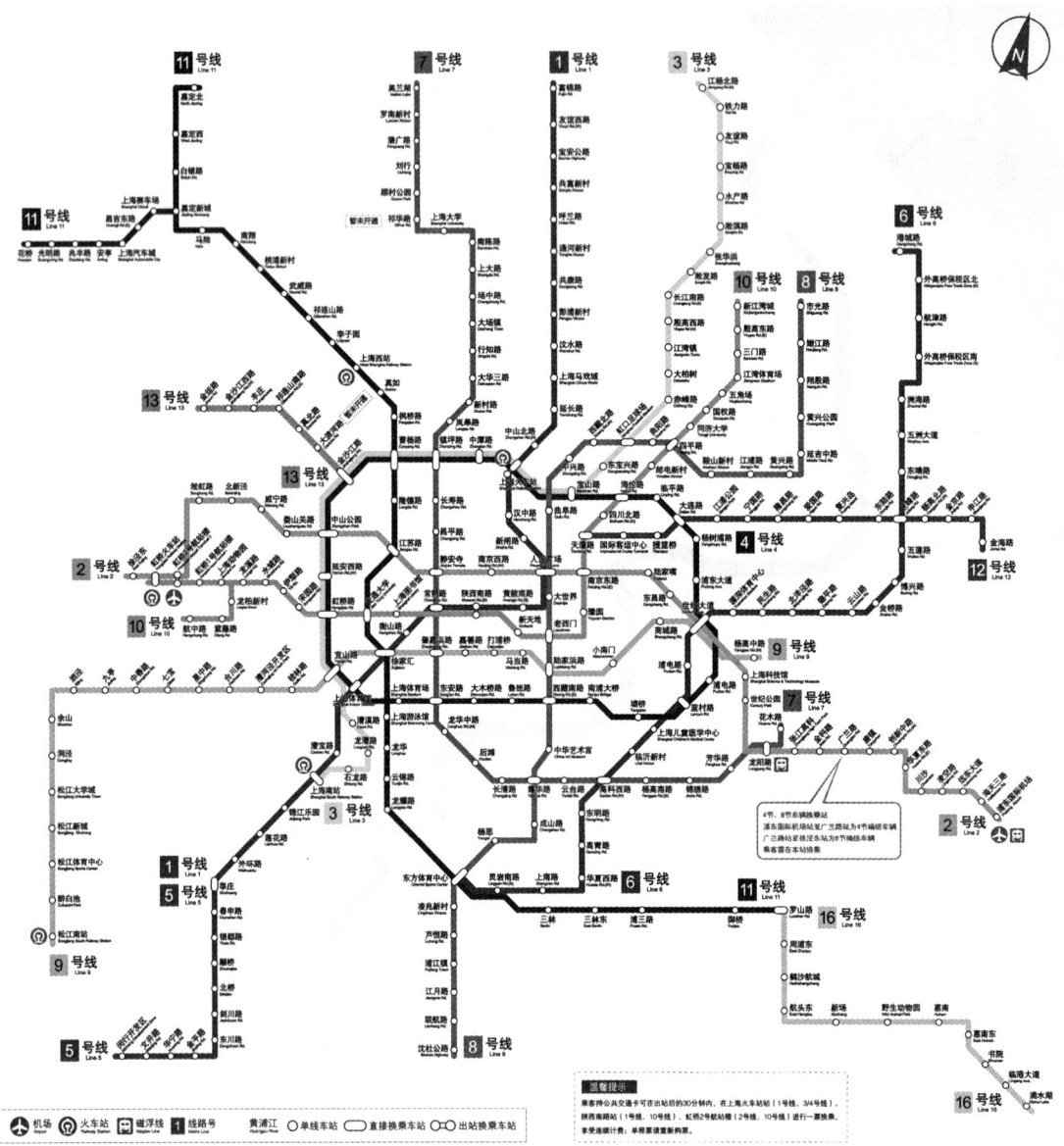

图 1-11 上海地铁线网图

（四）广州城市轨道交通

广州首条地铁线路于 1997 年 6 月 28 日开通，是中国内地第四个开通并运营地铁的城市。2012 年，伴随着《广州市城市轨道交通近期建设规划（2012—2018）》获批，广州地铁进入了大规模建设、大线网运用、大物业开发的"快车道"。广州地铁从单一地铁线网，发展为全制式、粤港澳大湾区全域覆盖，迈向"地铁+有轨电车+城际铁路"的全制式轨道交通发展新征程。2021 年 9 月 28 日，国内首条全地下运行速度 160 km/h 的地铁——广州地铁 18 号线正式开通，创下多个"国内首次"，已打造成为国家级市域快速轨道交通示范性线路。2022 年 3 月至 5 月，广州地铁 22 号线首通段、7 号线西延顺德段相继开通，均实现了全自动运行系统功能。截至 2022 年，广州地铁共有 16 条地铁线，线路运营里程突破 600 km。广州地铁线网图如图 1-12 所示。

图 1-12　广州地铁线网图

广州地铁由广州地铁集团有限公司负责运营管理，并且该公司还是广佛地铁的实际建设者及运营者，因此广州地铁的服务范围亦延伸至佛山市。

（五）香港城市轨道交通

香港地铁是指服务于中国香港的城市轨道交通系统，也是国际地铁联盟（CoMET）的16个成员之一，首条线路于1979年10月1日开通运营。现有观塘线、荃湾线、港岛线、东涌线、迪士尼线等多条线路在运营。香港地铁的运营管理驰名于世，同时，香港地铁也是全世界最为繁忙的地铁线网之一，高峰时段行车间隔仅为105～150 s。

香港地铁实现盈利主要是依靠票务收入、沿线物业开发、地铁商业以及地铁广告等其他收入，其核心的盈利模式可以总结为"地铁+地产"的组合。在政府、地铁公司、开发商三个主要市场参与者中，香港地铁公司扮演了"向上承接政府战略，向下启动市场资源"的角色，成为整合政府与市场资源的平台。

（六）其他城市轨道交通概况

中国城市轨道交通协会发布的《城市轨道交通2021年度统计和分析报告》指出，从2021年累计运营线网规模来看，共计24个城市的线网规模达到100 km及以上。其中，上海936.2 km，北京856.2 km，已逐步形成超大线网规模；成都、广州运营线路长度超过500 km；武汉、南京、深圳超过400 km；重庆、杭州超过300 km；青岛、天津、苏州、西安、郑州、大连、沈阳7市超过200 km；宁波、长沙、合肥、昆明、南昌、南宁、长春、无锡8市超过100 km。2021年我国主要城市城轨交通开通路线规模对比如图1-13所示。同时，中国大陆地区城市轨道交通线路在建规模持续增长，截至2021年年底，有55个城市在建线路总规模达6 096.4 km（含个别2021年当年仍有建设进展和投资发生的已运营项目及2021当年新投运项目），在建线路253条（段），共有29个城市在建线路为3条及以上。截至2021年年底，共有67个城市的城市轨道交通线网规划获批（含地方政府批复的23个城市），实施获批建设规划近7 000 km。

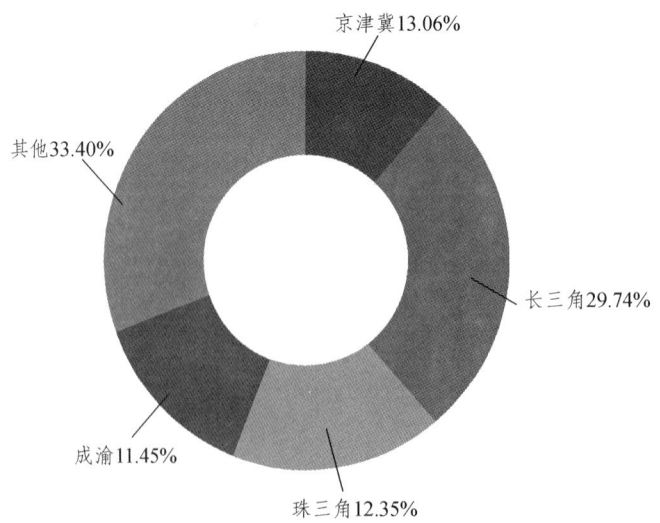

图1-13　2021年主要城市群城轨交通开通运营路线规模对比

任务三　城市轨道交通规划

随着我国经济的快速发展以及城市化进程的加快，城市轨道交通系统也已进入高速发展阶段。如何合理地解决城市发展进程中所引发的交通需求与有限的城市空间资源间的矛盾，是目前我国各大城市所关注的重点问题。国内外实践证明，发展以轨道交通系统为骨干、公共交通为主体、各种交通方式相结合的多层次、多功能、

城市轨道交通规划

多类型的城市综合交通运输体系是解决城市交通问题的主要途径。作为重要的城市基础设施，城市轨道交通的建设会对城市土地利用、交通结构、经济发展和城市环境产生深远的影响，是一项投资大、建设周期长、影响深远的大工程。尤其是地下线路，一旦建成，就很难再进行改造和扩建。因此，城市轨道交通规划作为轨道交通发展的基础和先决条件，具有举足轻重的作用，是保证城市轨道交通建设科学、合理、经济、可持续发展的关键环节。

一、城市轨道交通发展特征

纵观世界各国轨道交通的发展历史，可以看出轨道交通的发展均与之发展相配套的技术经济政策密切相关。我国城市轨道交通现已进入快速发展阶段，在把握机遇、快速发展的同时，更应重视政策的指导作用，科学合理的城市轨道交通规划对未来的城市发展具有重要意义。其中，城市轨道交通发展具有以下几个特征：

（一）类型的多样性

按照适用范围，轨道交通有城市间（城际）轨道交通和城市内轨道交通；

按照运载客流量大小，轨道交通可分为大运量、中运量和小运量轨道交通；

按照采用技术，轨道交通路线可分为轮轨式和磁悬浮式；

按照构筑物的形式或轨道相对于地面的位置，轨道交通可分为地下、地面、高架轨道。

（二）规划的科学性

在修建或调整轨道交通线路之前，首先对地区客流量和乘客需求等要素进行全面调查和科学分析，管理当局还根据新出现的交通问题筹划建设新的线路。轨道交通线网规划不仅与城市地面交通配合，还要与公路、铁路、民航等大交通协调，线路类别不同，其造价差别明显不同。

（三）布局的合理性

纽约、伦敦、巴黎、莫斯科、东京等轨道交通较为发达的城市，基本已形成一定的轨道交通规模和网络，可以延伸到城市的各个方向。呈辐射状分布的城市轨道交通系统已成为这些现代化大都市的重要干线交通，不仅缓解了城市交通的拥挤状况，而且绿色环保，在城市的社会活动、经济活动中发挥着不可替代的重要作用。

（四）建设的环保性

轨道交通必须与城市环境融为一体，相互协调，并提升环境的品位，以促进城市可持续

发展。城市轨道交通建设按构筑物的形式或轨道相对于地面的位置分为地下轨道、地面轨道、高架轨道三类。由于三种轨道敷设方式对工程的建造成本有着较大的差别，因此，在不同的周边环境及地理位置情况下，选择适当的敷设方式对节省工程投资有着积极的作用。

（五）服务的人性化

各大城市轨道交通经营者非常重视以优质的服务满足不同乘客的需求，吸引乘客，城市轨道交通以其迅捷、方便、舒适获得大众的广泛青睐。

二、城市轨道交通线网规划

城市轨道交通线网规划是指规划、决策人员对城市轨道交通系统未来各个时期（包括从无到有、从线到网的不断发展过程）进行分析、预测并提出科学合理的规划方案与实施计划的全过程。根据规划时期不同，线网规划可分为近期规划、中期规划、中远期规划与远景规划。通常情况下，城市轨道交通线路建成运营后 2~5 年为近期，建成运营后 5~10 年为中期，建成运营后 10 年以上为中远期，建成运营后 25 年以上为远景。

城市轨道交通线网规划的优劣会直接影响城市交通结构的合理性、工程项目的经济效益与社会效益。合理可行的城市轨道交通线网规划不仅能够为政府部门提供可靠的决策依据，还能够有效地提高城市地上、地下空间的利用率，引导城市可持续发展。从世界范围看来，城市轨道交通线网是逐步建设、渐进发展的，单条线路无法形成规模效益。因此，城市轨道交通线网规划在满足城市客流分布内在规律的同时，对城市的发展也有一定的导向作用，既作为一项综合的专业交通规划，又要与城市总体规划有机融为一体。

（一）城市轨道交通线网规划原则

1. 可持续原则

现代城市的可持续发展应重视城市公共交通，而轨道交通更是城市公共交通的首要之选。城市轨道交通线网规划作为未来城市轨道交通发展方向的指南针，必须符合可持续发展的原则，用最小的自然资源作为代价换取最大的社会效益。

2. 协同性原则

随着经济一体化发展的进程，我国长三角、珠三角、京津冀等城市圈不断融合发展，城市间的人群流动和人员交流越发频繁。城市交通规划必须与城市社会经济发展规划相适应，城市轨道交通也不例外，应与社会经济协同发展。与此同时，城市轨道交通线网规划还应与国家的路线、方针、政策，尤其是城市发展方针、目标相一致；与城市总体规划、土地利用规划、产业布局规划相一致，并且应该结合地方特色，统筹兼顾。我国现在已有跨市、跨省的地铁线路运营，因此，城市轨道交通网络的规划，还要协同考虑相邻城市的交通发展，要保证网络能与其他城市交通方式方便联系。同时，城市轨道交通线网规划还应注重保护城市历史文物、传统风貌与自然景观等。

3. 整体性原则

交通规划是一个大系统，而城市轨道交通线网规划是城市交通规划的一个重要组成部分。

城市轨道交通运营线路走向的不可更改和车站的不可移动,以及市民对出行目的地就近性的需要,都要求有其他的公共交通工具作为辅助,优化配置,相互衔接,方能充分发挥城市轨道交通的特点,充分发挥综合交通的优势,为市民出行提供最大限度的方便,更好地解决城市拥堵问题。所以城市轨道交通规划应与城市道路网和其他交通设施运营网络相衔接,在城市总体交通规划的基础上,结合各种交通运输方式的发展规划,进行合理配置、协调发展,最终达到满足城市居民出行的需求。因此,应将城市交通系统作为一个整体,在城市总体交通规划的基础之上,结合各种交通运输方式的发展规划,制订合理的城市轨道交通线网规划。

4. 动态性原则

城市的发展是动态的,城市交通的发展也是动态的。纵观历史发展,城市的发展与科学技术的进步密切相关。随着世界范围内城市化进程的加快,各种现代化交通工具伴随着社会经济的发展和科技进步应运而生,极大地拓展了城市的空间,也打开了城市交通的发展空间。动态的发展需要与动态的规划配套,跟随城市的发展、科技的进步不断地修改完善,一成不变的静态交通规划已不能适应现代化城市发展的需要。

5. 客观性原则

规划必须客观,要采用科学的理论和方法指导规划工作。城市轨道交通线网规划应反映客观事实,提出未来城市交通模式与方向,从而为城市决策者提供真实可靠的决策依据。

6. 可操作性原则

规划的目的是实施。城市轨道交通线网规划既要满足社会经济发展需要,同时又受到客观存在的建设能力的制约,不能超过建设能力,应在两者之间寻求一个平衡点,保证规划既有可操作性,又能满足社会经济发展需要。

7. 经济性原则

城市轨道交通建设投资巨大,这在一定程度上要求国家、政府投入大量的人力、物力与财力。因此,城市轨道交通线网规划应该本着经济、节约的原则,最大限度地挖掘交通潜力,有步骤、有目的地在财力允许的基础上逐步建设城市轨道交通网络。

8. 以人为本原则

城市轨道交通必须贯彻安全第一、以人为本的原则,在规划设计中必须首先确保乘客出行和行车的安全;设置相应的报警系统、安保系统,做好防火、防灾、反恐等应急处理;还要考虑老龄人和残疾人的出行需求,设置无障碍设施。

总之,城市轨道交通的网络设计、布局应与城市发展规划紧密结合,符合城市总体规划要求;与城市主客流方向一致,满足城市主干道客流的交通需求,尽可能将大客流集散点串联起来,便于乘客直达目的地,减少途中换乘,发挥大运量、快捷和准时的客运疏散作用。轨道交通规划线路应尽量沿城市干道布置,符合城市客流集中的交通走廊的走向。线网密度适当,应与常规公交网衔接,发挥各自的优势,取得最大整体效应。各条线路上的客运负荷量要尽量均匀。选线应充分考虑地形、地貌、地质条件,保护文物古迹。

（二）轨道交通网络形式

城市轨道交通线网的形式主要取决于城市自然地理形态、社会经济、规划用地布局与人口流向分布，主观决策因素也发挥着重要作用，因此各个城市的轨道交通线网结构各不相同，各具特色。由于城市土地利用的控制与其他因素的影响，城市轨道交通线网结构在发展演变过程中，可以体现城市交通发展的历史特征。城市轨道交通线网结构中最常见、最基本的有放射型、网格型及环放射型三种。

1. 放射型线网

放射型线网以城市中心区为核心，所有城市轨道线路经过城市中心区域或由这些区域发射出去的线路组成的线网，呈全方位或扇形放射发展。根据线路相交情况的不同，放射型线网还可以细分为一点集中放射型、中心地区放射型和中心放射型，如图1-14所示。

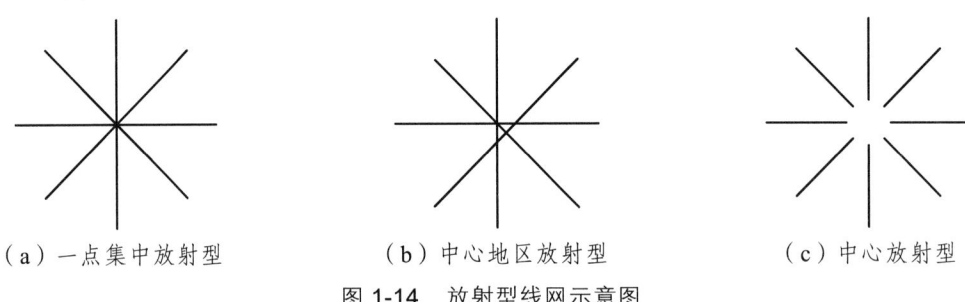

（a）一点集中放射型　　　（b）中心地区放射型　　　（c）中心放射型

图1-14　放射型线网示意图

总体来说，放射型线网的突出优点是线路方向可达性较高，大大缩短了城市郊区到市中心的时间，符合一般城市由中心区向边缘区土地利用强度递减的特点；任意两条线路之间都能实现直接换乘；但是放射型线网的线路换乘点都集中在城市中心区，换乘枢纽的客流量很大，市中心交通压力较大，而且市郊与市郊之间的交通联系不方便。放射型线网适用于单中心城市，且城市轨道交通线网规模不大，轨道交通线路一般不超过3条。

2. 网格型线网

网格型线网是指由两组或两组以上互相垂直的线路构成的城市轨道交通线网，适用于市区呈片状发展、街道呈棋盘式布局的城市，如图1-15所示。

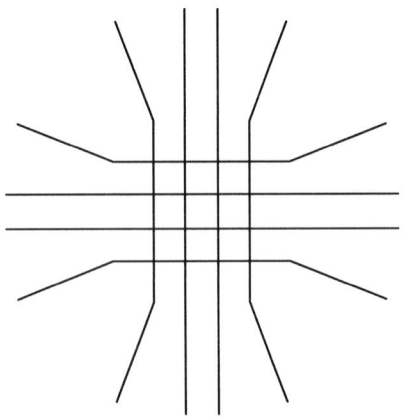

图1-15　网格型线网示意图

网格型线网的突出优点是线路分布比较均匀，换乘节点能够分散布置，客流吸引范围比较大；轨道交通线路顺直，多为纵横两个走向，工程易于实施，乘客容易辨识方向；换乘站较多，纵横线路间的换乘方便，线网连通性好。但线路走向单一，没有通达市中心的径向放射线，郊区到市中心的出行常需换乘，线网平行线路的相互联系较差，平行线路间换乘也麻烦，一般需要换乘两次以上，整体的运输效率较低。网格型线网一般适用于规模不是很大、开发强度较低、发展均匀的城市。

3. 环放射型线网

环放射型线网是在放射型线网的基础上增加环形线而形成的，其环形线一般与所有的放射线路相交叉，如图 1-16 所示。环放射型线网具有放射型线网的所有优点，而且由于环线能与所有径向线相交直接换乘，加强了中心区边缘各客流集散点的联系，整个网络的连通性更好，各线路间换乘更方便，并且环形线能有效分流郊区之间的客流，缓解市中心区域的交通压力。当城市向四周扩展，郊区成市区后，环放射型线网也便跟随城市有效地扩展。

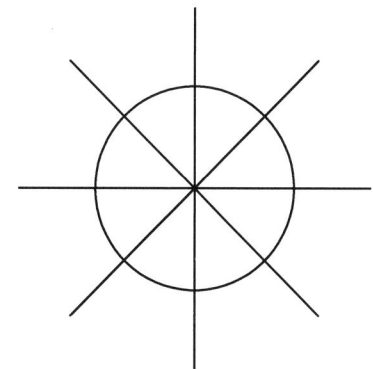

图 1-16 环放射型线网示意图

值得注意的是，城市轨道交通环线与地面道路交通环线不同，换乘会增加乘客出行时长，因此，环线对外围区之间的客流能否起到屏蔽作用仍需仔细研究。设置环线时应注意沿线人口及就业岗位数量，合理串联城市客流集散点。

三、城市轨道交通与城市发展

城市是人类居住、工作、教育与娱乐的聚集地，同时也是各类政治、经济、社会与文化活动的中心。早期的城市一般都是依据早期的人类自然村落形成的，而随着人类社会的进步与发展，人们认识自然、改造自然的能力逐步提高，人类社会需要的地方就发展成为城市。城市的形成象征着人类的文明进步、经济发展，并使社会结构日趋复杂化。在城市发展的过程中，随着城市数量的不断增加和城市人口的急剧扩张，出现了"城市化"这一人类社会发展趋势。伴随着城市化进程的不断深入，城市交通涌现出了一系列的发展问题。回顾城市交通发展规律，人们逐渐意识到应重点发展以轨道交通为骨干的公共客运交通网络，城市轨道交通系统具有运量大、速度快、安全可靠、绿色环保和节约用地等优势，从现代城市的发展趋势看,其对城市尤其是大城市的发展具有极其重要的作用。积极引入具有大、中、小客运量的轨道交通方式,是解决城市交通发展问题的一项重大技术措施。

在城市的发展过程中,城市区域的功能划分产生了城市道路网,而城市发展的另一个重要标志是城市人口的大量增加。城市功能的细分和道路体系的完善,带来了手工业生产的发展和商业的繁荣,从而吸引周边人口向城市迁移,使得城市人口快速增长,城市人口的增长又导致城市地域的扩展。然而在城市的长期发展过程中,由于科学技术和交通工具的制约,城市的发展十分缓慢。18 世纪,蒸汽机的发明在欧洲导致了工业革命,同时也推动了欧洲城市化的发展。19 世纪中期,机械交通工具的出现与发展引发了城市交通变革,促使城市不断地朝着现代化方向发展。

今天的城市就是在不断完善的交通系统基础上发展而来的。一般来说,在从城市边缘到市中心区的旅行时间就是居民单程出行可能承受的最大旅行时间,城市的半径往往等于居民在 1 h 内所能到达的距离。而交通工具的特性决定了居民的出行距离,它通过对居民出行活动的影响,又间接作用于城市空间形态的变迁。城市发展的不同时代都以当时的主导交通方式为主要特征,在城市结构、土地使用、人口密度等方面呈现出各自显著的特点。

(一)承担城市交通重要运输任务

城市轨道交通是城市公共客运交通系统的主干线、客流运输的大动脉,是城市发展的生命线。城市轨道交通建成投入运营后,将直接影响城市居民的出行、工作、购物等方方面面。国际知名大都市的城市轨道交通系统均十分发达且便利,人们出行很少驾驶私家车,主要依靠地铁、轻轨等轨道交通,故城市交通秩序井然,市民出行方便,有利于提高市民出行的效率,节省时间,改善生活质量。

(二)有效解决城市可持续发展问题

城市轨道交通系统采用电力驱动,是世界公认的低能耗、少污染的"绿色交通"方式,是解决城市能源消耗与空气污染的有效手段与根本途径。另外,城市轨道交通在一般情况下多采用地下隧道或高架桥梁形式,大大减少了对土地资源的占用。因此,城市轨道交通对实现城市可持续发展具有非常重要的意义。

(三)科学引导调整城市空间布局

城市轨道交通对城市的全域发展模式将产生深远的影响。为了建设生态城市,应把摊大饼式的城市发展模式转变为伸开的手掌形发展模式,而手掌形城市发展的骨架就是城市轨道交通。其建设可以带动城市沿轨道交通廊道的发展,促进城市繁荣,形成郊区卫星城与多个副中心,缓解中心城区人口密度大、住房紧张、绿化面积小、空气污染严重等问题。

城市轨道交通在调整城市布局与土地利用形态、优化城市交通结构、缓解交通拥堵、降低环境污染与能源消耗等方面具有决定性作用。另外,城市轨道交通系统具有建设投资巨大、建设工期长、建成后不易更改等特点。因此,做好城市轨道交通线网规划与线路设计是建立可持续发展的交通系统的关键环节,能保证城市轨道交通建设的科学性、合理性与可靠性,具有至关重要的意义与深远的影响。

任务四　城市轨道交通的组成及对人才的需求

城市轨道交通系统是一个集多专业、多工种于一身的复杂而庞大的技术系统,所涵盖的专业包括土建、机械、电气、电子信息、环境控制、运输组织等各门类,是由车辆、轨道线路、车站、轨道、供电、通信、信号和环境控制等一系列相关设备设施组成的。城市轨道交通的运输组织、功能实现、安全保证等均应遵循有轨交通的客观规律。在运输组织上要实行集中调度、统一指挥、按运行图组织行车。在功能实现方面,各有关专业,如线路、车站、隧道、车辆、供电、通信、信号、机电设备及消防系统均应保证状态良好、运行正常。在安全保证方面,主要依靠行车组织和设备的正常运行来保证必要的行车间隔及正确的行车线路。它们之间的协同合作保障了城市轨道交通系统为乘客提供优质的服务。

城市轨道交通的组成

一、城市轨道交通的组成

(一) 车　辆

车辆是城市轨道交通系统最重要的设备之一,也是技术含量最高的机电设备,如图 1-17 所示。作为运送乘客的载具,车辆的性能直接决定了运送乘客目标的实现质量。在乘坐城市轨道交通时,乘客除了在车站就是在列车上,乘客在途中的安全有赖于列车的安全运行;列车行进速度则直接决定了乘客到达的快捷和准点;车厢载客量、车厢硬件设备则决定了乘客出行过程的舒适度。因此,城市轨道交通车辆不仅需要具有运行安全、可靠、快速的特点,还应保证乘客乘坐的舒适度与方便性。

图 1-17　车辆

车辆作为城市轨道交通的重要组成部分,应具有先进性、可靠性和实用性,满足容量大、安全、快速、美观和节能的要求。城市轨道交通车辆有动车和拖车,带司机室车和不带司机室车等多种形式。动车又分为带有受电弓的动车和不带受电弓的动车。在运营时采用动拖结合、固定编组，形成电动车组。

车辆由车体、转向架、车钩缓冲装置、制动装置、受流装置、电气系统以及内部设备组成。车体分为有司机室车体和无司机室车体两种，现均采用整体承载的钢结构或铝合金结构，为在最轻的自重下满足强度的要求。转向架分为动力转向架和非动力转向架，分别安装在动车和拖车上。车钩缓冲装置用于连接车辆，并改善列车纵向平稳性，连接车辆之间的电气和空气的管路。制动装置使运行中的车辆按需要减速或在规定的距离内停车。受流装置从接触导线或导电轨将电流引入车辆。车辆电气系统包括车辆上的各种电气设备及其控制电路。车辆内部设备包括照明、通风、取暖、空调、座椅、拉手等服务于乘客的车体内的固定附属装置，以及蓄电池箱、主控制箱、电动空气压缩机组、总风缸、电源变压器、各种电气开关和接触器箱等服务于车辆运行的装置。

（二）信　号

城市轨道交通信号系统的主要作用是保证行车安全和提高线路的通过能力，是城市轨道交通的主要技术装备之一。信号是信息的表现形式，信息是信号的具体内容，可以认为信号是信息传递的一种手段，城市轨道交通通过信号实现行车指挥和列车运行现代化，保证列车运行的安全，提高运输效率。此外，信号系统还需要利用信号将运营信息告知乘客，实现客流组织和完成运送乘客的任务。信号系统按运营功能不同可分为列车自动控制系统、自动闭塞系统、联锁系统、列车自动监视系统、列车自动监控系统和列车自动防护系统等。

其中，列车自动控制（ATC）系统是城市轨道交通信号系统的最重要组成部分，实现行车指挥和列车运行自动化，能最大限度地保证列车运行安全，提高运输效率，减轻运营人员的劳动强度，增强城市轨道交通的通过能力。ATC 系统包括三个子系统：列车自动防护（ATP）、列车自动运行（ATO）和列车自动监控（ATS）。ATP 按地面信息的传输方式分为点式和连续式两种结构。按地-车信息传输所用的媒体分类，连续式 ATC 系统可分为有线与无线两大类，前者又可分为利用轨间电缆与利用数字编码音频轨道电路两类。采用无线传输的 CBTC（基于通信的列车自动控制系统）是新型的列车自动控制系统。按照闭塞实现的方式，城市轨道交通的闭塞可分为固定闭塞、准移动闭塞和移动闭塞。移动闭塞式 ATC 系统可以实现较大的通过能力，技术水平较高，具有广阔的发展前景。

联锁设备是重要的信号设备，用来在车站、车辆段实现联锁关系，建立进路、控制道岔的转换和信号机的开放，以及进路的锁闭和解锁，以保证行车安全。联锁设备分为正线联锁设备和车辆段联锁设备。联锁设备现均采用计算机联锁。

（三）通　信

通信系统的任务是建立一个能实现系统内指挥调度及公务业务联系的通道。例如，为乘客提供运营信息，为公安部门提供视频和无线资源，为消防管理部门提供无线资源等。城市轨道交通必须配备专用的、完整的、独立的通信系统，来构成城市轨道交通各部门之间的有机联系，以便于集中统一指挥，保证城市轨道交通列车安全、可靠、准点运行，实现行车调度和列车运行自动化。城市轨道交通通信系统涵盖传输系统、公务电话系统、专用电话系统、无线通信系统、广播系统、时钟系统、视频监控系统（CCTV）、乘客信息系统（PIS）、电源及接地系统等。通信系统是一个自成体系、独立、完整的内部通信网，由光纤数字传输系统、数字电话交换系统、闭路电视监视系统、无线调度系统和车站广播系统组成。

（四）供电系统

电能是整个城市轨道交通系统必需的能源，绝大部分设施设备都需要靠电力供应。因此，安全可靠的供电系统是保障城市轨道交通系统平稳运营的重要条件之一，为各种用电设备提供动力电源，确保轨道交通列车和照明、通风、空调、给排水、通信、信号、防灾报警、安全门、自动扶梯等系统的正常运行。城市轨道交通供电系统一般由牵引供电系统、动力照明供电系统与高压供电系统组成。牵引供电系统负责为电动车辆运行提供电能，由牵引变电所与牵引网组成，主要包含城市供电局、地区变电站与轨道交通主变电所之间的输电线路、轨道交通供电系统内部输配电网络、直流牵引供电网、车站低压配电网、电力监控系统、防雷设施和接地系统等。

变电所可分为主变电所、牵引变电所、降压变电所或牵引降压混合变电所。电源及供电系统采用集中供电方式，中压供电网络与牵引供电系统共用，电源由主变电所供给。车站及区间动力、照明负荷由车站降压变电所供给。动力照明供电系统负责为各车站和区间、车辆段、综合维修基地的所有动力、照明用电、通信信号、自动化设备以及城市轨道交通物业用电等，由降压变电所与动力照明配电线路组成。接触网是城市轨道交通的输电网。通过电动车组的受电弓和接触网的滑动接触，牵引电流由接触网进入电动车组，驱动牵引电动机使列车运行。牵引变电所向接触网供电。

城市轨道交通必须具有线路设备，作为车辆和列车运行的基础。在城市轨道交通沿线，还需设置各种类型的车站，作为办理乘客乘降作业的基地；拥有大量和质量良好的列车，作为运送乘客的工具；拥有完善的供电系统，作为列车的运行动力来源，为维持运营提供必要的动力和照明用电。同时，为了确保行车安全和提高运输效率，城市轨道交通又必须设置一套完备的、现代化的信号及通信设备，作为运输调度集中与统一指挥的工具。因此，城市轨道交通线路、车站、车辆、信号及通信设备就成为城市轨道交通运输的基本设备。城市轨道交通很多线路和车站在地下，需要大量的机电设备保证乘车环境，需要完备的监控系统保证运行安全。城市轨道交通还必须设置各种必要的检修场所，并配备相应的检修机具，以便对上述各项基本设备进行检修，使它们处于良好状态，确保运输工作顺利进行。

二、城市轨道交通的发展对人才的需求

城市轨道交通系统是一个庞杂的系统工程，是由多专业多工种相互配合工作、围绕安全行车这一中心而组成的有序联动、及时性极强的系统。在运输组织方面，要实行集中调度、统一指挥、按运行图组织行车；在功能实现方面，隧道、线路、供电、车辆、通信、信号、机电及消防等各专业相关系统必须保证状态良好，运行正常；在安全保障方面，依靠行车组织和设备正常运行保证必要的行车间隔和正确的行车线路。根据测算，维护每千米城市轨道交通线路的正常运营需要 50~60 人。随着全国各大城市轨道交通项目相继投入运营，特别是北京、上海、广州等特大型城市，其轨道交通系统的高速发展需要各类人才队伍的支撑。

（一）行车管理

行车管理是城市轨道交通系统内的重要专业之一，主要负责对系统内所有车辆的运行实施管理。由于城市轨道交通的列车是按运行图运行的，所以编制运行图、下达行车命令、突发事件的行车调整、有关行车组织的即时命令发布等，均是行车管理专业的工作职责。行车调度、客运调度、设备调度、列车驾驶员、车站行车值班员等都是专业内的重要工种。

（二）客运管理

客运管理专业对象是广大乘客群，专业宗旨是为乘客提供优质服务，专业评价标准是"乘客满意度"。客运管理又包含两个重要子专业：客流组织和客运服务，前者主要是组织乘客有序流动；后者是为乘客提供优质服务。

（三）安全管理

从工作性质分，安全管理分为乘客和员工的人身安全管理、运行和服务设备设施的安全管理、突发事件时的应急处置。

（四）行车值班员

行车值班员是设在车站的一个重要工种，隶属于行车管理专业，负责按运行图或调度命令，对途经车站的列车进行正常行车操作或调整、对车站客流进行组织或疏导。

（五）列车驾驶员

列车驾驶员负责驾驶列车运送乘客，是行车管理专业的一个重要工种。驾驶员除了负责列车驾驶外，还要利用列车广播、车厢显示屏等手段为乘客提供服务。当列车突发故障时，更要承担安全疏导乘客的任务。

（六）车站服务员（站务员）

车站服务员就是在车站为乘客提供服务的人员，是设置在车站的一个重要工种。仅从理论而言，车站服务员是乘客出行过程中唯一能接触到的城市轨道交通工作人员，乘客也正是通过服务人员的言行举止对轨道交通运营企业的工作质量进行评判。

为了保证列车运行安全、正点，在集中调度、统一指挥的原则下，行车组织、设备车辆检修、设备运行管理、安全保证等均由一系列规章制度来规范。列车运行是围绕安全行车这一中心而组成的有序联动、时效性极强的系统。

思考与练习

1. 城市轨道交通的类型有哪些？
2. 分析城市轨道交通的优势和局限性。
3. 地铁系统与轻轨系统有何区别？
4. 城市轨道的发展与城市的发展有何联系？

项目二　城市轨道交通线路

随着我国经济发展与城市化进程的不断加快，城市轨道交通系统已进入高速发展阶段。城市轨道交通在调整城市布局与土地利用形态、优化城市交通结构、缓解交通拥堵、降低环境污染与能源消耗等方面具有决定性作用。城市轨道交通线路是由各种不同材料的部件所组成的，具有规定强度和稳定性，能保证列车以规定的速度平稳、安全、正点和不间断地运行，也是城市轨道交通运营的重要设备之一。通过本项目的学习，可以了解城市轨道交通线路的空间设置，掌握城市轨道交通线路的分类及设备构成。

任务一　城市轨道交通线路基础知识

一、概　述

城市轨道交通线路是城市轨道交通车辆运行的基础，直接承受车辆轮对传来的压力，保证列车安全、平稳和不间断运行。作为城市轨道交通系统的基本组成部分，城市轨道交通线路设计工程包括选线、平纵断面设计，以及路基、道床、道岔、连接扣件、轨道结构和其他工程内容。

线路

城市轨道交通线路设计的基本要求是保障行车安全、平顺，并且使整个工程在技术上可行，经济上合理。

城市轨道交通线路是由路基、桥隧和轨道组成的一个整体工程结构。

二、选　线

选线即选择城市轨道交通的行走线路，主要分为经济选线与技术选线两类。经济选线就是与城市总体规划相结合选择行车线路的起讫点与控制点，并在充分考虑城市发展的基础上作出轨道交通路线规划，如对外交通枢纽、火车站、机场、城郊结合等客流量大的地点，并适当考虑车辆的停车场及维修基地等。通过轨道交通的开通，达到改善相应地段的交通条件的目的，形成新的投资热点，从而引起客流的新变化。技术选线则是按照行车线路，结合有关的设计技术规范，落实线路的位置，其要点是先定点后定线，点线结合。

中间站在线路中数量最多，也最为通用，它的通过能力决定了线路的最大通过能力。中间站大多设在城市的闹市区，如商业区、文化生活区和工业区等。

城市轨道交通选线工作应符合城市总体规划，符合城市轨道交通线网规划，节约城市土地资源，减少城市拆迁工程，合理衔接其他交通方式，注重环境与文物保护，考虑城市轨道交通施工建设条件，并便于轨道交通运营组织。

三、线路分类

1. 按线路敷设方式来分

按照线路的空间位置不同，城市轨道交通线路的敷设方式可分为地下线路、地面线路与高架线路三种方式。根据《城市轨道交通2021年度统计和分析报告》，2021年我国城市轨道交通累计线路敷设线路总长度 9 206.8 km，其中，地下线 6 396.4 km，占比 69.5%；地面线 1 071.6 km，占比 11.6%；高架线 1 738.5 km，占比 18.9%。

1）地下线路

城市轨道交通地下线路一般敷设在城市中心繁华区域，是对城市环境影响最小的一种线路敷设方式。地下线路埋置深度应根据地质情况与地下构筑物情况而定，在城市中一般以浅埋为好。在制定工程方案时，要由浅入深进行选择比较，确定最佳方案。地下线路如图 2-1 所示。地下线的施工方法主要有明挖法和暗挖法，工程造价很高。

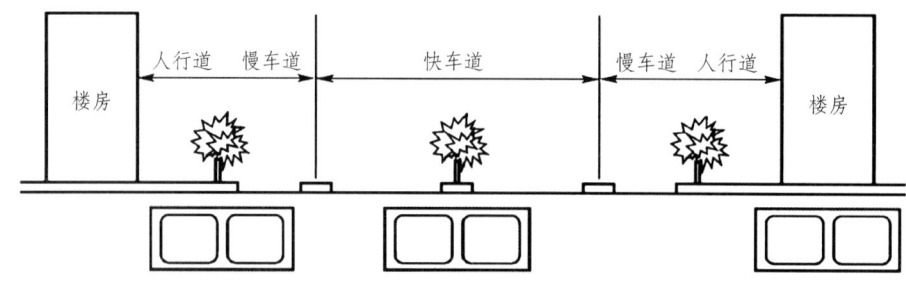

图 2-1 地下线路示意图

这种将线路置于地下隧道中的优点是：列车在地下运行，与地面交通完全分离，互不干扰，且不占城市地面和地上空间，对地面不产生噪声干扰，基本上不受地面气候影响。地下线能避开线路沿线的建筑物和各种管线，占用的城市土地资源少，对城市景观基本没有影响。其不足之处在于需要较大投资、较高的施工技术、较先进的管理，以及完善的环控、防灾措施与设备。地下线路在建设过程中仍会影响地面交通，运营成本较高，改造、调整与维护均较困难。

2）地面线路

城市轨道交通地面线路是造价成本最低的一种敷设方式，一般敷设在有条件的城市道路或郊区，如地面较空旷、道路和建筑物较少的偏远地段等。为保证城市轨道交通列车的快速运行，地面线一般采用独立路基的方式，以减少与地面道路交通的互相干扰。地面线与城市道路相交时，一般应设置为立交形式，很少设置为地面线路。在连接中心城区与卫星城或近郊地带时，尽量创造条件设置地面线，以降低工程造价。地面线路如图2-2所示。

采用这种敷设方式的优点是工程造价低，施工简便，运营成本低，线路调整与维护较容易。其不足是运营速度难以提高，占用较多的城市土地资源，与地面交通有相交，影响城市道路交通，容易受气候影响，乘车环境难以改善，有一定的负效应（如噪声、影响景观等）。

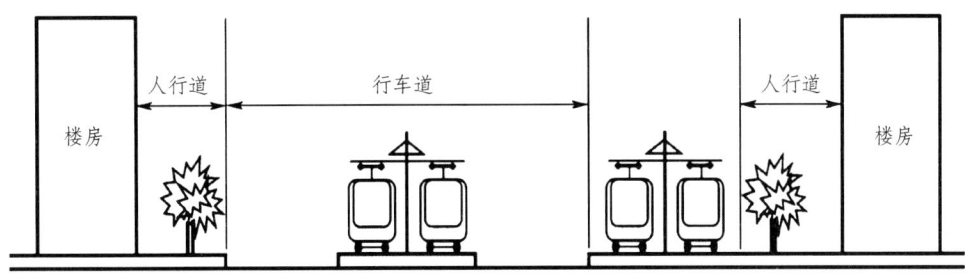

图 2-2 地面线路示意图

3）高架线路

高架线路是城市轨道交通中一种重要的线路敷设方式，一般选在城市边缘区域或市郊，在建筑稀少且空间开阔的地段使用。高架线路一般采用桥梁形式，既能够保障专用道路的形式，又能够节省土地资源，对城市交通干扰也较小。城市轨道交通高架区段中的高架桥梁为永久性的城市建筑，结构寿命要求在 50 年（或 100 年）以上。高架线路设置于城市道路中心线上对道路景观较为有利，噪声对周围环境影响相对较小，路口交叉处对地面交通影响也相对较小。但是若在无中央分隔带的道路上敷设高架线，改建道路工程量较大。高架线路如图 2-3 所示。

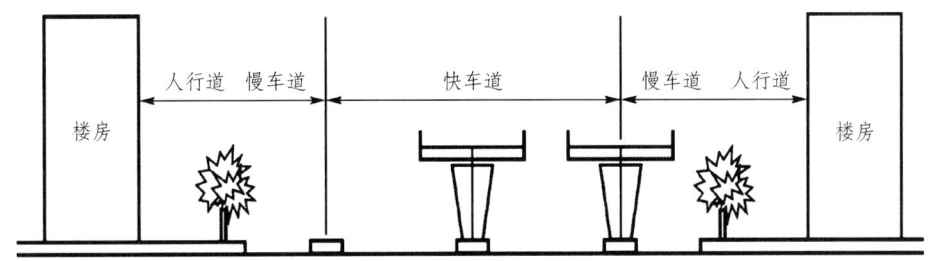

图 2-3 高架线路示意图

这种方式线路设在高架工程结构物上，与地面交通无干扰。其造价介于地下线路与地面线路之间，施工、维护、管理、环控、防灾诸方面都较地下线路方便；但它要占用一定的城市用地，并有光照、景观、噪声等负效应，也受气候的影响，市区基本不采用。

以上三种城市轨道交通线路敷设方式的特征比较见表 2-1。

表 2-1 不同线路敷设方式特征

线路敷设方式	工程难易程度	工程设备设施复杂度	建设投入资金量	自然因素对运营的影响	对城市道路阻隔的影响	对城市景观影响程度
地下线路	难	复杂	大	小	无	小
地面线路	易	简单	小	大	大	较大
高架线路	较易	较简单	较大	较小	较小	大

总之，在同一条城市轨道交通线路上，上述三种城市轨道交通线路敷设方式的选择应结合城市总体规划、线路所穿越的地区环境、工程具体技术要求和造价，综合比较后确定，其中与城市总体规划相结合是最重要的方面。由于我国城市道路交通环境复杂，对于地铁、轻

轨等系统，一般在城市中心地区、人口稠密、建筑密集、土地价值较高处宜采用地下线路，其他地区如要提高轨道交通的效率与安全可靠性，条件许可时则宜采用高架线路或者地面线路。

2. 按线路在运营中的作用来分

城市轨道交通线路按其在运营中的作用，可分为正线、辅助线和车场线。其中，辅助线又包括折返线、联络线、渡线和出入段线等。

1）正线

正线是指城市轨道交通列车载客运行的，贯穿所有车站及区间供列车日常运营的线路。当线路分叉时，正线可细分为干线和支线。一般情况下，在正线上分岔以侧向运行的线路为支线，直向运行线路为干线。支线通过配线连接干线，可混合运行，也可独立运行。另外，正线又可分为区间正线和车站正线。

城市轨道交通正线均采用上、下行双线分行，一般实施右侧行车惯例，以便与城市地面交通行车规则相一致。南北向线路应以由南向北为上行方向，由北向南为下行方向；东西向线路应以由西向东为上行方向，由东向西为下行方向；环形线路应以列车在外侧轨道线的运行方向为上行方向，内侧轨道线的运行方向为下行方向。由于正线是独立运营的线路，列车的行驶速度快、密度大，且要保证行车的安全和舒适，因此线路的要求标准较高，要求采用 60 kg/m 以上类型钢轨敷设，线路与其他交通线路相交处，一般采用立体交叉。

2）辅助线

辅助线，又称配线，是指凡在正线上分岔的，为配合列车转换线路或运行方向等某些运营功能服务的，并增加运行方式灵活性的线路，包括折返线、渡线、联络线、停车线、出入线等。

辅助线是城市轨道交通系统的重要组成部分，直接关系到系统运营组织的效率。例如，列车在正线上运行时，倘若突然出现故障，而上下行线路没有岔道时，列车既不能改变方向，也不能超越，便有可能造成全线瘫痪。为了运营时段意外事故发生后能迅速进行抢修，每相隔 2~3 个车站应选择一处设置渡线和临时停车线等辅助线，用于特殊情况下应急使用。

（1）折返线

折返线是城市轨道交通列车正常运行线路两端点站或中间站为供列车调头、存车而专门设置的线路，即帮助列车从一条股道转至另一条股道，或提供临时存车功能，并能够满足列车折返运行能力的需要。折返线根据不同的折返方式可分为环形折返线、尽端折返线、渡线折返和单轨铁路折返。

① 环形折返线。环形折返线俗称灯泡线，如图 2-4 所示。环形折返线将端点折返作业转化为沿一个环形单线区段运行的作业，这种线路实质上取消了列车折返过程，变为区间运行，有利于列车发挥运行速度，保证了线路的最大通过能力，节约了有关设备，消除了因折返作业而形成的线路通过能力限制条件，是一种对提高运营效率有利的折返方式。环形折返线的缺点：占地面积较大，尤其是在地下修建时难度更大，投资较高；轮轨磨耗大，缺少了一段停车维护检查的机动线路，无法停放和检修列车；对车辆技术要求、运行组织要求更高；难以进行线路延伸。

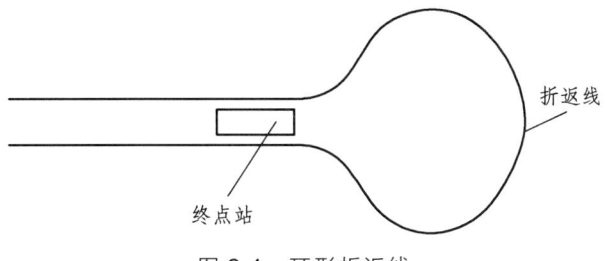

图 2-4 环形折返线

环形折返线一般只适用于线路较短、线路延伸可能较小且该端点站又往往在地面的情况。

② 尽端折返线。尽端折返线数量由检修作业量、代发车存车数量决定。它在需要检修的折返线上设有检修坑。尽端折返线可分为单线折返线、双线折返线、多线折返线等不同布置方式，如图 2-5 所示。

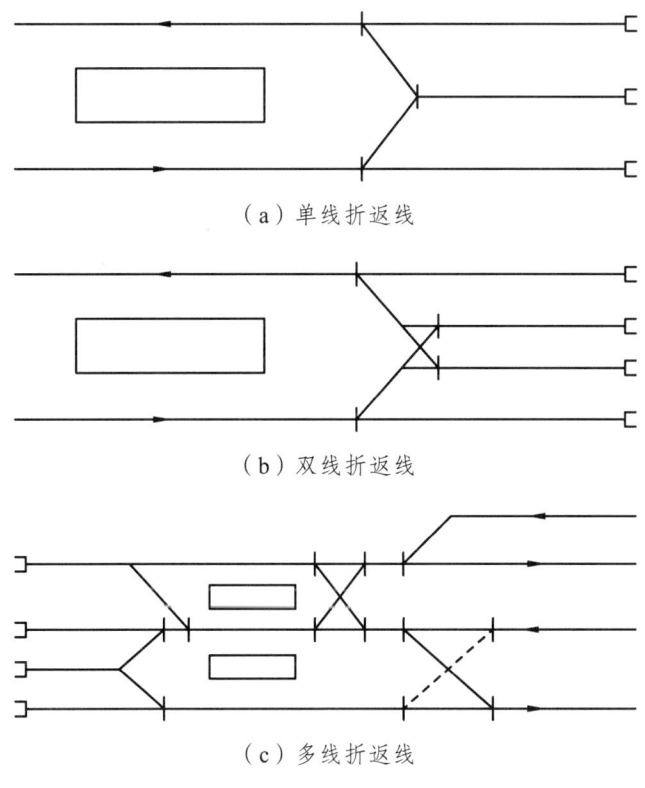

（a）单线折返线

（b）双线折返线

（c）多线折返线

图 2-5 尽端折返线

尽端折返线能够弥补环形折返线的不足，使得尽端站既能够有效组织列车折返，又能够提供临时停车线供故障车停车、检修、夜间停车等作业使用。同时，尽端折返线也有利于线路的延伸，比较适合于地下结构的端点站以及线路较长或有延伸可能、土地不宜多占用的情况。

③ 渡线折返。渡线是在上下行正线之间或其他平行线之间设置的连接线，是用道岔将线路上行线、下行线及折返线连接起来的线路，可分为站前、站后、区间站渡线三种，如图 2-6 所示。渡线又分单渡线和交叉渡线两种。

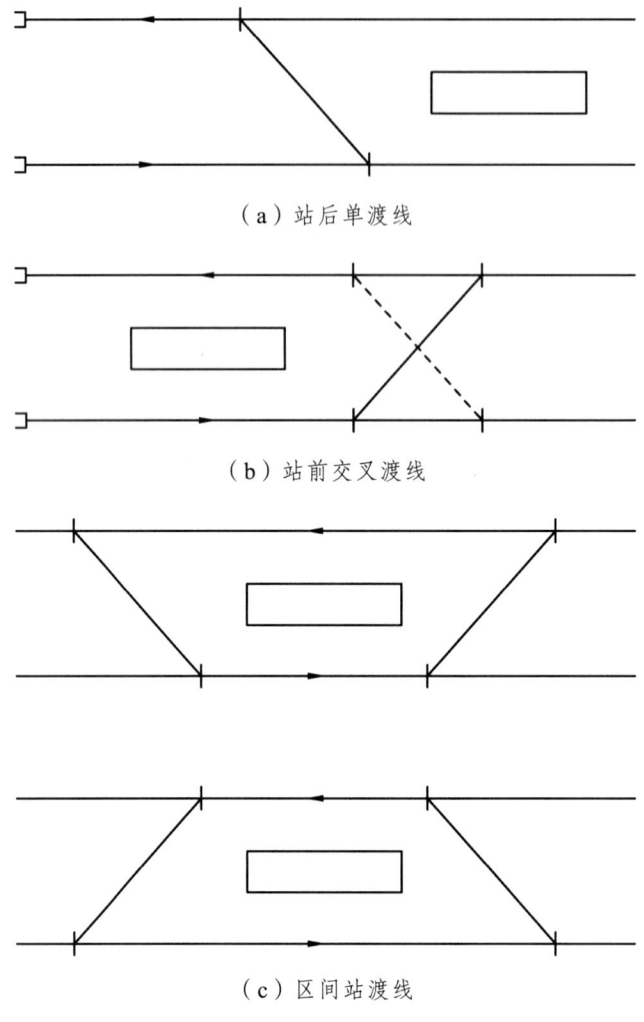

图 2-6 渡线折返

利用渡线折返所需建设线路最少,投资较少,但是列车进出站与折返作业有严重的干扰,尤其是在中间站利用渡线进行区间列车折返时需占用正线,将会产生敌对进路,存在安全隐患,对运营管理要求十分严格,且行车间隔受其制约将有所延长,导致线路通行能力下降。

④ 单轨铁路折返。单轨线路(磁浮)折返比较特别,必须采用专门的转线设备来完成,如图 2-7 所示。

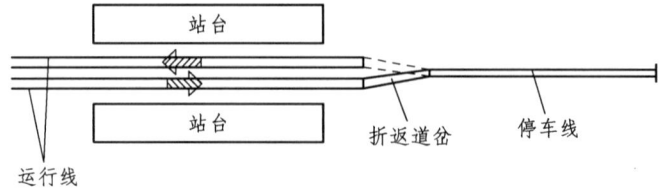

(a) 单轨铁路利用道岔进行折返

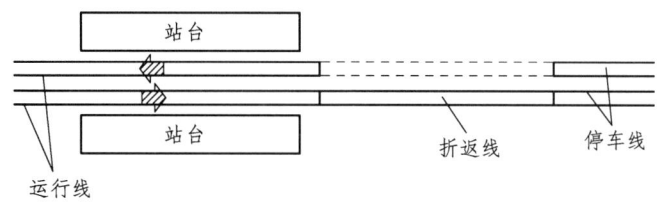

（b）单轨铁路端点站平移折返

图 2-7 线路折返示意图

（2）渡线

渡线是指在上下行正线之间（或其他平行线路之间）设置的连接线，通过一组联动道岔达到转线的目的，如前述的站前、站后折返用渡线以及车库内线路之间的渡线。

（3）联络线

联络线是指不同城市轨道交通线路之间为调动列车等作业方便而设置的连接线路。联络线按其布置形式可分为单线联络线、双线联络线，如图 2-8 所示。联络线因连接的城市轨道交通线路往往不在一个平面上，因此具有较大坡度与较小曲线半径，列车运行速度不可能很高。若是在地下建设联络线，施工难度较大，资金投入也将随之加大。

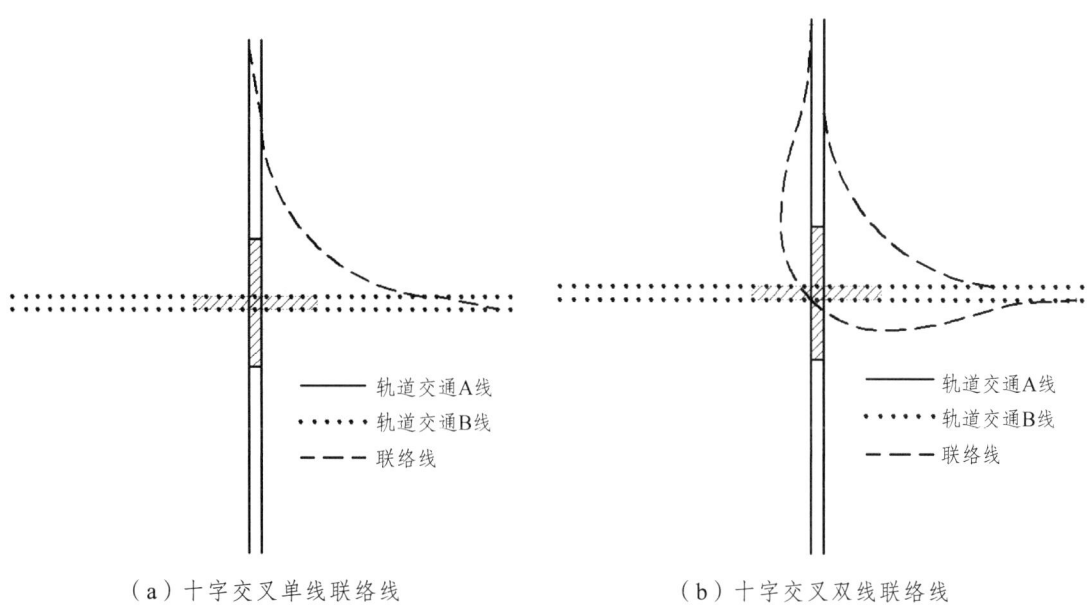

（a）十字交叉单线联络线　　　　　　　　（b）十字交叉双线联络线

图 2-8 联络线

（4）停车线

停车线是指用于故障列车待避、临时折返、临时停放或夜间停放列车的线路，一般设置在端点站，以减少故障列车对正常行车的干扰和出现线路局部事故时以便组织临时交路。在车辆基地则有众多的专用停车线，提供夜间列车停止运营后的停放。需要进行检修作业的停车线应设有地沟。因此，当两个具备临时停车条件的车站相距过远时，应根据运营需求和工程条件设置停车线。

（5）出入线

出入线是正线车站与车辆段、停车场之间的连接线，专用于列车进出车辆基地。尽端式车辆段出入线宜采用双线，贯通式车辆段可在车辆段两端各设一条单线。停车场规模较小时，出入线可采用单线。城市轨道交通出入线如图2-9所示。

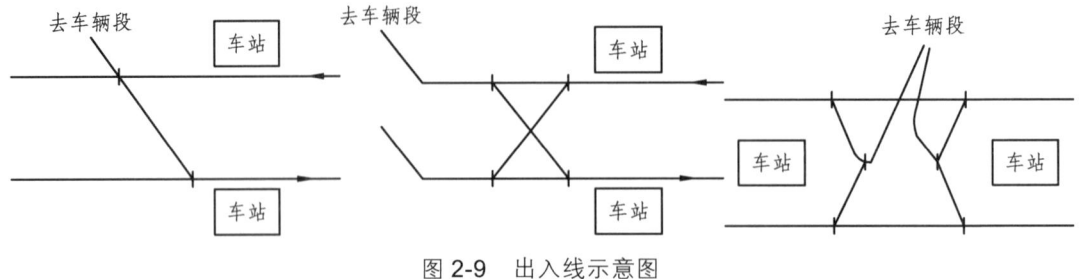

图 2-9　出入线示意图

试验线是设在车辆基地，用于对检修完毕的列车进行运行状态检测的线路。

3）车场线

除了正线以外，每一条运营线都设有一个车辆基地，内部铺设有若干线路，用于停运后列车入库停放、列车检修、试车、调车等作业，这些线路统称为车场线。车场线主要有停车线、检修线、试车线、调车线、回转线、洗车线等。

（1）停车线。停车线是指在车辆基地内，供夜间停止运营列车停放的线路。在车辆基地内，要设有足够的停车线以供列车停放。

（2）检修线。检修线是指设在车辆基地检修库内，专门用于检修车辆的作业线，配有地沟、立体检修台、架车设备、检修设备等。

（3）试车线。试车线是指设在车辆基地，用于对检修完毕的车辆进行运行状态检测的线路。为达到必要的运行速度，试车线需有一定长度标准和平纵断面特点。

（4）调车线。调车线是指用于进行列车进出、连接、摘挂与解体的作业线。

（5）回转线。回转线是指能提供地铁列车调头转向的线路，一般有回转线、三角线等不同形式。

（6）洗车线。洗车线是指用于清洗车辆的作业线。

任务二　路基和线路设备

一、路　基

路基是铺设轨道的基础，是轨道交通的重要组成部分。地铁路基工程应有足够的强度、稳定性和耐久性。

（一）路基的基本形式

在轨道交通线路工程中，路基常见的两种基本形式是路堤和路堑，如图2-10所示。

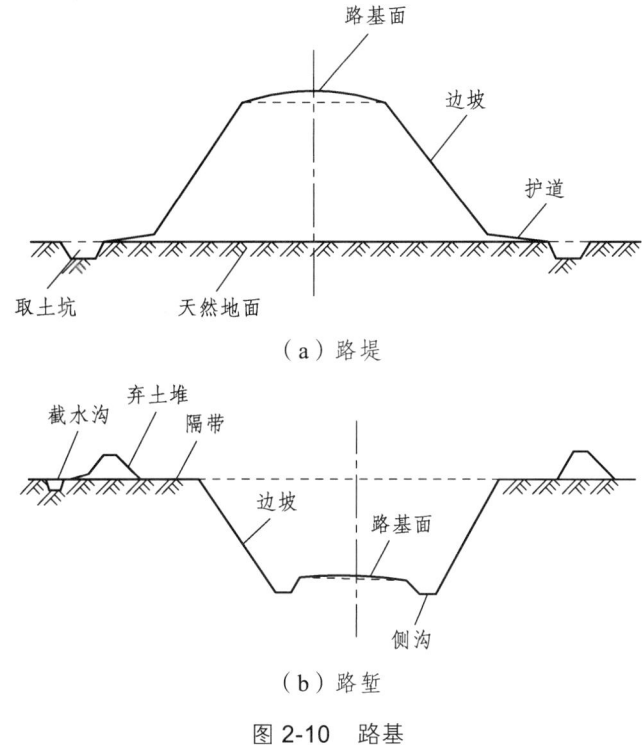

图 2-10 路基

其中,当路肩设计标高高于天然地面时,路基以填筑方式构成,这种路基称为路堤。路堤由路基面、边坡、护道、取土坑或纵向排水沟等组成。当路肩设计标高低于天然地面时,路基以开挖方式构成,这种路基称为路堑。路堑由路基面、边坡、侧沟、弃土堆和截水沟等组成。

(二)路基的组成

1. 路基面

路基面形状应设计为三角形路拱,应由路基中心线向两侧设 4% 的人字排水坡。曲线加宽时,路基面仍应保持三角形。当路肩埋有设备时,路堤及路堑的路肩宽度不得小于 0.6 m,无埋设设备时路肩宽度不得小于 0.4 m。区间曲线地段的路基面宽度,应在曲线外侧按规定加宽。

2. 路基的排水和防护措施

路基排水,路基必须坚实而稳固,才能承受沉重的压力。但是土质路基的坚固性和稳定性比较不易保持,它受许多因素的影响。在一般情况下,水的侵害往往是一个主要原因。因此,路基要有完善的排水系统,并宜与市政排水设施相结合,排水设施应布置合理,当与桥涵、隧道、车站等排水设施衔接时,应保障排水畅通。为保持路基经常处于干燥、坚固和稳定状态,路基上设有一套完整的排水设备,如纵向排水沟、侧沟和截水沟是为了排除地面水而设置的,如图 2-11 所示。

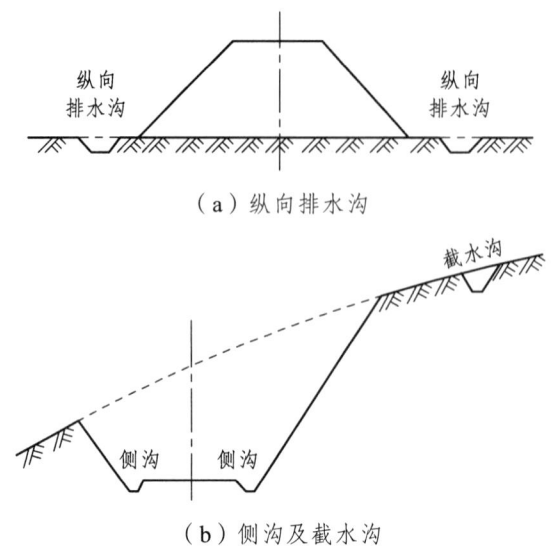

图 2-11　路基地面排水设施

除了地面水以外，地下水也是破坏路基坚实、稳固的一个重要因素。为了拦截地下水，降低地下水位，常采用暗沟（管）、渗沟、渗管、检查井等地下排水设备。渗沟和渗管如图 2-12 所示。地下水渗入渗沟后，可通过渗管纵向排出路堑。

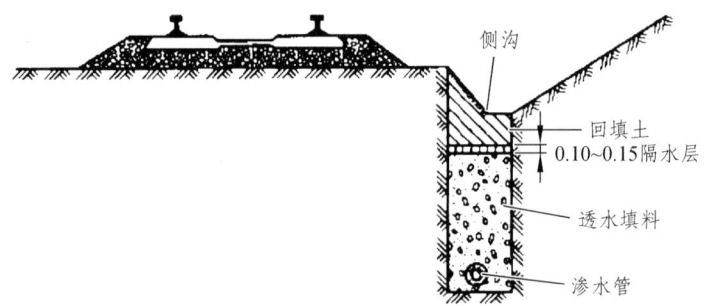

图 2-12　渗沟和渗管

对受自然因素作用易产生损坏的路基、边坡、坡面，应根据边坡的土质、岩性、水文地质条件、边坡坡度与高度以及周围景观等，选用适宜的防护措施。在适宜植物生长的土质边坡上应采用植物防护措施。沿河地段路基应根据河流特性、水流性质、河道形状、地质条件等因素，结合路基位置，选用适宜的坡面防护、河水导流或改道等防护措施。

二、轨道线路设备

路基面或结构面以上的线路部分称为轨道结构。轨道是城市轨道交通线路的重要组成部分，它作为一个整体结构，铺设在路基之上，直接承受列车车辆及其荷载的巨大压力，并对列车运行起着导向作用。轨道一般由钢轨、轨枕、扣件、道岔、道床、联结零件和轨道加强设备等组成，如图 2-13 所示。轨道结构应具有足够的强度、稳定性、耐久性、绝缘性和适量弹性。

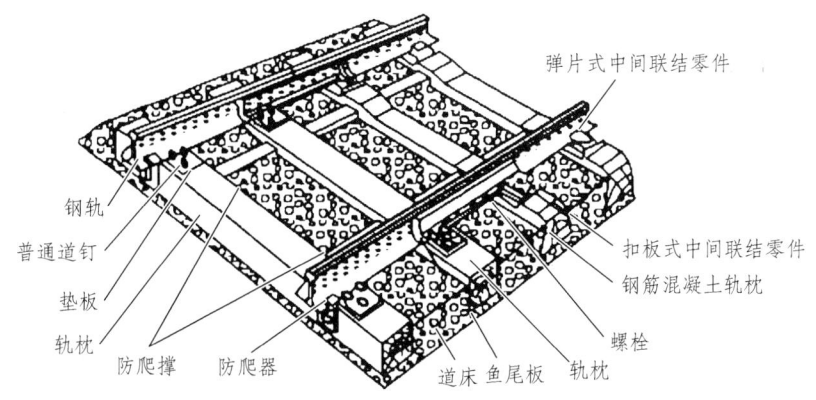

图 2-13 轨道结构构成

（一）钢　轨

钢轨是轨道的重要组成部分，直接承受列车荷载并将其传递到扣件、轨枕、道床至结构底板（如路基或桥梁）中。同时，依靠钢轨头部内侧与车辆轮缘的相互作用，钢轮引导列车前进。由于钢轨在列车动荷载作用下，会产生弹性挠曲与横向弹性变形，因此要求其有足够的承载能力、抗弯强度、断裂韧性、稳定性、耐磨性和耐腐蚀性。

钢轨断面形状为"工"字形，由轨头、轨腰、轨底三大部分组成，如图 2-14 所示，具有受力好、省材料、最佳抗弯性能等优势。钢轨的类型是按每米大致质量进行区分的，按钢轨的质量和强度不同，有四种：43 kg/m、50 kg/m、60 kg/m 和 75 kg/m。城市轨道交通在经济条件允许时，地下线路、地面线路或高架线路的运营正线一般均应采用 60 kg/m 以上的重型钢轨，从经济性角度出发，车场线选取 43 kg/m 或 50 kg/m 钢轨是可行的。钢轨在使用过程中不可避免地会产生各种损伤，如折断、裂纹及磨耗等，为保证行车安全，出现钢轨损伤时应及时更换。

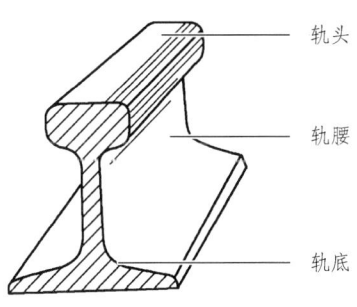

图 2-14 钢轨外形

我国标准钢轨长度分为 12.5 m 及 25 m 两种，城市轨道交通一般采用 25 m，另有用于曲线上的标准缩短轨。正线有缝线路地段的钢轨接头应采用对接，曲线内股应采用厂制缩短轨。配线和车场线半径不大于 200 m 的曲线地段钢轨接头应采用错接，错接距离不应小于 3 m。对接、错接示意图如图 2-15 所示。普通钢轨有热胀冷缩的性能，为适应钢轨伸缩，铺轨时在两根钢轨的接头处应留有适当的轨缝，如图 2-16 所示。目前，城市轨道交通轨道中已大量采用无缝钢轨，钢轨接头数量大大减少。

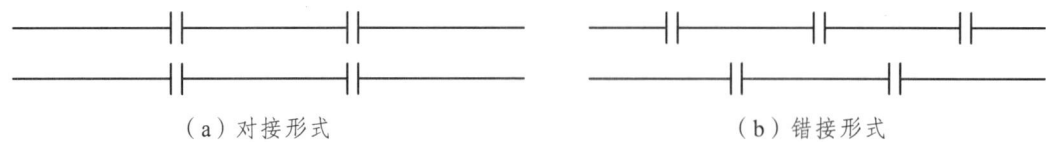

（a）对接形式　　　　　　　　　　　（b）错接形式

图 2-15　钢轨接头形式

图 2-16　钢轨接头处

（二）轨　枕

轨枕是轨道重要的基础部件，它承垫于钢轨之下，将钢轨所承受的重量压力，平均传递到道床上，同时又能有效地保持钢轨位置和轨距，如图 2-17 所示。因此，轨枕应具有一定的坚固性、弹性和耐久性。利用扣件可将轨枕与钢轨连接在一起形成"轨道框架"，以增加轨道结构的横向刚度。

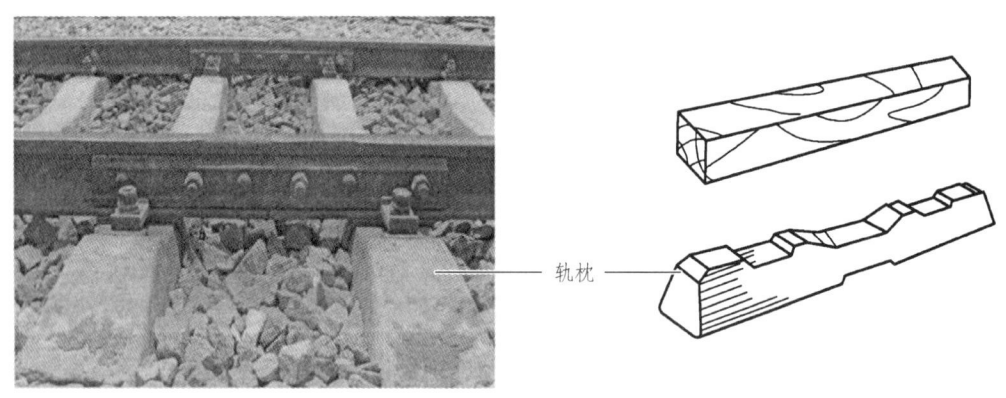

图 2-17　轨枕

轨枕按其材料可分为木枕、钢筋混凝土轨枕及钢枕。

1. 木　枕

木枕又称枕木，是铁路系统最早采用并且到目前为止依然被采用的一种轨枕，如图 2-18 所示。其优点是弹性好，易加工、运输、铺设、养护、维修方便，绝缘性能好；缺点是易腐朽和产生机械磨损，使用寿命短，且木材资源缺乏，价格较为昂贵，所以木枕已逐渐被混凝土轨枕所代替。但是在道岔、停车场等站线部位，由于要求使用不等长的轨枕，混凝土轨枕尚难取代木枕。

图 2-18　木枕

2. 钢筋混凝土轨枕

与木枕相比，钢筋混凝土轨枕能够提供较大的阻力，具有稳定性好、使用寿命长等优点，减少了线路维修与养护的工作量，但其质量较大，不利于敷设，且弹性相对较差，如图 2-19 所示。

图 2-19　钢筋混凝土轨枕

城市轨道交通的轨枕现均采用钢筋混凝土轨枕，其稳定性好，坚固耐用。在直线区段，一般每千米配置 1 600～1 680 根轨枕。在曲线半径较小或坡度较大地段，可适当增加此配额。

3. 钢　枕

钢枕主要在德国轨道交通中使用。我国在新中国成立前的某些铁路中也曾使用钢枕。

（三）联结零件

联结零件分为接头联结零件和中间联结零件。

1. 接头联结零件

接头联结零件由夹板、螺栓和垫圈等组成，如图 2-20 所示，通过它们把钢轨连接起来，使钢轨接头部分具有和钢轨一样的整体性，以抵抗弯曲和移位，并满足热胀冷缩的要求。

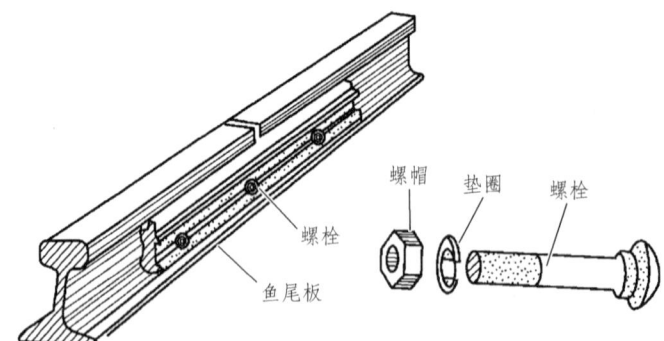

图 2-20　接头联结零件

夹板是用来夹紧钢轨的。每块夹板都要用 4 枚或 6 枚螺栓上紧，且为防止车轮万一在接头部位脱轨时切割全部螺栓。螺栓帽的位置在钢轨的内外侧相互交错。

城市轨道交通中已大量采用无缝线路结构，钢轨接头联结零件数量大大减少，但在无缝线路的缓冲区、轨道电路的绝缘区、有道岔的线路区段中，还是必须要用钢轨接头，因此接头联结零件还是不能少的。不同类型的钢轨应采用异型钢轨连接。

2. 中间联结零件

扣件是用于联结钢轨与轨枕或其他轨下基础的中间联结零件，其主要作用是将钢轨固定在轨枕上，保持轨距并防止钢轨相对于轨枕的横向或纵向移动，并能提供适当的弹性，如图 2-21 所示。扣件必须具有足够的强度、耐久性和一定的弹性，以有效地保持钢轨与轨枕的可靠联结。此外，扣件还应结构简单，便于安装和拆卸。按轨枕类型不同，扣件可分为木枕用扣件与钢筋混凝土轨枕用扣件。钢筋混凝土轨枕用的扣件有扣板式、弹片式和弹条式三种。弹条式扣件不仅比前两种使用的零件少、结构简单，而且弹性好、扣压力大，隧道内、地面线的正线扣件尽量采用无螺栓弹条，可减少零部件，减少施工和维修的工作量。

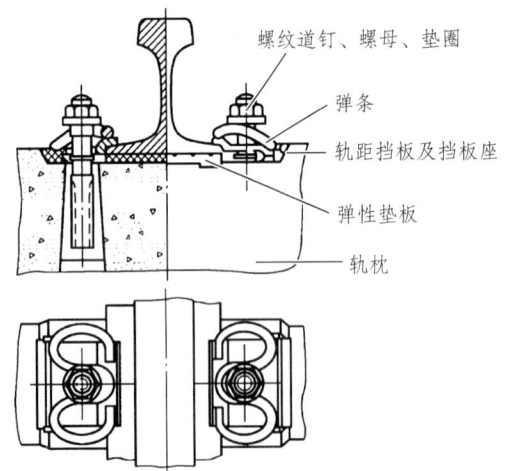 

图 2-21　中间联结零件

(四) 道 床

道床铺设在路基之上，轨枕之下，一般分为有砟道床和无砟道床。其主要作用是：支撑轨枕，把从轨枕上部的压力均匀地传递给路基；固定轨枕的位置，阻止轨枕纵向或横向移动；缓和城市轨道交通车辆轮对对钢轨的冲击；调整线路的平面和纵断面。城市轨道交通线路多采用无砟整体道床结构。

1. 有砟道床

有砟道床所用材料必须质地坚韧，吸水度低，排水性能好，耐冻性强，不易风化，不易压碎、捣碎与磨碎，不易被风吹动或被水冲走。因此，有砟道床材料选用碎石、熔炉矿渣、筛选卵石（有50%以上卵石含量的天然砂卵石），以及粗砂与中砂等。

有砟道床能够将城市轨道交通车辆的荷载通过钢轨、轨枕并经过道床的扩散作用，散布于路基上，起到保护路基的作用；能够提供抵抗轨排纵横向移位的阻力，保持轨道的正确几何形位；能够提供良好的排水性能，减轻轨道冻害并提高路基的承载能力；其具有弹性与阻尼，能够起到缓冲与减振的作用；同时，还便于进行轨道养护维修作业。

2. 无砟道床

无砟道床也称混凝土整体道床，就是用碎石加水泥浆，或者用混凝土、钢筋加混凝土直接在路基面上筑成坚固的轨道基础，用以代替通常的碎石道床。目前，城市轨道交通大多采用无砟道床，这是一种刚性轨下基础，平顺稳定、坚固耐久，线路的强度高、维修工作量少。

无砟道床与基床的连接形式主要有整体灌筑式、轨枕式与支撑块式三类。整体灌筑式是指就地连续灌筑混凝土基床或纵向承轨台；轨枕式即是把预制好的混凝土轨枕与混凝土道床浇筑成一个整体；支撑块式是指把预制的钢筋混凝土支撑块与混凝土道床浇筑成一个整体，这是许多国家铁路整体道床采用的形式，北京地铁、天津地铁均采用此类形式。

(五) 道 岔

道岔有线路连接、线路交叉及线路连接与交叉三种形式。常见的线路连接有单开道岔、单式对称道岔及三开道岔。线路交叉有直角交叉及菱形交叉。线路连接与交叉有交分道岔及各种交叉渡线。运用这些道岔，可以把不同位置和方向的轨道相互连接起来。

道岔是线路上供列车安全转线的设备，用来使轨道交通列车车辆由一条线路转向或越过另一条线路。地铁和轻轨采用双线线路，线路中间站通常不设配线，两个方向线路之间很少有交叉、连接处存在，但在折返地段，要利用道岔实现线路的转换。在车辆段（停车场）内，设有较多道岔，通过道岔将停车线、检车线等与走行线连接起来。

地铁与轻轨线路上常用的是普通单开道岔，如图2-22所示。单开道岔结构简单，占道岔的大多数。单开道岔将一条线路分为两条，主线为直线，侧线由主线的左侧或右侧岔出。站在道岔前部面向尖轨尖端，凡侧线由主线左侧岔出的称为左开道岔，侧线由右侧岔出的称为右开道岔。

单开道岔主要由转辙器、辙叉及护轨三个单元组成。转辙器由两根尖轨、两根基本轨、各种联结零件和转辙机械组成。基本轨位于尖轨外侧，用12.5 m或25 m标准断面的普通钢轨制成，主股为直线，侧股按转辙器各部分的轨距弯折成规定的折线。基本轨除承受车轮的垂直压力外，还与尖轨共同承受车轮的横向水平力。

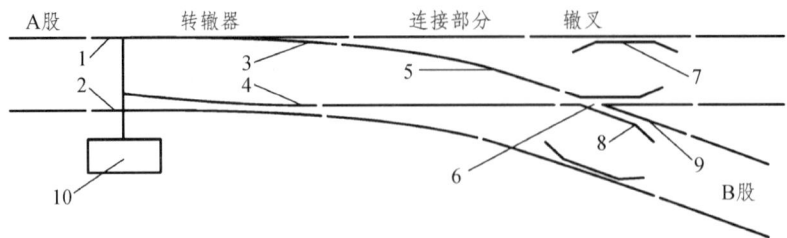

1，2—基本轨；3，4—尖轨；5—导轨曲线；6—有害空间；7—护轨；8—翼轨；9—辙叉心；10—转辙机械。

图 2-22　普通单开道岔

尖轨是转辙器的主要部件，车辆进出道岔由它引导，用与基本轨同类型的标准钢轨或特种断面钢轨刨制而成。通过连接杆件与转辙器相连，操纵转辙器就能够转换轨尖的位置，从而确定道岔的开通方向，实现列车安全转线的目的。为使转辙器能正确引导列车的行驶方向，尖轨尖端必须与基本轨紧紧贴靠。转辙机构用于扳动尖轨到不同的位置，使道岔能准确地开通直线或侧线。

辙叉包括辙叉心、翼轨与护轨，其作用是保证车轮安全通过两根钢轨的相互交叉区域。它设置于道岔侧线钢轨与道岔主线钢轨相交处。单开道岔的辙叉按构造分为固定式辙叉和可动式辙叉两类，以固定辙叉最为常用。

护轨设于辙叉的两侧，用以控制车轮的轮缘，使之进入设定的轮缘槽内，防止与叉心碰撞。护轨可用普通钢轨或特种断面的护轨钢轨制作。护轨的防护范围，应包括辙叉咽喉至叉心顶宽 50 mm 的一段长度，并要求有适当的余量。

除了普通单开道岔以外，按照构造上的特点及所连接的线路数目，道岔常见类型还有对称双开道岔、对称三开道岔、菱形交叉和复式交分道岔等。

对称双开道岔用于将一条线路分岔成两条不同方向的曲线，其特点是与道岔相衔接的两条线路各自向两侧对称分岔，如图 2-23 所示。

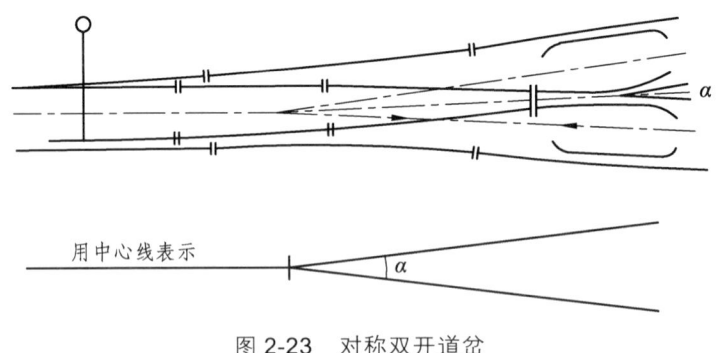

图 2-23　对称双开道岔

对称三开道岔用于沿一股直线线路（主线）对称分支，同时衔接有三条线路，包括一股直线线路和两股曲线线路，其特点是可以同时衔接三条线路，所以具有两套尖轨，分别用两组转辙机械操纵，如图 2-24 所示。

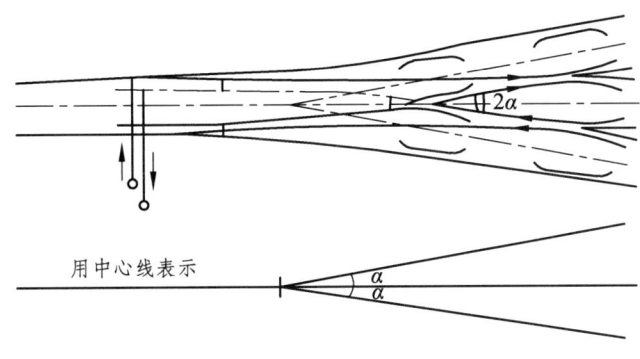

图 2-24 对称三开道岔

菱形交叉由两组锐角辙叉和两组钝角辙叉组成。菱形交叉没有转辙器部分，车辆通过交叉设备时，只能沿着原来线路继续运行而不能转线，如图 2-25 所示。

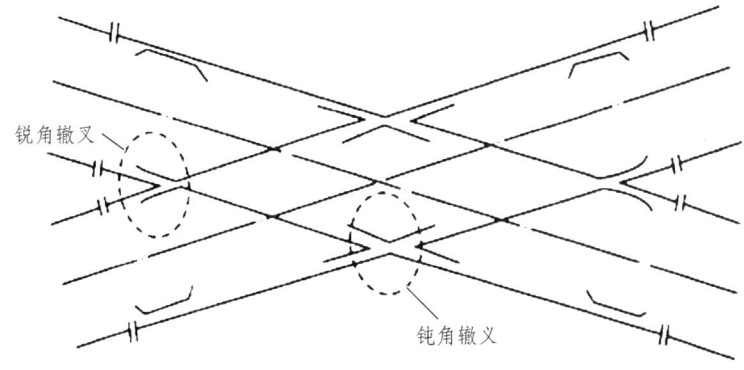

图 2-25 菱形交叉

复式交分道岔由两条平面交叉线路及两侧各一条连接曲线组成，既可以引渡列车由一条线路跨越至另一条线路，也可以使列车通过交叉设备并沿原线路继续运行，相当于四组单开道岔和一副菱形交叉设备的结合体，但它需要占用的地面却小得多。为了简明起见，在作图时，通常用道岔所衔接的中心线来表示道岔，如图 2-26 所示。

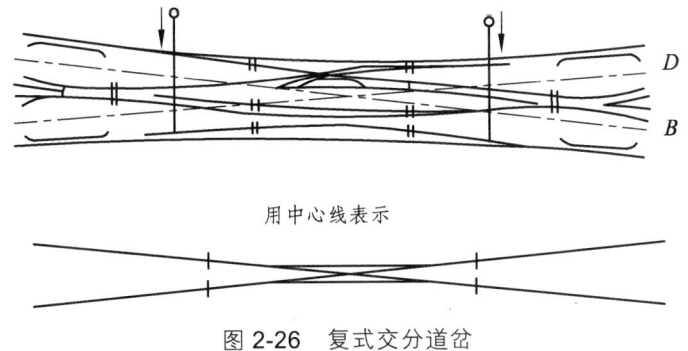

图 2-26 复式交分道岔

（六）其他附属设备

1. 车　挡

车挡设置在尽头线末端，用于阻止由于操作不当而使轨道交通车辆冲出尽头线或撞坏其他构筑物，能够有效地消耗列车未能及时按规定位置停车时的动能，迫使列车停住，保障人身和地铁车辆的安全。其类型有磁力式车挡、液压式车挡和滑动式车挡等。前两种车挡构造复杂、造价高，后一种车挡构造较简单。如图 2-27 所示为滑动式车挡。

图 2-27　滑动式车挡

2. 防脱护轨

为防止列车脱轨翻到桥下，高架桥线路的下列地段或全桥范围应采取防脱护轨（设置在钢轨内侧）或护轮矮墙等措施。

（1）半径不大于 500 m 曲线地段的缓圆（圆缓）点两侧，其缓和曲线部分不小于缓和曲线长的一半并不小于 20 m，圆曲线部分 20 m 范围内，曲线下股钢轨旁。

（2）高架桥跨越城市干道、铁路及通航航道等重要地段，以及受列车意外撞击时易产生结构性破坏的高架桥地段及其以外各 20 m 范围内，在靠近双线高架桥中线侧的钢轨旁。

（3）竖曲线与缓和曲线重叠处，竖曲线范围内两根钢轨旁。

3. 标　志

为了线路的维修和养护及司机等工作上的需要，在线路沿线设有各种线路标志。各种标志应采用反光材料制作。例如，常见的线路标志有百米标、坡度标、曲线要素标、平面曲线起终点标、竖曲线起终点标、道岔编号标、站名称、桥号标、水位标等。常见的信号标志有限速标、停车位置标、警冲标等。警冲标应设在两设备限界相交处，其余标志应安装在行车方向右侧司机易见的位置，不得相互遮挡。所有标志应不侵入设备限界。

任务三　城市轨道交通工程建设

城市轨道交通工程在市区中修建，施工方法受地面建筑物、道路、城市交通、环境保护、施工机具和资金条件等因素的影响特别大。城市轨道交通系统进入城区后，可以随着城市地势的变化或城区建筑群的不同而有所变化，或进入地下形成隧道，或从空中走形成高架，也可在地面铺设。因此，选择施工方法时不仅需要考虑技术、经济、修建地区具体条件，而且要考虑对城市生活的影响。

一、地下隧道施工

在城市轨道交通系统中,地下铁道是占有较大比例的线路敷设方式,具有明显的优势,但造价高昂。因此,应充分进行技术经济对比优化后,分区确定线路施工方案。隧道施工为连通地下相邻两座车站而进行的线路建设,一般采用掘进方式形成隧道。隧道掘进需要在三度空间进行精确定位,同时,需要进行支撑形成稳定的结构。城市轨道交通地下隧道施工方法主要包括明挖法、盾构法、矿山法和沉管法。

(一)明挖法

在进行城市轨道交通浅埋隧道、管道或其他地下建筑工程时,采用从地表开挖基坑或堑壕,修筑衬砌后,先将隧道部位的岩(土)体全部挖除,然后修建洞身、洞门,再用土石进行回填的施工方法,称为明挖施工法,简称明挖法,如图2-28所示。明挖法是修建城市轨道交通车站常用的施工方法,具有施工作业面多、速度快、工期短、易保证工程质量、工程造价低等优点,城市地下隧道式工程发展初期都把它作为首选的开挖技术。明挖法施工的缺点是土方工程量较大,且影响地面交通。

图 2-28 明挖法施工

(二)盾构法

盾构法是利用盾构机进行隧道挖掘的一种暗挖施工方法,如图2-29所示。盾构机一般由盾构壳体、推进系统、拼装系统、出土系统四大部分组成。隧道断面形状取决于设计要求,一般可分为圆形、半圆形、矩形、马蹄形四种。盾构法施工具有自动化程度高、节省人力、施工速度快、一次成洞、不受气候影响、开挖时可控制地面沉降、减少对地面建筑物的影响、在水下开挖时不影响水面交通等特点,尤其是在隧道洞线较长、埋深较大的情况下,利用盾构法施工更为经济合理。

图 2-29 盾构法施工

（三）矿山法

矿山法是一种以钻眼爆破方法开挖断面修筑隧道及地下工程的施工方法，因借鉴矿山开拓巷道的方法而得名，如图 2-30 所示。矿山法的施工方法是将整个断面按分部顺序采取分割式逐块开挖，并要求边挖边修筑衬砌，防止土石坍塌。为了减少对围岩的扰动，分部的大小和多少视地质条件、隧道断面尺寸、支护类型而定。矿山法施工主要包括全断面法、台阶法、下导坑漏斗棚架法及上下导坑先拱后墙法等。由于矿山法施工的理论基础是传统的结构力学，其基本假定与实际隧道的工作状态相差甚远，另外在施工中需要大量的钢材和木材作为临时支撑，工人的劳动强度大，施工环境差。

图 2-30 矿山法施工

（四）沉管法

沉管法又称为预制管段法或沉放法。该施工方法的流程是：先在施工点以外的船台上或临时干坞内制作隧道管段，并将两端临时封闭起来，预制完成后用拖轮拖运到施工点指定位置，然后在隧道定位处预先挖好水底基槽，待管段定位就绪后，向管段内灌水压载，使之下沉，同时将沉下并已放置在正确位置的多片管段内的水排空后形成水下连接，再经覆土（石）回填后，即形成了沉管内部的通道，如图 2-31 所示。

图 2-31 沉管法施工

二、高架结构施工

桥梁的作用在于跨越障碍物，使道路得以继续延伸。为了实现交通立体化，高架常常成为城市轨道交通所采用的修筑方式，如图 2-32 所示。桥梁的基本组成包括桥面、桥跨结构、墩台与基础三大部分。按照基本结构形式不同，桥梁可分为梁式桥、拱式桥与悬索桥等。

图 2-32 高架结构施工

城市轨道交通线路在跨越河流、跨越城市其他交通设施与有关障碍物等主要的工程节点时，应采用跨度较大并且造型能够与城市景观相协调的桥梁结构，该结构方式多选用拱式结构；当城市轨道交通工程对跨度要求不高时，多数地段常常采用结构简单、安全可靠、维修方便、经济实用的预应力钢筋混凝土结构。

三、地面路基施工

在城市轨道交通线路中心线的设计标高与自然地面标高相差不多的地段，常常通过填土或者挖土的方式修筑路基。在列车运行作用与雨水、风沙等侵蚀的长期影响下，路基土壤的力学性质会不可避免地发生变化，从而形成翻浆冒泥、冻胀、滑坡和边坡塌方等路基病害。为了避免路基病害，保证路基的状态良好，应保持路基干燥。为解决路基的排水问题，特别是路堑地段，不但要排地表水，还应注意排地下水。若因路堤的修建影响了自然地表水的排出，则需在路堤下修建涵洞，引导地表水通过线路，防止线路一侧积水浸泡侵蚀路基。另外，加固边坡可以避免雨水冲刷造成坡面变形，从而保持路基的坚固与稳定。

思考与练习

1. 城市轨道交通线路敷设方式主要有哪几种？各有什么优缺点？
2. 路基的基本形式有哪些？
3. 轨道主要由哪些部件构成？
4. 道岔的作用是什么？普通单开道岔主要由哪几部分构成？
5. 城市轨道交通施工建设时常用的方法有哪些？

项目三　城市轨道交通站场

城市轨道交通车站是轨道交通系统的重要建筑物，是客流的节点，是列车到发、通过、折返、临时停车的地点；同时轨道交通车站是轨道交通客运工作的基本生产单位，是向乘客提供上下车、购票以及相关服务的场所；另外，车站还具有购物、集聚、景观等一系列功能。车站的建筑形式必须结合城市特有的发展规划、地理条件及经济状况，因地制宜地考虑选型，并与各种车站的建筑施工特点结合起来进行选型。因此，了解和掌握车站的类型、布局特点、客运设施设备的布置状况及功能要求，是了解和掌握地铁车站客运组织工作的基础。

任务一　站场基础知识

一、城市轨道交通车站概述

（一）城市轨道交通车站的定义

城市轨道交通车站是城市轨道交通系统最重要的组成部分，是乘客上下车、换乘的场所，也是列车到发、通过、折返、临时停车的地点。

车站与停车场

（二）城市轨道交通车站的功能

一般的城市轨道交通车站功能比较单一，主要作业是接发列车、集散客流，客流只有往返两个方向，因而乘客在站内活动形成的客流线及车站服务设施都比较简单。

只有在终点站和折返站，才有列车折返功能。

只有在换乘站，才有换乘功能。

但所有车站，都有客运服务功能，主要是提供票务服务。

（三）城市轨道交通车站的设置原则

城市轨道交通系统的车站直接服务于乘客。一般来说，车站设置应满足以下原则：

（1）尽可能靠近大型客流集散点，为乘客提供方便的乘车条件。

（2）在城市交通枢纽、城市轨道交通交会处设置车站，使之与道路网及公共交通网密切结合，为乘客创造良好的换乘条件。

（3）与城市建设密切结合，与旧城改造和新区开发相结合。

（4）尽量避开地质不良地段，尽可能减少对周围环境的干扰。

（5）兼顾各车站间距离的均匀性。

（四）影响城市轨道交通车站分布的因素

1. 城市规模

城市规模包括城市建成区和规划区域的面积及人口。城区面积大，人口多，线路上客流量大、乘距长时，城市轨道交通应以长距离乘客为主要服务对象，车站分布宜疏松一些，以提高城市轨道交通的运营速度。反之，车站分布宜密集一些。

2. 大型客流集散点

大型客流集散点往往是城市的政治、经济活动中心，是城市的窗口地段，包括工业区、商业区、火车站、机场、广场、公共交通总站等。该地段不但客流数量大，而且集中，对地面交通压力很大。

3. 城区人口密度

人口密度大，相同区域范围内，发生的交通客流量大，因此车站分布宜密集一些。

4. 线路长度

不同的线路长度，车站的疏密宜有所不同，短线路车站宜疏一些，长线路车站宜密集一些。

5. 城市地貌及建筑物布局

城市中的江、河、湖、山和铁路站场、仓库区等，人口密度低，甚至无人，城市轨道交通在穿越这些地区时可以不设站。

6. 城市轨道交通路网及城市道路网状况

两条城市轨道交通线路交叉时，在其交叉点应设换乘站；在与城市主干道交叉时，为了让乘客方便乘坐，也宜设车站。

7. 站间距离的要求

在车站分布上，除大型客流集散点及换乘站外，其他车站的设置主要受站间距离要求所支配。对于平均站间距离，我国城市轨道交通在吸取世界地铁建设经验的基础上，在《地铁设计规范》中规定"车站间的距离应根据实际需要确定，在市区宜为 1 km 左右，在郊区不宜大于 2 km。"

除上述各因素外，线路平面和纵剖面、车站站位的地形条件、城市公交线路网及车站位置，也会对城市轨道交通车站分布造成一定的影响。

二、城市轨道交通车站的分类

城市轨道交通车站的分类有多种方法，根据不同的分类方法，车站可以划分为不同的类型。下面是几种常见的分类方法。

（一）按车站的运营功能分

城市轨道交通车站按运营功能的不同，分为中间站、折返站、换乘站、分歧站、终点站（始发站）等。

1. 中间站

中间站是线路中数量最多的基本站型，其主要功能要满足乘降和客运服务的要求，如图 3-1 所示。有的中间站设有配线，可供故障列车或备用列车停放；也有的中间站设有折返设备，可供列车折返。

图 3-1 中间站

2. 折返站

折返站是设在线路中间可供列车折返、开行区间列车，具有列车折返功能的车站，设置专供列车折返和存车的线路，如图 3-2 所示。

图 3-2 折返站

折返站增设道岔、折返线或渡线、存车线等设备，从而增加了调车、存车功能。折返站列车运行过程如图 3-3 所示。

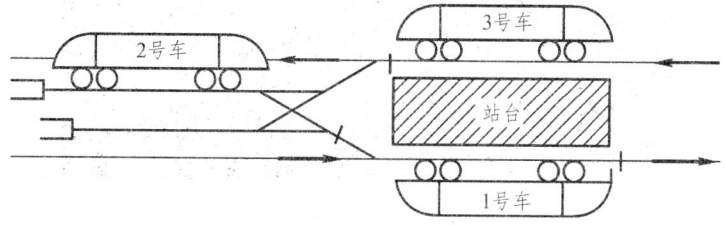

图 3-3 折返站列车运行过程

折返站根据使用情况，又分为功能折返站和运转折返站。运转折返站的功能除乘降和服务外，按照客流量固定地开行部分折返列车。功能折返站平时作为一般的中间站，只有在特殊情况下才应急折返、存车。两者的主要区别是：功能折返站不一定就启用为运转折返站，而运转折返站必须具备折返功能，否则不能进行折返作业。

3. 换乘站

换乘站是指在两条或两条以上轨道交通线交叉点设置的车站，其主要功能要满足乘降、服务和换乘的要求。换乘站是在两条及以上线路的交会地点，除供乘客上下车具有中间站的功能外，还供乘客由一条线路的列车换乘到另一条线路的列车上去。根据线路交叉形式的不同，换乘站分为线路立体交叉和线路平面交叉两种换乘方式。线路平面交叉换乘站如图3-4所示。

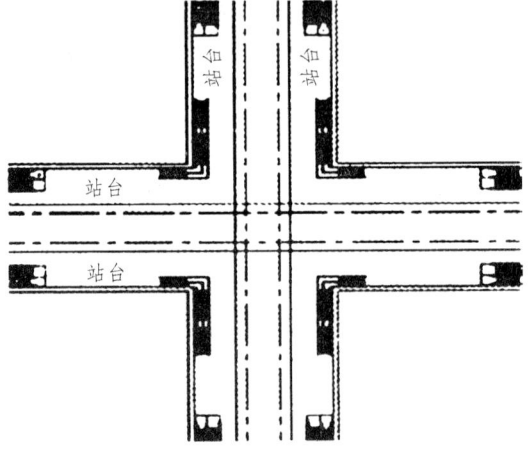

图3-4 线路平面交叉换乘站

4. 终点站（始发站）

终点站（始发站）是线路起、终点两端的车站，设置专供列车折返的线路，如图3-5所示。其功能除乘降和服务外，有列车折返及少量检修作业。列车在终点站要清客、折返、迎接乘客上车。有些线路晚间还有部分列车在此停留，以便次日早晨准时发车。

图3-5 终点站（始发站）

（二）按地面相对位置分

1. 地下车站

由于地面建筑已固定，或是要节省地面空间，埋藏于地下的车站称为地下车站。车站通过出入口及通道吸引客流。

地下车站按埋藏深度可分为浅埋式车站和深埋式车站两种，其造价比地面车站高得多。

2. 地面车站

地面车站设置在地面层，造价比较低，但占用地面空间，其缺点是造成轨道交通线路所经过的地面区域分割，所以一般多在城市郊区采用地面车站。

3. 高架车站

按照高架结构设置条件、投资和施工条件，高架车站可以设置成地面出入口、高架站厅、高架站台和地面出入口、地面站厅、高架站台两种形式。

高架车站可以设置在道路两侧人行道上空或沿街建筑物内，但这种布局使上下行线路分开，建设投资和占地面积均较大。这种设置方法使设备集中，便于管理，但对城市街道景观影响较大，并会占用城市道路面积。

（三）按车站的站台形式分

1. 岛式站台

站台位于上、下行行车线路之间，这种站台的布置形式称为岛式站台。具有岛式站台的车站称为岛式站台车站，简称岛式车站，如图3-6所示。岛式车站站台面积利用率高，能灵活调剂客流，乘客中途改变乘车方向方便，不用通过楼梯或地道换边到另一侧站台。

岛式站台具有车站管理集中、站台空间宽阔等优点。因此，一般常用于客流量较大的车站。

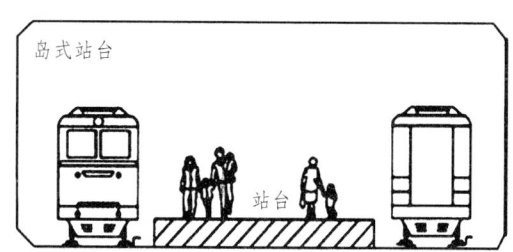

图3-6 岛式站台

2. 侧式站台

站台位于上、下行行车线路的两侧，这种站台布置形式称为侧式站台。侧式站台如图3-7所示。

优点：站台上、下行乘客可避免相互干扰，造价低，改建容易。

缺点：站台面积利用率低，不可调剂客流，乘客中途改变乘车方向必须经地道、天桥、站厅或者更简易地使用进口楼梯平台作为换边通道，另外管理分散，站台空间不及岛式站台宽阔，因此，侧式站台多用于两个方向客流量较均匀（或流量不大）的车站。

图 3-7 侧式站台

3. 岛、侧混合式站台

岛、侧混合式站台是将岛式站台与侧式站台同设在一个车站内,如图 3-8 所示。岛、侧混合式车站主要用于两侧站台换乘或列车折返。岛、侧混合式站台可布置成一岛一侧式或一岛两侧式。

图 3-8 岛、侧混合式站台(一岛两侧式)

(四)按车站的结构形式分

高架车站的结构基本上是以框架结构为主。地下车站结构的横断面形式主要根据车站埋深、工程水文地质条件、施工方法、建筑艺术效果等因素确定。在选定结构横断面形式时,应考虑到结构的合理性、经济性、施工技术和设备条件。

1. 矩形断面

矩形断面是车站中常选用的形式,一般用于浅埋车站;车站可设计成单层、双层或多层,如图 3-9 所示。

图 3-9 矩形断面

2. 拱形断面

拱形断面多用于深埋车站，有单拱和多跨连拱等形式。单拱断面由于中部起拱，高度较高，两侧拱脚处相对较低，中间无柱，因此建筑空间显得高大宽阔，如建筑处理得当，常会得到理想的建筑艺术效果，如图3-10所示。

图 3-10　拱形断面

3. 圆形断面

圆形断面用于深埋盾构法施工的车站，如图3-11所示。

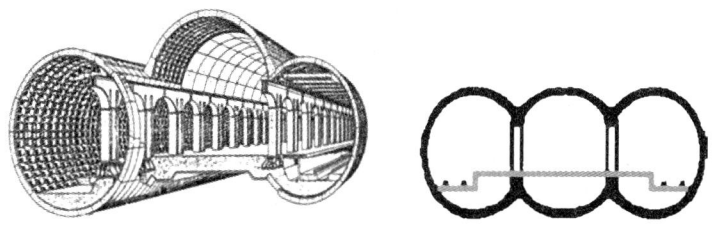

图 3-11　圆形断面

4. 其他类型断面

其他类型断面有马蹄形、椭圆形等。

（五）按客流量大小分

1. 大车站

高峰每小时客流量达3万人次以上的车站。

2. 中等车站

高峰每小时客流量达2万～3万人次的车站。

3. 小车站

高峰每小时客流量达2万人次以下的车站。

三、城市轨道交通车站的命名

交通车站一般以经过或者邻近的道路、公园、广场、火车站、飞机场、大学、体育场馆、娱乐场所、地区、新村名等的名字命名。现以我国已有的轨道交通为例予以说明。

1. 以道路名命名

以经过或者邻近的道路来命名，如长春轨道交通 3 号线的卫星路站、卫光街站等。

2. 以公园名命名

以经过或者邻近的公园来命名，如上海轨道交通 2 号线的中山公园站、世界公园站，10 号线的豫园站。

3. 以广场名命名

以经过或者邻近的广场来命名，如长春轨道交通 3 号线的世纪广场站、卫星广场站等。

4. 以火车站名命名

以经过或者邻近的火车站来命名，如长春轨道交通 3、4 号线的长春火车站站。

5. 以飞机场名命名

以经过或者邻近的飞机场来命名，如上海轨道交通 2 号线的浦东国际机场站、虹桥 2 号航站楼站。

6. 以大学名命名

以经过或者邻近的大学来命名，如长春轨道交通 3 号线的中医药大学站。

7. 以体育场、馆名命名

以经过或者邻近的体育场馆来命名，如上海轨道交通 1 号线的上海体育场站，4 号线的上海体育场站、上海体育馆站，3 号、8 号线的虹口足球场站，6 号线的源深体育中心站、东方体育中心站，11 号线的上海赛车场站。

8. 以娱乐场所名命名

以经过或者邻近的娱乐场所来命名，如上海轨道交通 1 号线的上海马戏城站、8 号线的大世界站。

9. 以地区名命名

以经过的地区来命名，如上海轨道交通 1 号线的莘庄站、2 号线的静安寺站。

10. 以新村名命名

以经过或者邻近的新村来命名，如上海轨道交通 1 号线的共富新村站、8 号线的鞍山新村站。

任务二　城市轨道交通车站

一、城市轨道交通车站

车站是轨道交通系统的重要建筑物。它是供旅客乘降、换乘和候车的场所，保证旅客使用方便、安全、迅速地进出站，并有良好的通风、照明、卫生、防灾设备等，为旅客提供舒适、清洁的环境。

一般而言,一条运营线路,除了始终点站以外,均为中间站,但这样划分的意义不大,所以有必要按线路设置功能进行细分,具体如下。

(一)功能折返站

城市轨道交通的大部分中间站,因受地理位置的限制,基本不设置道岔,直接由上下行正线贯穿。其缺点是后方车辆无法越行,也没有调车作业的条件,当发生车辆故障或其他意外事件时,没有办法进行应急处理。为提高在设施设备发生意外故障后的应变处理能力,设计规范规定每 2～4 个运营站设置一个具有调车、存车作业能力的车站,在站内增设道岔、渡线、存车线或折返线等设备,从而增加了该车站的行车功能。

像这样具有调车、存车或折返能力的车站都可以称之为功能折返站。

功能折返站,仅仅是具备了调车、存车、折返的功能而已,设置的目的是在特殊情况下应急备用。当运行正常,未有特殊事件发生时,这些功能基本上是闲置的,所以,在日常的运营过程中,功能折返站是不需要全部启用的。

(二)运转折返站

城市轨道交通在市区与郊区有不同的运量,每一条运营线都很长,通常从城市的一侧郊区通往城市的另一侧郊区,这样就存在着运营线的中段客运密度大,两端客运密度小的问题。

为有效地利用运能,可以从客运量出发,在城市的市区范围,选择客流量密切的地段,增加列车往返的对数,相当于公交系统的区间车一样,部分列车到站后改变方向而进行折返运行,这样,既使客流量密切地段的乘车拥挤能得到一定程度的缓解,又使车辆的利用得到合理的安排。

选取折返点位置的依据是:第一根据客流量的调查;第二根据车站的线路配置,是否具有折返的功能。像这样既具有折返功能,又在日常客运过程中正式实施了运转折返的车站,称之为运转折返站。运转折返站示意图如图 3-12 所示。

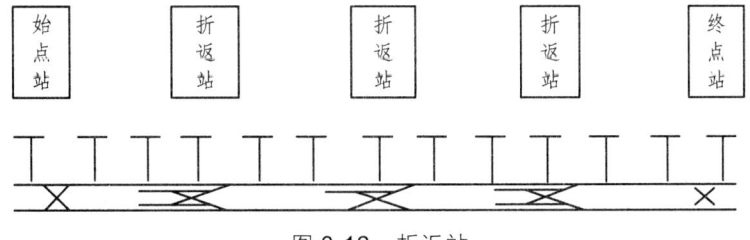

图 3-12 折返站

(三)按运营管理职能分类

按照运营管理的职能进行划分,将一条运营线划分为若干个区域,每一范围设置一个区域性车站,这样形成客运专业公司、区域站、普通站三个层面的三级管理格局,如图 3-13 所示。

(四)按车站换乘功能分类

在城市轨道交通系统内部,把两条或多条运营线路交叉的车站称为换乘站。

当城市轨道交通线路形成网络化的局面时,凡网络交叉点所设置的车站均为换乘站,其余车站为非换乘站。

换乘站的类型很多，通常有如下几种形式：共线式、并列式、交叉式、叠置式。

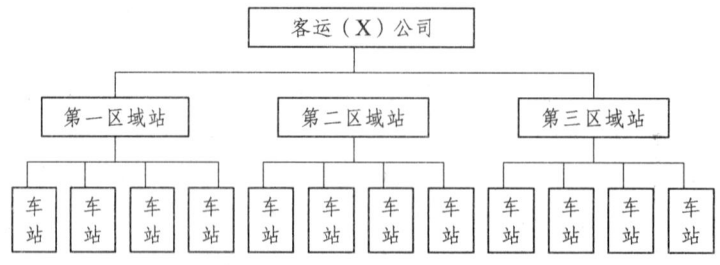

图 3-13 某运营线的三级管理

1. 共线式换乘站

两条运营线，在某一段范围内，设置成共线的形式，如图 3-14 所示，在这一范围内的所有车站均为共线站，这样的换乘方式称为共线换乘。

共线换乘分为共线顺向换乘与共线逆向换乘，其中有上行转上行，上行转下行，下行转上行，下行转下行四种转车的方式。

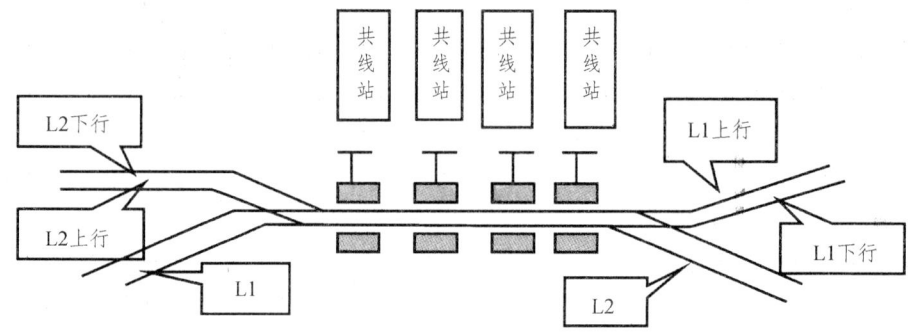

图 3-14 共线换乘

2. 并列式换乘站

两条运营线路在某一车站以接近于平行的位置关系而交汇，这样的形式称为平行并列式换乘站，如图 3-15 所示。

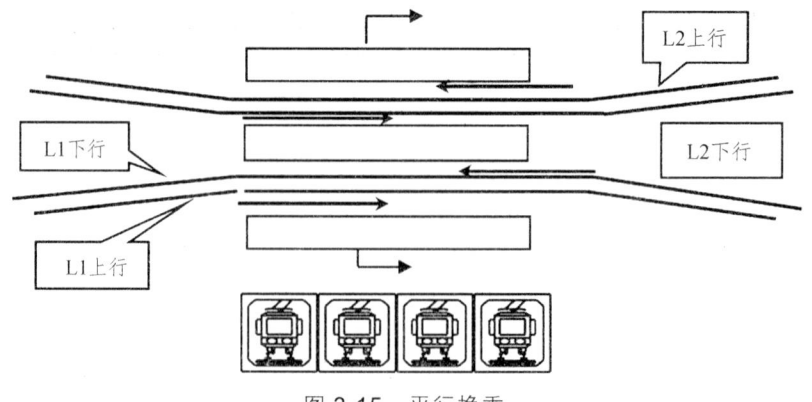

图 3-15 平行换乘

平行换乘的车站，也可以将两条运营线的站内股道相间排列，有条件的还可以增加两线之间的联络渡线或存车线等，以提高车站的运行能力。

如图 3-16 所示，就是平行换乘的变化，将两条运营线的站内线路穿插并列设置，形成三岛式的站台，无论是对乘客的换乘还是对两线之间的车辆调度都是十分有利的。

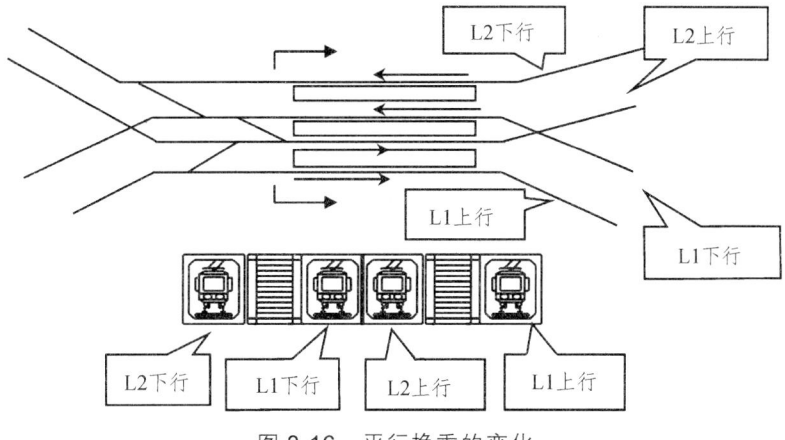

图 3-16　平行换乘的变化

3. 交叉式换乘站

当城市轨道交通线路形成网络化的局面时，两线交叉或多线交叉的机会是极大的，这种车站可以称之为交叉式换乘站，如图 3-17 所示。

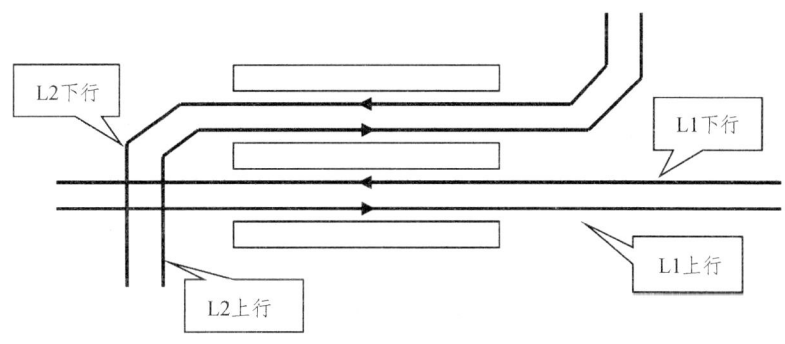

图 3-17　交叉式换乘站

两线交叉，条件许可的应首先创造平行换乘的条件，就是说，虽然两线的走向是交叉的形式，但可以通过线路平面方向的调整，于接近车站交汇时将线路设置为接近平行，出站后再发生交叉，这样，两条线路之间的位置关系由立体交叉式转化为平行并列式。

4. 叠置式换乘站

在两条或多条运营线的交叉地段设置车站，一般设置为多层式的地下车站，使不同运营线的车站在同一位置形成叠置式，如图 3-18 所示。

叠置式有两种情况，第一种是同层同线，第二种是同层异线。

1）同层同线

同层同线是一条运营线的上下行全部设置于车站的上层，另一条全部设置于车站的下层。

通过楼电梯、通道、大厅等土建建筑作为换乘设施，在同一个车站进行上下层之间的换乘，如图 3-15 所示即为同层同线式。

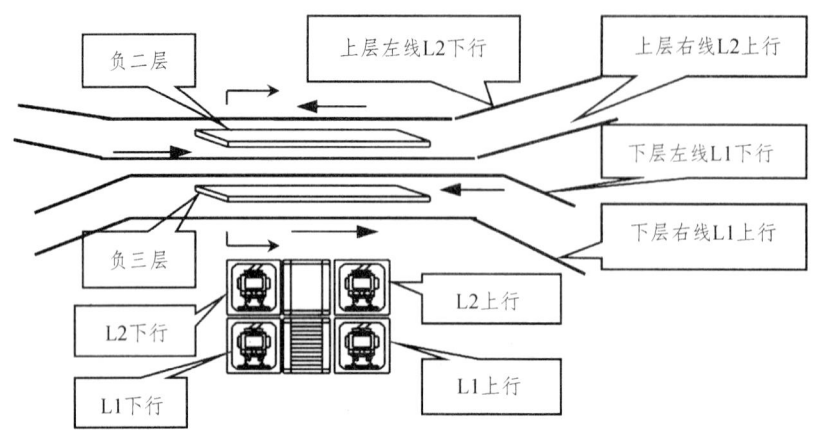

图 3-18 叠置式换乘站

2）同层异线

同层异线就是在同一层次内各含有两条运营线上下行线路之中的任一条。这就是说，把每条运营线的上下行拆开，一条置于车站的上层，一条置于车站的下层。其目的是使不同的运营线在同一车站的同一层次、同一站台相逢，进一步改善乘客的换乘条件。当然，不管如何改善，顺向换乘、逆向换乘不可能实现完全理想化。

3）叠置式换乘站的优化

从乘客的换乘方便出发，叠置式换乘站可以不断优化。

一条线路通过第一个车站时设置于上层，出站后经过下坡道，到第二站时，改设为车站的下层。同样，另一条相对应的线路，在第一站时位于下层，到第二站时位于车站的上层。这样，两条线路在相邻两个车站之间，通过改变高程而变换了空间层次，如图 3-19 所示。

通过这种优化，可以为乘客的换乘带来更大的便利，如果一个乘客在本站不能实现同站台换乘的话，到达下一站就必然能实现同站台换乘的目的。但这种优化的方案还要取决于各种条件的许可。

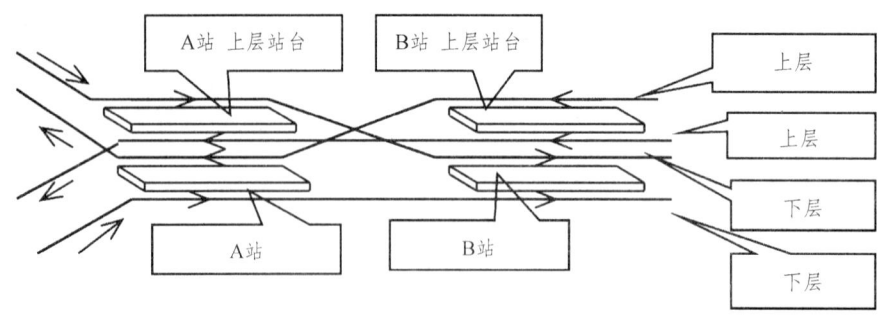

图 3-19 叠置式换乘站的优化

二、车站的结构功能

车站的建筑主体结构主要由站台、站厅、设备用房、管理用房、辅助用房及列车运行空间等组成;车站的附属结构有出入口、通道、风亭(风井)等。此外,车站还设有自动化售票设备、闸机自动检票设备、自动电梯设备、屏蔽门等设备。

1. 设备用房

设备用房是安置各类设备、进行日常维修及保养设备的场所,主要分为环境控制机房、事故风机房、通信机械室、信号机械室、通信测试室、环控电控室、消防泵房等。

2. 管理用房

管理用房是车站工作人员的办公用房,包括车站控制室(简称车控室,国家铁路称为运转值班室)、站长室、站务室、广播室、票务值班室、售票亭、会议室、编码室、降压值班室及警务办公室等。

3. 辅助用房

车站的辅助用房有:卫生间、洗手间、更衣室、清扫工具室等。

4. 出入口

出入口应能比较直接地联系地面室外空间和内部地铁车站。它是车站的门户。其主要作用是供乘客换乘其他交通或在有轨交通之间进行换乘之用。出入口及通道还兼有行人过街的作用。一般在设计之初都会选择靠近地面交通集疏点、著名建筑物、商业区、住宅区等客流繁忙之处。

为方便乘客及疏散客流,一个车站的出入口一般不少于两个,并能保证在规定时间内将车站内的全部人员疏散出去。

5. 站厅层

如图 3-20 所示,站厅层是换乘列车的中转层,其主要作用是集疏客流,为乘客提供售、检票等服务。在站厅层的两端一般有设备用房、管理用房及辅助用房。

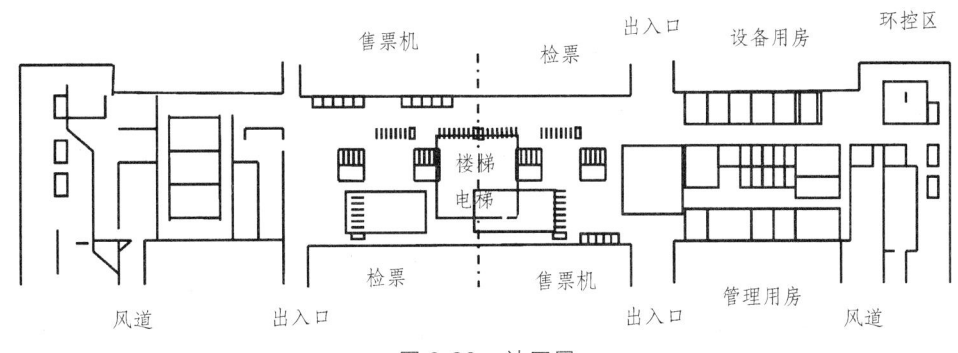

图 3-20 站厅层

站厅层一般分为收费区和非收费区。根据客流的大小,在不影响客流集散的同时可以设置商业用房。

6. 站台层

站台层是最直接体现车站功能的层面，其主要作用是供列车停靠、乘客候车及上下列车之用。站台的大小取决于远期预测的高峰小时的客流量。

站台层也设有设备用房及管理用房，一般不设辅助用房。站台的形式有岛式、侧式和混合式三种。

7. 车站结构的要求

（1）车站必须满足客流和设备运行的需求，保证乘客乘行安全、集散迅速、功能分区明确，并应具有良好的通风、照明、卫生、防灾等设施。

（2）车站的站厅、站台、出入口通道、人行楼梯、自动扶梯、售检票口（机）等部位的规模应和通过能力相适应，并应符合消防规范和紧急情况疏散需要。

（3）站台面的高度在任何工况下均应略低于车辆客室地板面高度。

（4）车站各部位应满足高峰客流量的需要，车站各部位的最小宽度应满足有关规定。

（5）无屏蔽门或屏蔽门缓装的车站站台有效使用长度范围内，距站台边缘 400 mm 处内侧，应设不小于 80 mm 宽且醒目的纵向安全线。当采用安全门或护栏等设施时，应满足车行区的限界要求。

（6）自站台边缘向内 2 m 范围内的地坪装饰面下应作绝缘层处理。

（7）售票处距出入口通道和进站检票处的距离不宜小于 5 m，出站检票处与梯口的距离不宜小于 8 m。

（8）当自动扶梯穿越楼层，且扶手带中心至开孔边沿的净距小于 400 mm 时，应设防碰撞安全标志。

（9）站内应设置各种导向、事故疏散、服务乘客的标志、标识，并应符合有关规定。

（10）车站内的装修应采用防火的环保材料，地面所采用的材料应防滑耐磨。

任务三　车辆基地

城市轨道交通车场分为检修车辆段和停车场。在车辆段配备了必要的停车线及检修设备，列车可以在这里进行试运转、段内编组、调车、停放、日常检查、一般故障处理和临修等作业。与车辆段相比，停车场是一种简易的车辆段，线路数目和检修设备较少，不能进行定修、架修和月修等技术作业。

一、车辆段、停车场规划、选址的内容与要求

车辆段及其他基地可统称为车场。它是轨道交通系统中承担车辆检修、停放、运用以及各种运营设备保养维修的重要基地，是网络规划中不可缺少的关键组成部分。车场一般规模较大，最小也要 10 公顷，在城市建成区范围内寻找适合车场要求的用地一般很困难，有时甚至要到城市边缘去寻找用地。因此，车场设置条件往往决定了整条线路的可行性。

车场规划包括各车场的总体分布、作业分工、场址选择、规模估计,作为用地控制规划的依据。

二、车场分类

(一)综合检修基地

综合检修基地主要包括车辆段、设备维修中心和材料设备库三部分,也可增设职工培训中心。

1. 车辆段

(1)承担车辆大修及本线车辆的段修(架修、定修、月修、临修);
(2)车辆日常技术检查、维修、清扫洗刷和停放;
(3)车辆运用管理。

2. 设备维修中心

(1)承担全线空调机、通风机、电机、水泵、自动扶梯、自动售检票机、供电等机电设备的定期修理和维修保养;
(2)承担通信、信号、防灾监控、电力监控、向导标志、管理用计算机等电子设备的检修和维护;
(3)承担车站建筑、隧道、轨道等土建工程的维修保养。

3. 材料设备库

承担轨道交通各种机电设备、备品备件、材料以及劳保用品的保管发放。

(二)停车场

承担本线一部分车辆的技术检查、清扫洗刷、停放和运用管理。

三、车场组成

(一)停车库

一般设在地面或建在高架结构(建筑物二层),主要用于夜间收车后停车作业,以及停放备用车辆,可以进行简单维护保养作业。

(二)检修库

专门用于车辆检修作业的车库称为检修库,配有检修设备,有列检库、双月检库、定修库、架修库、大修库等。

(三)运用管理部门

对车辆的运用实施调度、管理、组织工作。

(四)管理与服务部门

负责经营管理、生活服务、物资供应等业务。

四、车场规划一般要求与基础条件

（一）一般要求

（1）车场规划的重点是根据轨道交通规划线网进行车场选址，确定各段的合理分工及建设规模，达到控制建设用地的目的。

（2）根据规范要求，每条线路宜设一个车辆段。当一条线的长度超过 20 km 时，可设一个车辆段和一个停车场。在技术经济合理时，可两条线路共用一个车辆段。

（3）车场应靠近正线，以利于缩短出入线长度，降低工程造价。

（4）各车场线路应尽可能与地面铁路专用线相接，以便车辆及物资运输，部分车场不具备上述条件时，也可通过相邻线路过渡。

（5）各车场任务和分工必须从全网统筹规划、合理布局、有序发展。试车线长度应根据场地条件和城市规划要求，在可能的条件下，应尽量长一些。

（6）全线网车辆的大修任务应集中统一安排，可选定在几个车辆段增设车辆大修任务，不单设大修厂。

（7）培训中心可以灵活设置。

（8）车场用地性质应符合城市总体规划，要求注意环境保护。

（二）规划基础条件

（1）车辆检修技术标准。车辆检修技术标准对车辆检修场地规模影响很大，在规划阶段应为将来实施留有余地，因此在制定车辆检修技术标准时，应充分研究可能的各种标准，选取用地规模要求较大的作为规划标准。

（2）车辆检修制式。目前各国地铁车辆检修采用两种制式，一种是厂修、段修分修制（设置专门的车辆大修厂），另一种是厂修、段修合修制（不设专门的车辆大修厂，车辆的大修在车辆段内进行）。

车辆的检修方式有日修、月修、定修（运营 1 年或 10 万千米）、架修（运营 5 年或 50 万千米）、大修（运营 10 年或 100 万千米）五个等级的修程。

五、车场选址及设计技术要点

车辆段规划设计总体上主要分为三个部分：咽喉部分、线路部分及车库部分。

咽喉部分是车辆段的停车库、检修库与正线的连接地段，有出入段线和很多道岔，它直接影响整个轨道交通的正常运行。咽喉部分规划设计中既要注意保证行车安全、满足输送能力的需要，又要保证必要的平行作业，还要努力缩短咽喉区长度，尽量节省用地。

线路部分有各种不同用途的停车线、洗车线、牵出线、试运行线以及材料线等。

车库部分有停车库、定修库、架修库。停车库除了停放车辆外，还是日常检修保养的场所，所以设有检查坑。架修、定修库作定期修车用。各库之间应有便捷的联系。

（一）车辆段选址的技术要点

车辆段、停车场的选址要选择地势平坦、地质良好、无大的水文地质影响的地域，用地应相对集中，一般为长方形，便于车辆段、停车场的布置。

（1）城市轨道交通线路一般都穿越市区，线路中部多为市中心地区，要征用车辆段那样的大规模用地很困难。因此，往往在郊外征用土地，采取在线路端部设置车辆段的方法。这种方式与线路起终点在郊外，线路中部穿过市中心的情况相配合，早上车辆由车辆段向市中心方向发车，晚上往郊外方向入车辆段，配车的损失时间减少。

（2）车辆段、停车场及本线路上的折返线三方面总的停车能力应大于本线远期的配属车辆总数。为便于列车进出，一条停车线存放的列车数不应超过2列。

（3）由于车辆段上除了列车停车库外，还有试车线、车辆检修设备、综合维修中心等，为充分利用这些设备，减少车辆段用地总量，应尽量将车辆段集中于一处设置。若分散布置，则所需用地面积将会增大。在技术经济合理，城市用地规划许可时，可以两条线路共用一个车辆段。当一条线的长度超过 20 km 时，为减少列车空走距离，及时对车辆进行检查，可以在线路的另一端设一个停车场。

（4）车辆段和停车场应靠近正线，且位于容易铺设较顺直的出入段线路的位置，以利于缩短出入线长度，降低工程造价，改善使用条件。

（5）车辆段及停车场的选址要考虑防火灾、防水害的要求，周围应有雨、污水排放条件。

（6）各车辆段线路应尽可能与地面铁路专用线相接，以便车辆及物资运输，部分车辆段不具备上述条件时，也可通过相邻线路过渡。

（7）各车辆段和停车场的任务分工必须从全网着眼，统筹规划，合理布局，有序发展。试车线长度应根据场地条件和城市规划要求设定。

（8）整个路网车辆的大修任务应集中统一安排，并集中设一处职工培训中心。

（9）各综合检修基地及车辆段用地规模应按规划分工所承担的作业量，并考虑将来技术发展及适当留有余地进行规划。

（10）车辆段和停车场用地性质应符合城市总体规划及环境保护要求。

在车辆段中，要设置能够对全部保有车辆按列车编组进行停、放的停车线。因此，各停车线的有效长度应为列车长度+8 m 或其 2 倍长。虽然这个条件非常苛刻，但是由于列车在运行间隔为 2 min 或其以下的高密度行车状态下列车编组是不可能的，因此原则上要避免分开存车。各存车线间距视车辆宽度而定，通常为 3.80 m。

选址要考虑尽量减少拆迁、少占农田的要求，建成后尽量减少对周围居民生活的影响，尽量减少对地面交通的影响。同时，车辆段的选址要结合轨道交通系统的性质及运营特点。

（二）车辆段设置的要求

1. 市区内的轨道交通系统

市区内的轨道交通，主要解决市区内部的交通问题，其目的是加强市中心区域对周围区域的辐射及吸引力。其线路基本是郊区—中心城区—郊区，其沿线客流相对分布均衡，中心城区内客流较为集中。从运营效率来看，车辆段设在线路中部较好，早晨同时向线路两个方向发车，没有空车运营。

但是线路中部多为市中心地区，而车辆段规模很大，一般为 0.2～0.4 km^2，要征用如此大规模的用地是相当困难的,若规划中没有预留,仅拆迁这一项就投资巨大。因此,一般在线路端部即郊区设置车辆段,这样造成由车辆段向市中心方向发车,晚上往郊外方向入段,空车运营损失时间很少。若线路较长,可在线路另一端增设停车场,无论是从运营方面还是工程投资上都是较为理想的设置方式。

2. 城际间的轨道交通系统

对于城际间带有市郊铁路性质的轨道交通快速线,车辆段的设置却有所不同。因线路基本是从市区到卫星城,两端市区客流量大且高度集中,中间为郊区,客流量少且较分散,整条线路客流很不均衡,从运营效率来看,车辆段、停车场分设于两端较好,但线路两端恰好都在寸土寸金的中心城区,这样设置投资太大。当然,如条件允许,车辆段结合旧城改造进行综合开发,实现城市土地空间的合理利用,也不失为一种较好的设置方式。

(三)车场线路

1. 检车线

停车库出入口布置的临时停车线,股道有效长为 $L_{列}+8$ m(股道有效长是股道上能停放列车而不影响相邻线路列车作业的长度),配有调车信号机,可以做简单的维护保养作业。

2. 停车线

停车库内专门用于停车的线路。

停车线需配置雨棚、站台,便于简单维护保养,降低车辆的自然破损(常用封闭式车库),并设有出入库调车信号机。

3. 洗车线

设置于停车库与运行线路之间,专门用于车辆清洗的线路,设有洗车设备、污水处理设施、调车信号设备等。

4. 列检线

专门用于一般检查的停车线。

洗车线与列检线构成检车区,完成清洗、日常保养检修作业。另外,在车场还有出入库线、车体整修线、试车线、镟轮线、牵出线、联络线、材料线等,可根据需要设置。

(四)调度室和信号所

停车库与正线车站之间列车进出频繁(由于有高峰、低谷、平峰不同时段和不同数量用车,且列车按规定每天需进行一次日常维护保养),因此,需设置专门的调度室协调调度正线车站与车库之间的调车作业。由信号所负责维护检修与列车出入库作业相关的信号设备,保障作业安全与高效,包括车库与检修库之间的各种基地内部调车作业。

(五)车场的布置形式

车场布置应力求作业顺畅,工序紧凑合理,通常有贯通式和尽端式两种,如图 3-21、图 3-22 所示。

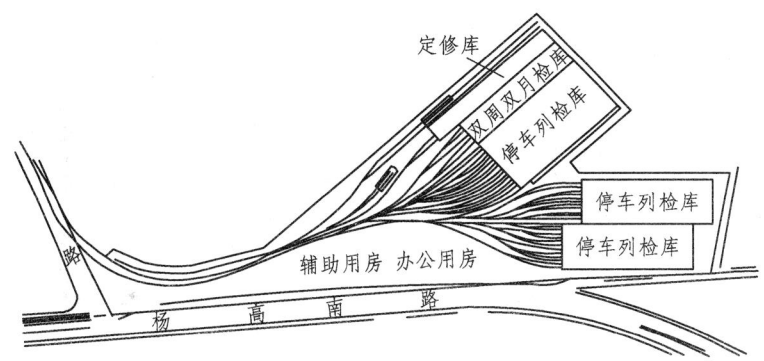

图 3-21　尽端式停车场平面布置图

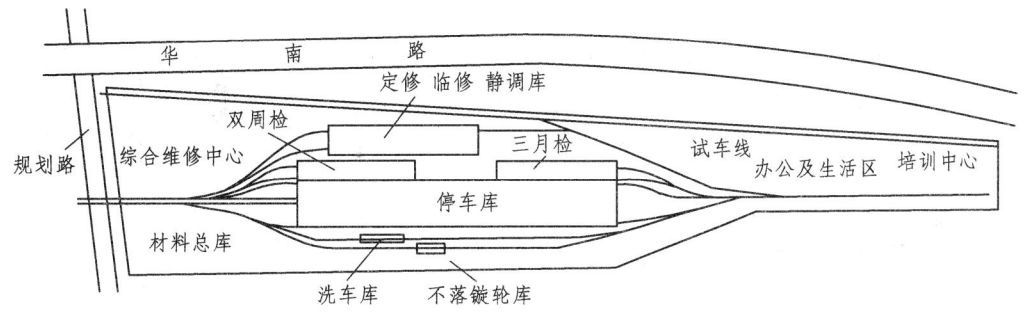

图 3-22　贯通式车辆段平面示意图

思考与练习

1. 城市轨道交通车站由哪几部分组成？
2. 确定城市轨道交通车站在线路上的分布时应考虑哪些因素？对换乘站的要求有哪些？
3. 换乘方式有哪些？
4. 出入口设计应考虑哪些因素？出入口及通道的平面布置形式主要有哪些？车站主体主要包括哪些部分？

项目四　城市轨道交通车辆

任务一　城市轨道交通车辆基础知识

城市轨道交通车辆主要是指地铁车辆和轻轨车辆，它们是城市轨道交通工程最重要的设备，也是技术含量较高的机电设备。城市轨道交通车辆应具有先进性、可靠性和实用性，应满足容量大、安全、快速、舒适、美观和节能的要求。

车辆编组及运行

一、城市轨道交通车辆概述

（一）车辆的特点

车辆是轨道交通系统中完成乘客运输任务的直接工具，具有以下特点：

（1）载客能力强。大型地铁车辆可达350人/辆。

（2）动力性能好。速度快，加速能力强，制动效果好。

（3）安全可靠性强。设备先进，故障率低，稳定性、可靠性强，突发情况下适应性强。

（4）环境条件好。提供照明、空调、座椅、扶手等。

（5）灵活的牵引特征。根据不同的线路特征，可采用不同的牵引方式，即动力集中牵引和动力分散牵引。

（6）节能环保。车辆牵引动力常用电力牵引。

（二）车辆选型的基本原则

（1）车辆选型应以工程的主要技术条件（线路条件、供电电压等）为依据，其技术指标应满足客运量及行车组织（行车密度）的要求。

（2）车辆选型和技术条件应能适应当地的环境及气候。以地面和高架为主的线路，应考虑车辆的降噪措施。

（3）车辆的主要部件和设备，应采用先进、成熟、安全、经济、可靠且检修方便的产品。

（4）车辆的选型应考虑与城市景观相协调，在外形与色彩方面应力求与城市环境统一和谐。

（5）车辆的引进和生产要严格坚持车辆国产化的原则及有关政策。

（三）列车的编组

车辆在运营时一般采用动拖结合，固定编组，形成电动列车组（动车组）。编组形式可采用全动车形式或动拖车有机结合的固定编组形式。无论采用何种编组形式，每列车的首车和尾车都必须带有驾驶室。

列车编组主要考虑车辆形式（按大、中、小，分为 A、B、C 三种形式）、编组辆数（2~10 辆）、编组车辆动车与拖车比例，即车型、辆数、动拖比三个要素。城市轨道交通的规模取决于高峰时刻小时客运量，而小时客运量取决于编组列车的载客量及行车间隔。目前，城市轨道交通系统大多采用加大行车间隔来调节运量，而较少采用分解列车编组由大变小的方法。

上海城市轨道交通 3 号线的 AC-3 型列车有带驾驶室的拖车（Tc 车）、无驾驶室带受电弓的动车（Mp 车）和无驾驶室不带受电弓的动车（M 车）三种车型，采用贯通式车厢，以 Tc-Mp-M 三节车厢为一个单元。当采用 6 节编组时，排列为 Tc-Mp-M-M-Mp-Tc。当采用 8 节车厢编组时，排列为 Tc-Mp-M-M-M-M-Mp-Tc。这样就能保证列车两端均带有驾驶室，中间各车以缓冲装置进行连接，客室内以贯通道贯通，乘客可以任意走动。北京地铁按全动车进行设计，两车为一个单元，使用时按 2、4、6 辆进行编组。

随着车辆技术的不断发展，牵引电机单位体积的功率越来越大，车体宽度及车长也在加大，相对来说，列车编组的最大辆数也相对减少。采用全动车编组，理论上的好处是摘编方便、编组灵活，但现在城轨列车大多采用动拖结合的混编方式。

图 4-1~图 4-4 分别表示了几种城轨列车的编组情况。

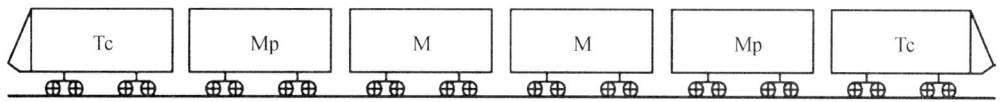

Tc—带驾驶室的拖车；Mp—动车（带受电弓）；M—动车。

图 4-1　广州地铁 2 号线、上海地铁 1 号线和南京地铁列车编组

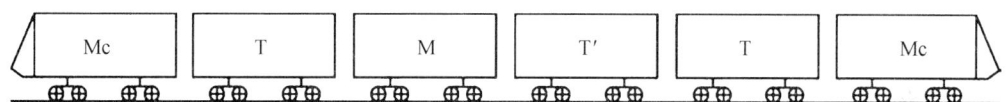

T，T′—不同的车下设备布置。

图 4-2　北京地铁复八线列车编组

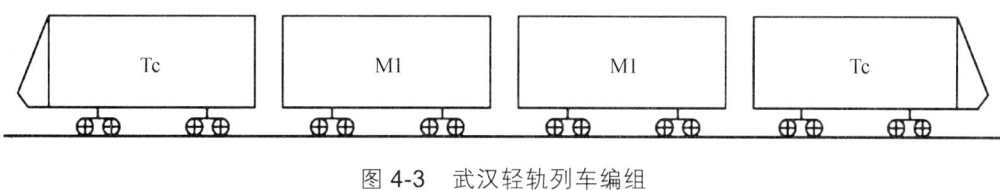

图 4-3　武汉轻轨列车编组

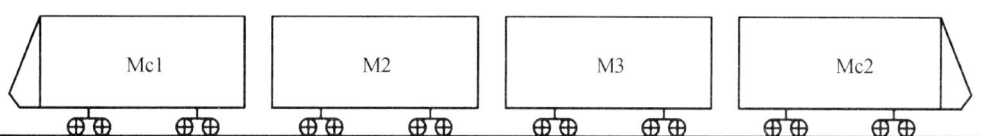

图 4-4　重庆单轨列车编组

二、车辆的分类

(一)按车辆牵引动力配置分类

(1)动车(motor,用 M 表示)。车辆自身具有动力装置(动轴上装有牵引电机),具有牵引与载客双重功能。动车又可分为带有受电弓的动车(Mp)和不带受电弓的动车(M)。

车辆的类型和特点

(2)拖车(train,用 T 表示)。车辆不装备动力装置,需动车牵引拖带的车辆,仅有载客功能。拖车可设置驾驶室(首位车辆,用 Tc 表示),也可带受电弓(用 T′表示)。

(二)按车辆规格(车体宽度)分类

按车辆规格(车体宽度)分类,车辆可分为 A、B、C 三类车型。各类车型的主要技术规格如表 4-1 所示。

表 4-1 各类车型的主要技术规格

序号	项目名称		A 型车	B 型车	C 型车		
			四轴车	四轴车	四轴车	六轴车	八轴车
1	车辆基本长度/m		22	19	18.9	22.3	29.5
2	车辆基本宽度/m		3	2.8	2.6		
3	车辆高度/m	受流器车(加空调/无空调)	3.8/3.6	3.8/3.6	3.7/3.25		
		受电弓车(落弓高度)	3.8	3.8	3.7		
		受电弓工作高度	3.9~5.6				
4	车内净高/m		2.10~2.15				
5	地板面高/m		1.1	0.95			
6	车辆定距		15.7	12.6	11	7.2	
7	固定轴距		2.2~2.5	2.1~2.2	1.8~1.9		
8	车轮直径/mm		ϕ840		ϕ760		
9	车门数(每侧)/个		5	4	4	4	5
10	车门宽度/m		≥1.3				
11	车门高度/m		≥1.8				
12	定员人数/人	单驾驶室车	295	230	200	240	315
13		无驾驶室车	310	245	210	250	325
14	车辆轴重/t		≤16	≤14	≤11		
15	站立人员标准	定员/(人·米$^{-2}$)	6				
16		超员/(人·米$^{-2}$)	9				
17	最高运行速度/(km·h^{-1})		80		70		
18	启动平均加速度/(m·s^{-2})		≥0.9		≥0.85		
19	常用制动减速度/(m·s^{-2})		1.0		1.1		
20	紧急制动减速度/(m·s^{-2})		1.2		1.3		
21	噪声/dB(A)	驾驶室内	≤80		≤70		
22		客室内	≤83		≤75		
23		车外	80~85(站台)		≤82		

(三）按车体制作材料分类

按车体制作材料分类，车辆可分为耐候钢车、铝合金车、不锈钢车等。

(四）按受电方式分类

按受电方式分类，车辆可分为受电弓和受流器受电的车。

(五）按电压等级分类

按电压等级分类，车辆可分为直流 750 V 和直流 1 500 V 两种。

三、城市轨道交通车辆的基本组成

城市轨道交通车辆尽管形式不同，但一般均由车体，转向架，制动系统，牵引缓冲连接装置，受流装置，车辆电气系统，辅助电源，通风、采暖及空调，车辆内部设备，照明，自动监控系统等组成。

（一）车　体

车体分为有驾驶室车体和无驾驶室车体两种。车体是容纳乘客和乘务员驾驶的地方，车体一般分为底架、端墙和车顶等几部分。

车体是城市轨道交通车辆重要的组成部件之一，坐落在转向架上。它除了用于载客之外，还是安装与连接其他设备的基础，所有的机械、电气、电子等设备都安装在车体的上部、内部及下部，驾驶室也设置在车体中。车体一般由底架、侧墙、车顶、前端、后端等组成。现代城市轨道交通车辆的车体均采用整体承载的钢结构或轻金属结构一次挤压成型材，以达到在最轻的自重下满足强度的要求。车体最初由普通碳素钢制造。为了减少腐蚀，延长使用寿命，由耐候钢制造的车体得到了广泛应用。为实现车体的轻量化，现代城市轨道交通车辆多由不锈钢、铝合金制造。车体的个别部位（如前端等）也可采用有机合成材料制造。

车体要有隔音、减振、隔热、防火及在事故状态下尽可能保证乘客安全的措施。

（二）转向架

转向架一般分为动车转向架和拖车转向架两种，置于车体与轨道之间，用来牵引和引导车辆沿轨道方向行驶，同时承受与传递来自车体及线路的各种载荷并缓冲其动力作用，是保证车辆运行平稳的关键部件。转向架一般由构架、弹簧悬挂装置、轮对轴箱和制动装置组成。动车转向架还设有牵引电动机及传动装置。

转向架的结构及各部位参数是否合理，直接影响到车辆的运行品质、动力性能和行车安全。

（三）制动系统

城市轨道交通车辆必须安装制动系统。制动系统的作用就是根据需要使车辆按规定减速、停车。制动系统由制动控制系统和制动执行系统组成。其中，制动执行系统分为摩擦制动、电气制动和磁轨制动等形式。

摩擦制动又称为机械制动，分为闸瓦制动和盘形制动。闸瓦制动又称为踏面制动，它由闸瓦压紧车轮的踏面产生阻力而实现制动。盘形制动就是在车轴上安装制动盘，闸片夹紧制动盘产生阻力而实现制动。

电气制动分为能耗制动和再生制动。能耗制动也称为电阻制动，它是通过控制牵引电机将列车的动能转换为电能消耗在电阻上。再生制动就是通过控制牵引电机将列车的动能转换为电能反馈到供电线路上。电气制动必须与机械制动相配合。

磁轨制动是利用电磁铁与钢轨间的作用力实施制动的。

（四）牵引缓冲连接装置

城市轨道车辆多辆编组，车辆之间设有连接装置。连接装置由车钩、缓冲器、电气连接及风挡、渡板等部分组成。为了改善车辆的纵向平稳性，一般在车钩的后部装设缓冲装置，以缓和列车的冲动及撞击。另外，城市轨道交通车辆车钩上还设有电路及气路自动连接设备。

车钩和缓冲器的作用是连接车辆及减少车辆间的纵向冲撞。为便于相邻车辆间乘客的流动，调节客室乘客的疏密，现代车辆之间采用全贯通式，故设有风挡及渡板。

（五）受流装置

受流装置就是接受供电的装置，又称为受流器。受流装置的作用是从接触网或导电轨将电流引入动车。一般城市轨道交通车辆采用直流供电。直流 750 V 供电采用第三轨供电，在车辆的转向架上装有受流器。接触方式分为上部受流和下部受流。上部受流就是受流器的滑块与第三供电轨上部接触滑行。下部受流就是受流器的滑块与第三供电轨的下部接触。直流 1 500 V 供电采用架空线接触网式供电，有的轨道交通系统采用直流 1 500 V 供电，第三轨受流。

受流装置按其受流方式可分为以下四种形式：

（1）杆形受流器。杆形受流器的外形为两根平行杆，上部有两个受电轨（导线），广泛用于城市无轨电车。

（2）弓形受流器。弓形受流器的形状为梯形结构，属上部受流，弓可以升降，接触导线，下面由导轨构成电路，用于城市有轨电车。

（3）侧面受流器。在车顶侧面受流，又称为旁弓，多用于矿山电力机车。

（4）轨道式受流器。从底部导电轨受流，又称第三轨受流，空间可以被充分利用，多用于速度较高的隧道列车运行。

（六）车辆电气系统

车辆电气系统包括车辆上的各种电气设备及其控制电路，控制电路按其功能可分为以下四种：

（1）主电路。主电路指的是供车辆牵引动力的电路，主要由受流器、牵引箱、牵引电机、电阻、电抗器及电气开关等设备组成。

（2）控制与信息监控电路。控制与信息监控电路用于对列车实施牵引、制动等操作，以及对设备的状况进行监控、记录和预报。

（3）辅助电路。辅助电路通常由逆变器或发电机输出中级电压供车辆除牵引外的其他动力设备使用，应急情况下由蓄电池维持供电。

（4）门控电路。门控电路是对车门进行开、关控制的电路。

（七）辅助电源

城市轨道交通车辆上的直流、交流，如照明、通风、空调、控制等用电均由辅助电源供给。辅助电源早期为电动发电机组，现多采用逆变电源。电动发电机组就是将供电线路的直流电源经过电动发动机组变成三相交流电源，供交流用电使用，经过整流装置供直流电源使用。逆变电源就是将供电线路的直流电源经过逆变器控制变成三相交流电源，供交流电源使用，经整流装置供直流电源使用。

城市轨道交通车辆装有蓄电池，作为控制电源和辅助电源停止工作后的应急电源。

（八）通风、采暖及空调

城市轨道交通车辆因乘客拥挤、空气污浊，必须设有通风装置，一般采用机械通风。地面高架且运行在较冷地区的车辆均设有电热器，一般由供电线路直接供电。为改善乘客的舒适度，现代城市轨道交通车辆一般都设有空调装置。

（九）车辆内部设备

车辆内部设备包括服务于乘客的固定附属装置和服务于车辆运行的设备装置。属于前者的有座椅、扶手、照明、空调、通风、取暖等。服务于乘客的固定附属装置的内部装饰及设备是城市轨道交通车辆必不可少的，对其要求是美观、舒适、实用、隔音、减振、坚固、防火。内部装饰包括客室内部的墙板、顶板、地板及驾驶室布置等。设备包括车窗、车门及机构、座椅、扶手、吊环、擎天柱及乘客信息装置等。服务于车辆运行的设备大多安装在车辆底部，包括蓄电池、继电器箱、主控制器箱、电动空压机单元、牵引箱、电阻箱及各类电气开关等。

（十）照 明

城市轨道交通车辆的照明由前照灯、驾驶室照明及客室照明组成。前照灯要能照射足够的距离，以保证行车安全。

（十一）自动监控系统

现代城市轨道交通车辆设有自控、监控系统。自控系统就是将城轨行车指挥信息传输至车辆上的接收装置，不但起到行车信号的显示功能，更主要的是起到限速、加速、保持行车间隔的安全作用，可实现无人驾驶。监控系统就是将列车及车辆的运行状态、主要机电设备的工作状态进行显示及存储，其主要用途是保证行车安全及进行故障分析。

四、城市轨道交通车辆的主要技术参数

城市轨道交通车辆的主要技术参数如下：
（1）车辆自重、载重与容积。
（2）车辆构造速度。车辆构造速度是指安全及结构强度所允许的车辆最高行驶速度。

（3）轴重。轴重是指车辆在某运行速度范围内一根轴允许负担的包括轮对自身质量在内的最大总质量。

（4）通过最小曲线半径。通过最小曲线半径与转向架的类型及设计有关。

（5）最大起动加速度。最大起动加速度包括平均起动加速度和最大制动减速度。

（6）制动形式。制动形式包括摩擦制动、再生制动、电阻制动和磁轨制动等形式。

（7）轴配置或轴列数。例如，四轴动车一般设两台动力转向架；六轴单铰轻轨车一般两端为动力转向架，中间为非动力转向架。

（8）供电电压、最大网电流、牵引电机功率。

（9）座席数及每平方米地板面积站立人数或载客量（座位载客量、定员载客量、超员载客量）。

任务二　车　体

车体是城市轨道交通车辆最重要的组成部件之一，它坐落在转向架上。车体的主要功能是运载乘客，承受和传递载荷，安装传动机构、电气设备和内部设施。

一、车体的特征

（1）电动列车一般为四节、六节或八节编组，有头车（即带有司机室的车辆）、中间车、动车与拖车之分。

（2）由于服务于市内公共交通，为了增加载客量和利于乘客疏散，车厢内座位较少，车门多而开度大，内部服务于乘客的设备较简单等。

车辆机械的相关知识

（3）重量限制较为严格，特别是高架轻轨，要求轴重小，以降低线路的工程投资。

（4）为了确保乘客的安全，车体的防火、隔音、减振、隔热有严格要求。

（5）车体的外观造型和色彩须美观，应与城市景观相协调。

二、车体的基本结构

车体按结构和功能的不同，可分为车辆壳体、贯通道、紧急疏散门、车门、车窗、司机室和内部装饰等部分。

（一）车辆壳体

车辆壳体主要由底架、侧墙、端墙和车顶四大部件组成。它是从强度上保证乘客安全的主要部件，也是减轻车辆自重的关键部件。一般车体承载结构的重量占车辆自重的20%~25%。自重的减轻不仅可以节约制造材料，而且在相同客流的条件下可以降低牵引动力的消耗，也可以减小车辆走行部和线路的磨耗，延长轮对的使用寿命，从而带来巨大的经济效益。因此研究车体承载结构的轻量化具有很大的现实意义。

1. 钢结构车体

国内较早生产的地铁车辆的车体基本都是采用普通碳素钢型材构成骨架，外侧包薄钢板，构成一个全焊接的筒形薄壳结构，如图 4-5 所示，自重达 10～13 t。普通碳素钢车体腐蚀十分严重，在使用中不仅强度随腐蚀而降低，而且增加了维修的工作量和成本。为了提高车体的耐腐蚀性，延长车体的使用寿命，从 20 世纪 80 年代开始，采用如 09CuPbCrNi 这种含铜或含镍铬等合金元素的耐腐蚀的低合金钢（或称耐候钢）系列，可使车体结构自重减轻 1～1.5 t（10%～15%），在工艺上又采取了一些防腐措施后，使车体的使用寿命有所延长，但仍不能彻底满足减轻自重和防腐蚀的需要。

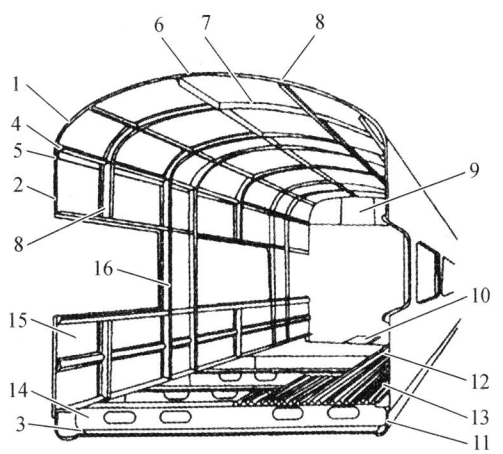

1—车顶；2—侧墙；3—底架；4—车顶边梁；5—侧墙上边梁；6—顶板；7—弯梁；8—纵向梁；9—车顶端部；
10—牵引梁；11—边梁；12—枕梁；13—波纹地板；14—横梁；15—墙板；16—立柱。

图 4-5　钢制车体承载结构

2. 不锈钢车体

不锈钢车体如图 4-6 所示。不锈钢耐腐蚀性能较好、强度高。用这种材料制造车体，免除了车体内壁涂覆防腐蚀涂料和表面油漆。在保证强度、刚度的前提下，板厚也可减薄。车体的结构形式基本与钢结构车体相似，从而实现车体的薄壁化和轻量化，不锈钢车体自重比普通碳素钢可减轻 1～2 t（10%～20%）。另外，为了克服薄板平整难于保证的缺点以及满足增加刚度的需要，一般车顶板、侧墙板和底架都采用成型的波纹板制成。为了克服在焊接高温条件下不锈钢内部组织易发生变化，进而产生晶间腐蚀而破裂的缺点，在焊缝集中的地方多采用点焊。

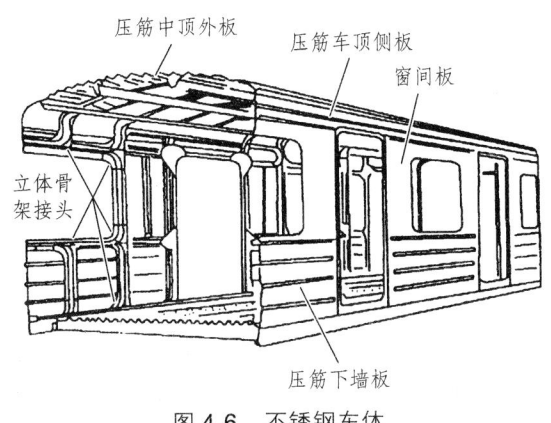

图 4-6　不锈钢车体

3. 大型中空截面的挤压铝合金型材焊接车体

为了进一步实现车体轻量化，德、法、日等国在近代的高速列车、地铁车辆和轻轨车上采用铝合金车体，这是由于铝合金的密度仅为钢的 1/3，耐腐蚀、容易挤压成型。可是由于铝合金弹性模量是钢的 1/3，强度和刚度小，另外铝合金材料的可焊性较差，对焊接工艺和焊接工人的技术要求很高，焊接以后产生的变形很难控制，因此在铝制车体结构设计中采用大型中空截面的挤压铝合金型材，以增大受力构件的弹性模量，弥补铝合金板材弹性模量小的缺陷，满足城市轨道车辆的设计规范的要求。与钢结构车体相比，大型中空截面的挤压铝合金型材在制造时大大减少了焊缝数量，焊接工作量减少 40%～60%；铝合金型材比铝合金板材焊接变形易于控制。因此，大型中空截面的挤压铝合金型材的车体制造工艺简单，标准规范，并克服了铝合金材质本身的先天不足。

随着技术的发展，近几年来，国外研制出了一种称为模块化结构的车体。

模块化车体结构与整体焊接结构车体相比，最显著的特点就在于将模块化概念引入车体设计、制造与生产管理的各个环节之中。模块化车体设计是将整个车体分为若干个模块，如底架模块、侧墙模块、车顶模块和端墙模块，每个模块的制造内容不仅包括外壳的制造，而且包括内装饰、布管、布线，并解决每个模块相互之间的接口问题。各模块制造完成后再进行整车组装。每个模块的铝合金型材结构本身采用焊接，而各个模块之间的总成采用铆接或其他机械连接。上海地铁 AC-3 型车是采用了模块化技术的大型铝合金挤压型材车体，如图 4-7 所示。

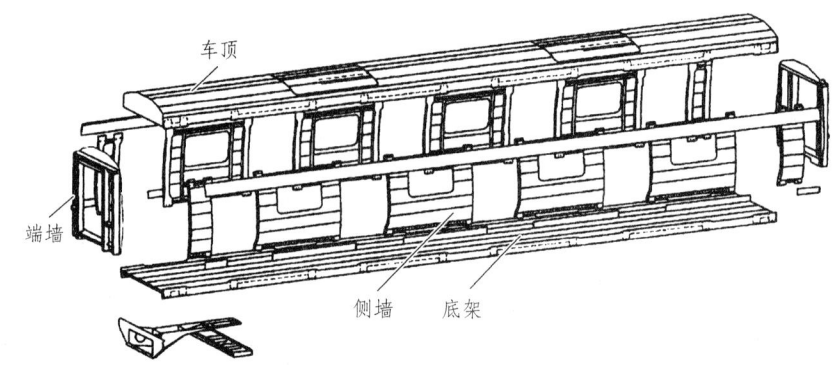

图 4-7 车辆壳体

4. 近代地铁车辆壳体结构设计的特点

（1）地铁车辆壳体的横断面形状一般为类似鼓形的结构，车顶为圆弧状，侧墙内倾 2.3°。选取这样的外形是为了使车辆在圆隧道内获得最大的空间截面面积，从而使地铁工程整体取得最好的经济性，同时提高了车辆在圆隧道内的活塞效应，加强了隧道的自然通风能力；另一方面侧墙内倾 2.3°也是一个反变形措施，能大大减少或消除侧墙在车顶重力的作用下外胀的现象。

（2）采用整体承载方式。现代地铁车辆的车体各部结构全部为铝合金型材，并针对车体不同部位的受力情况，使用了不同刚度和强度的中空截面的铝合金挤压型材。因此车体各部构件的受力状况基本均衡，形成一个类似于方管的承载整体。当车体任一部位受力后，其都能有效地将力传递和均摊到车体的各个部位，达到了最大限度地减轻车体自重，最大限度地提高车体的刚度和强度，更加充分地发挥材料承载能力的目的。

（3）底架设计呈上拱形。在车辆空载时，车体中央位置最大挠度为 10 mm，在满载时底架面保持水平。

（4）车体的防撞设计。A 车底架的前端设有撞击能量吸收区，其上开有 3 排椭圆形孔，当车辆受到迎面意外撞击时，它能产生较大的塑性变形，从而吸收纵向冲击能量，起到保护司机、乘客和车体的作用。

（5）A 车车头位于挤压区前部，设有防爬装置。它是由低合金高强度钢制成的三筋式可折弯型结构，可承受 3.34×10^5 N 的垂直力和 5.6×10^5 N 的纵向力。防爬装置不仅可以起到车辆之间防爬的作用，且设计为具有吸收能量的双重功能，通过对防爬器内部剪切部件的破坏，实现能量的吸收，起到保护司机、乘客和车体的作用。两车相撞时，若车钩过载装置破坏，由于防爬器突出于车体头部，因此先于车体头部相互接触、撞击，并破坏了挤压区；此处的先行破坏和互相挤压，阻止了车体的互爬。

（二）贯通道

城市轨道交通车辆在编组成列车时，可采用贯通式或非贯通式连接方式。为了能自动调节车厢内的客流密度及空气质量，大部分城市轨道交通车辆采用贯通式连接，即在 2 节车辆的连接处设有贯通道，由折棚、护墙板、过渡板和车顶板将 2 个车体的客室内部贯通为一体，如图 4-8 所示。

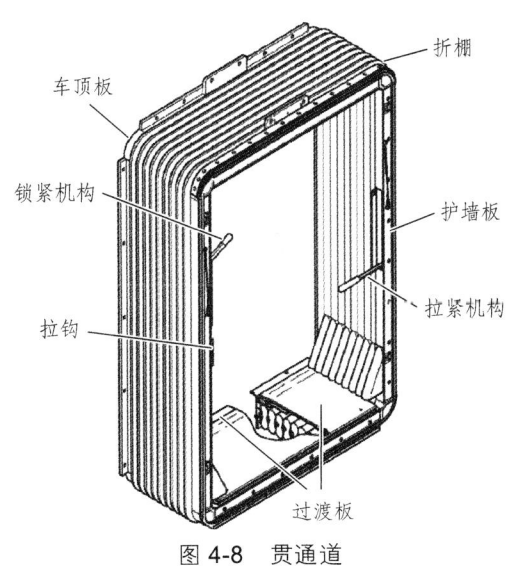

图 4-8 贯通道

1. 折　棚

折棚是用一种带有纤维底基的特殊橡胶制成的材料和钢制框架铆接而成，结构类似手风琴，可伸缩，实现了两车体的柔性连接。

2. 护墙板和顶板

护墙板和顶板即为贯通道的侧墙和顶板。它的作用是使贯通道更有安全感和更美观，使人产生身处客室的感觉，因此护墙板和顶板选用的颜色与客室内装饰的颜色是一致的。

3．过渡板

过渡板表面为弧形，由轧花不锈钢板制成。在固定金属框架和对接金属框架上各固定有一组过渡板，分别属于两个不同车体的过渡板之间背靠背地、平整地对接，能在列车起动和制动时自由地伸缩，也能在列车通过曲线时自由旋转搭接。

（三）紧急疏散门

列车在隧道内运行时，一旦发生火灾或其他险性事故，必须紧急疏散车上的乘客。在隧道内运行的列车，在带驾驶室车辆（Tc车）的前端设有紧急疏散门，在紧急情况下司机可打开紧急疏散门，将其向前放下到路基上，作为通向地面的踏板，以紧急疏散乘客。运行于地面或高架线路的列车可以不设紧急疏散门；万一发生险情，司机可以打开列车两侧的车门。

打开紧急疏散门时须拉下手柄，或使用摇柄均可解锁，一旦门锁开启车门能自动倒向路基，门板成为连接车体地板与地面的斜梯，如图4-9所示。门的两侧各有一组由数个铝合金杆和气弹簧相互铰接在一起，一头与车端相连、一头与门板相连的拉杆；由于气弹簧的缓冲作用，紧急疏散门倒下的速度不会过大，可防止车门装置的损坏。门两侧的拉杆组成也是斜桥的栏杆和扶手。门板由铝合金板型材制成，表面涂有防滑漆，防止乘客滑倒。在车下也有开启紧急疏散门的门锁。

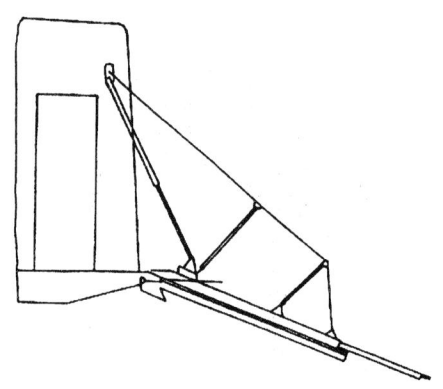

图4-9　紧急疏散门打开后成为斜梯

（四）车　窗

城市轨道交通车辆一般在2个客室车门之间，设有1扇车窗，因此列车两侧各均匀布置四扇车窗。车窗的基本形式是完全密封无法打开的。窗玻璃为双层中空玻璃，具有良好的隔热、隔音性能。玻璃周边镶有环形氯丁橡胶条，玻璃借助环形氯丁橡胶条直接嵌入和装配在侧墙上，车窗无窗框。先进的城市轨道交通车辆由于采用模块化设计，大多采用连续式车窗，即在2个客室车门之间的整个侧墙的上半部均为玻璃，起到装饰车体外部的作用。但除车窗玻璃的部位之外，其他部位的玻璃为黑色；黑色玻璃的内面为铝质窗间板，因此乘客在车内看到的是通常的内饰板，不能通过此处看到车外。

（五）司机室

司机室内设备布置各有差异，但一般都遵循一定的规律。主驾驶台，位于司机室前方的右侧；副驾驶台，位于司机室前方的左侧。主驾驶台上设有牵引和制动手柄、相关仪表、指示灯、各种按钮和显示屏等。司机室的左右两侧墙设有侧门，一般为滑动内藏门。主、副驾驶台之间安装有紧急疏散门；司机室与客室之间隔墙的正当中，设有通道门；因此在通道门至紧急疏散门之间无任何路障，以备紧急情况时，作为乘客疏散的通道。通道门的两侧安装有电器柜。主、副驾驶台的正前方各安装有 1 块约 12 mm 厚的挡风玻璃，在挡风玻璃外侧各装有 1 个气动刮雨器。司机室座椅，按人体工程学原理进行设计，满足司机乘坐的舒适性。

（六）内部装饰

一般是指车辆壳体以内到内墙板、内顶板及地板布的各件。它不仅要求具有良好的隔音、隔热性能，而且要求内装饰表面美观、色彩新颖，为乘客创造舒适、温馨的乘车环境。另外内部装饰材料均选用阻燃、少烟和低毒材料，以保证乘客安全。内部装饰设计要考虑与车辆壳体的连接关系和车内设备的安装方式并进行总体优化。近代地铁车辆、车体内部装饰的特点是颜色素雅、装修简洁、宽敞明亮。由于内饰板均为嵌入固定框架内，因此车内基本无明钉。

1. 地 板

地板整体结构具有防水、防火、隔音、隔热、耐磨、无毒性能。客室内的地板布直接黏结在铝合金型材地板上。地板布为 2.5 mm 厚的 PVC 塑料地板，具有耐磨、阻燃和防滑的性能。模块化结构车体的地板布是在车体上直接加工制作的，将 PVC 橡塑颗粒和胶黏剂搅拌均匀后，平铺在铝合金型材地板上，胶黏剂和 PVC 橡塑颗粒逐渐融为一体并牢固地覆盖在铝合金型材地板上，并使用专用打磨设备将地板磨平。

2. 侧墙内饰板

客室侧墙内饰板采用涂有密胺树脂的层压板或铝合金板。每两个客室车门之间的侧墙内饰板为一个整体，内饰板的两侧嵌入客室门框内，与客室门框成为一个整体后，其上部和门框通过角形吊铁和螺栓连接方式与车顶固定在一起。客室门框的底部固定在地板上。由于每块侧墙内饰板处放置有一个长客室座椅，客室座椅的靠背高度与窗台等高，即侧墙内饰板的窗下部分全部被客室座椅遮住，因此在设计上侧墙内饰板无窗下部分。被客室座椅遮住的窗下侧墙内壁铺有用铝箔包裹、密封的阻燃玻璃丝棉。由于窗下侧墙内壁焊有钉子，将玻璃丝棉穿在钉子上后，再将薄铁片穿在钉子上，薄铁片就将玻璃丝棉紧紧压住和固定牢固。玻璃丝棉起到隔热、隔音的作用。在窗间壁处没有铺玻璃丝棉，与车辆壳体存在一定间距并形成一个空间，这样车内的空气通过客室座椅下的通风板孔、窗间壁与车辆壳体的空间、车顶与天花板的空间、空调进风口或车顶通风器，与外界空气形成自然交换。

3. 天花板

天花板按车横截面看由三部分组成：中间为平板，材质为涂有密胺树脂的装饰层压板或铝合金板，平板上部放置有风道。平板两外侧为多孔的空调通风板。空调通风板两外侧，即天花板最外侧为弧形翻板。弧形翻板上有安装照明灯及其灯格栅的位置和结构。

（七）车体内部设备

1. 客室座椅

为了适应城市轨道交通车辆短途、大运量的特点，客室座椅采用靠侧墙纵向布置的方式，一般在相邻两车门之间设置一长条座椅，车厢的两端为短座椅。座椅框架采用铝合金、不锈钢或耐腐蚀钢制造，固定在地板上，靠背固定在侧墙上。座椅采用整体的高阻燃性的玻璃钢材料制成，由橡胶垫减振，固定在框架上。客室座椅的颜色一般为绿色，座椅外形按人体工程学设计，长条座椅两端设安全挡板。每个座位应能承受 100 kg 的载荷。座椅下面安装有空气簧附加气室（储气缸）、受电弓升弓脚踏泵（仅 Mp 车配备）及灭火器等。

2. 立柱及纵向扶手

为了方便站立乘客，在客室内设有立柱及纵向扶手。在每节车厢的纵向中心线处，均匀设置了约 13 根立柱。立柱上端穿过天花板并与天花板吊架支座套接，下端与地板支座用螺纹法兰盘固定。在座椅的安全挡板处也设有立柱，以方便站立在车门区的乘客。同时在这些立柱上还装有纵向水平扶手。立柱与纵向扶手都是铝合金圆管型材，外表面进行阳极氧化处理。

（八）车　门

1. 车门要求

世界各国轨道交通车辆的车门结构和类型多种多样，但无论结构形式如何变化，地铁车辆的客室车门都应满足城市轨道交通的特殊性：

（1）要有足够的有效宽度（车门的有效宽度可达 1 400 mm）。

（2）车门要均匀分布，以方便乘客上、下车。

（3）要有足够数量的车门，以使乘客上、下车时间满足运行密度的要求；一般地铁列车每节车辆两侧各设置了五扇客室车门。

（4）车门附近要有足够的空间，方便乘客上、下车时周转。

（5）要确保乘客的安全。

（6）要具有较高的可靠性。

2. 车门的类型

按照车门的运动轨迹以及与车体的安装方式的不同，车门可分为内藏对开式双滑门、外挂式移门、塞拉门和外摆式车门四种。

1）内藏对开式双滑门

内藏对开式双滑门简称内藏门。在车门开、关时，车门在车辆侧墙的外墙板与内饰板之间的夹层内移动。传动系统设于车厢内侧车门的顶部，装有导轮的车门可在导轨上移动，传动机构的钢丝绳、皮带或丝杠与车门相连接，气缸或电机驱动传动机构，从而实现车门的往复开/关动作。

2）外挂式移门

外挂式移门与内藏对开式双滑门的主要区别在于车门和悬挂机构始终位于侧墙的外侧，车门传动机构的工作原理与内藏对开式双滑门完全相同。

3）塞拉门

塞拉门是车门在开启状态时，车门贴靠在侧墙的外侧，车门在关闭状态时车门外表面与车体外墙成一平面。这不仅使车辆外观美观，而且也有利于在高速行驶时减小空气阻力，车门不会因空气涡流产生噪声，也便于自动洗车装置对车体的清洗。塞拉门的开/关动作是车门借助车门上方安装的悬挂机构和导轨的导向作用，由电机驱动机械传动机构使车门沿着导轨滑移。

4）外摆式车门

开门时通过转轴和摆杆使车门向外摆出并贴靠在车体的外墙板上，门关闭后车门外表面与车体成一平面。这种车门结构的特点为：门在开启的过程中，车门需要较大的摆动空间。

任务三　转向架

一、转向架概述

转向架是车辆最主要的组成部分之一，用来传递各方向的载荷，并通过轮轨间的黏着保证车辆牵引力和制动力的产生。转向架主要有以下4个作用：

车辆机械

（1）承载。承担包括车体、安装在车体内的各种机电设备及乘客和货物的重量，并且把这些重量经弹簧悬挂装置传递到钢轨上。

（2）传力。产生牵引力和制动力，并把产生的牵引力和制动力经牵引装置传递到车底架，然后传递到车钩，保证列车的牵引和制动过程中力的传递。

（3）缓冲。缓和运行中线路对车辆的冲击，保证车辆运行的平稳性。

（4）导向。引导车辆顺利通过曲线和道岔，保证车辆在曲线上安全运行。

转向架性能的好坏，对车辆的多种动态性能和安全都有较大的影响。现代车辆转向架应满足以下基本技术要求：

（1）运行时良好的动力学性能，尽可能减少对线路的动作用力，并减少轨道和车轮的应力和磨耗等。

（2）保证最佳的黏着条件，满足牵引力和制动力的要求。

（3）在满足强度和刚度的前提下，应使结构简单，自重尽量减小。

（4）转向架各部分应尽可能采用无磨耗或不需维修的结构形式，并有良好的可接近性，以减少维护的工作量。

转向架主要由轮对、轴箱、一系悬挂装置、构架、二系悬挂装置、基础制动装置等组成，动力转向架还有驱动装置。动力转向架和非动力转向架结构分别如图 4-10、图 4-11 所示。

轮对：实现直接向钢轨传递车辆重量，通过轮轨间的黏着产生牵引力和制动力，并通过轮对的转动实现车辆在钢轨上的走行。

轴箱：构架和轮对的联系，保证轮对进行回转运动，还能使轮对可以相对构架上下、左右和前后活动。

一系悬挂装置：保证轴重的分配，缓和线路不平顺对车辆的冲击，还能使轮对相对于构架运动,以适应线路条件。一系悬挂装置包括弹簧装置、轴箱定位装置和减振装置。

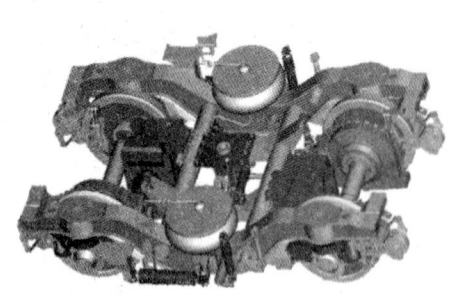

图 4-10 动力转向架

图 4-11 非动力转向架

构架:转向架的骨架,是转向架各部件的安装基础,并承受和传递垂向力及水平力。

二系悬挂装置:车体和转向架之间的连接装置;其作用是承受车体载荷,传递垂向和横向力,并进一步缓和振动和冲击;同时还要保证通过曲线时转向架相对于车体的回转。二系悬挂装置包括弹簧装置、减振装置、牵引装置和抗侧滚装置。

基础制动装置:其作用是将制动缸传来的力放大并传递给制动执行机构,实现车辆的制动。

驱动装置:将动力装置的功率传递给轮对。

二、构 架

构架是转向架的骨架,用以连接转向架的各个组成部分,并且传递各方向的力,可以保持车轴相对转向架的位置。

转向架构架一般有左右侧梁、一根或者几根横梁,有的还有前后端梁。转向架一般为高强度钢焊接的结构。没有端梁的构架一般为开口式的 H 形结构,有端梁的构架一般为封闭式的"目"或"日"形结构,如图 4-12 所示。

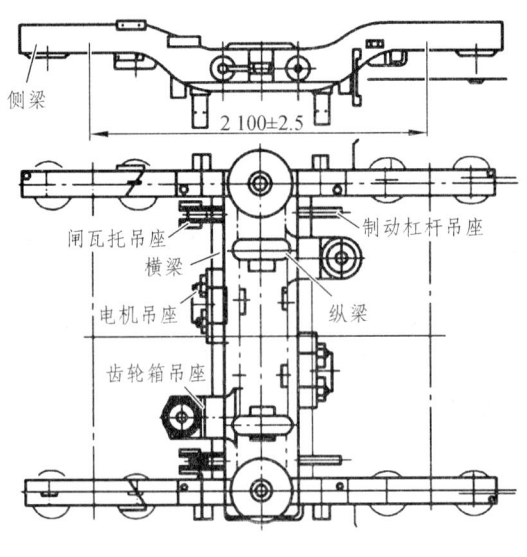

图 4-12 构架

三、转向架轮对轴箱装置

轮对结构如图 4-13 所示，由一根车轴和两个车轮通过过盈配合压装成一体。轮对沿钢轨滚动，承受着车辆的全部重量，并且承受运行时来自车体和钢轨的各种动载荷。轮对的质量直接影响列车的运行安全，所以对车轮和车轴的压装有严格的要求，轮对内侧距必须保证在（1 353±3）mm 的范围内。

图 4-13 轮对结构示意图

动车转向架轮对和拖车转向架轮对有所不同。动车转向架轮对由车轮、齿轮装置以及轴承组成，车轮带有制动盘（称为轮盘）。拖车轮对由车轴、车轮、轴制动盘（简称轴盘）及轴承构成，车轮也带有制动盘（轮盘）。

轴箱安装在车轮的两端，其作用是将轮对和构架联系在一起，使轮对沿钢轨的滚动转化为沿线路的平动，并传动各方向的作用力，同时还要保证有良好的润滑和密封性能。

轴箱的组成如图 4-14 所示，包括箱体、压盖、前盖、后盖和轴承组等。

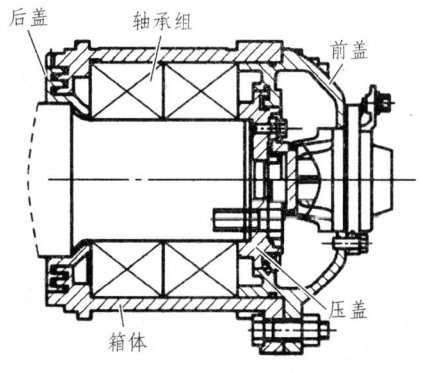

图 4-14 轴箱组成

四、弹性悬挂装置

为了减少线路不平顺和轮对运动对车体的各种动态影响，转向架的轮对与构架之间或者构架与车体之间设有弹性悬挂装置，前者称为轴箱悬挂装置，后者称为中央悬挂装置，又常常分别称为一系悬挂装置和二系悬挂装置。图 4-15 所示为轴箱悬挂装置，图 4-16 所示为中央悬挂装置结构。

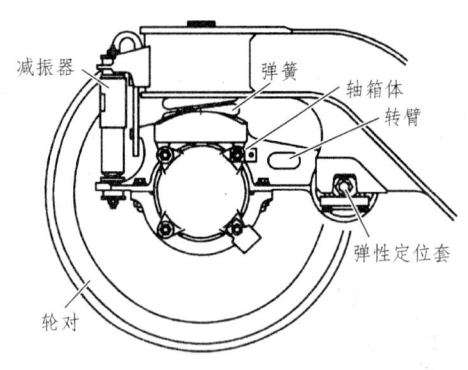
图 4-15 轴箱悬挂装置

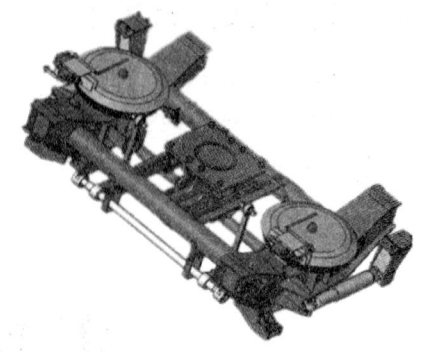
图 4-16 中央悬挂装置

轴箱悬挂装置安装在轴箱和转向架之间，由一个弹簧装置、轴箱定位装置和垂向减振器等组成，其作用是缓和并衰减垂向的振动和冲击，约束轴箱和转向架之间的纵向运动并传递横向力。轴箱的定位装置有多种类型，动车组转向架常采用拉板式、拉杆式和转臂式。如图4-15 所示的轴箱定位方式就是转臂式。转臂式轴箱定位悬挂装置在轴箱和构架之间设置轴箱弹簧和垂向液压减振器，转臂与轴箱体采用一体式结构，转臂与构架通过轴箱定位节点相连接。转臂式轴箱的特点为：轴箱和构架之间无自由间隙和滑动部件；组成零件少，分解、组装和维修方便；轴箱的垂向、横向和纵向刚度可以独立设定，比较容易确保良好的乘坐舒适性、高速性能和曲线通过性。

如图 4-16 所示，中央悬挂装置一般包括空气弹簧装置、横向减振装置、抗蛇行减振器和牵引装置等。二系悬挂装置既是承载装置，又是活动关节。其作用是：保证车辆的重量、牵引力、制动力、横向力的正常传递；保证轴重的均匀分配和车体在转向架上的安定；保证允许车辆进出曲线时转向架相对于车体的转动。

车体与转向架之间的连接方式有多种类型，客车上常见的是牵引杆装置和旁承的连接装置。这种结构牵引杆代替了心盘，对转向架中间空间的占用小，可以降低牵引点，保证转向架可以相对于车体转动和横动。

五、驱动装置

动车转向架上都设有驱动装置。驱动装置的作用是将车辆传动装置输出的功率传递给轮对。对于动车组和城市轨道交通车辆，驱动装置包括牵引电机、电机悬挂装置和减速齿轮箱。牵引电机主要采用直流电机或交流电机，而交流电机具有质量小、体积小等诸多优势，成为高速动车组牵引的发展方向。减速齿轮箱由大齿轮、小齿轮和齿轮箱三部分组成，一般为一级减速齿轮箱。根据电机在车辆上安装方式的不同，电机悬挂方式可以分为轴悬式、架悬式和体悬式三类。轴悬式的牵引电机一段用抱轴轴承支承在车轴上，另一端弹性吊在转向架构架上，由于大约一半的牵引电机重量由车轴承担，因此轴悬式适用于中低速车辆。架悬式的牵引电机全部悬挂在转向架构架上。体悬式的牵引电机全部或者大部分悬挂在车体上。由于架悬式和体悬式牵引电机的重量均处于一系弹簧之上，有利于减少轮轨之间的冲击作用，适用于高速车辆和动车组。架悬式驱动机构，按弹性联轴器的结构和布置方式不同，可分为电机空心轴驱动装置和轮对空心轴驱动装置两大类。

电机空心轴驱动装置的特点是牵引电机固装在转向架构架上，而牵引齿轮箱是轴悬的，如图 4-17 所示。牵引电机的电枢轴是空心的，传递扭矩的扭轴从空心电枢轴中穿过。牵引电机空心电枢轴的输出扭矩，经齿形联结器、扭轴、弹性联轴器、小齿轮、大齿轮驱动轮对转动。扭杆端的齿形联结器和扭轴与空心电枢轴之间的间隙，允许扭杆倾斜以适应牵引电机与轮对之间各个方向的相对位移。

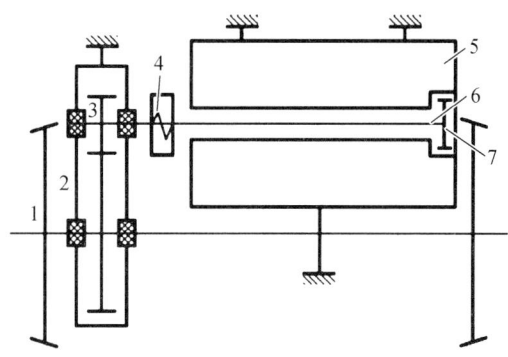

1—轮对；2—齿轮箱；3—小齿轮；4—弹性联轴器；5—牵引电动机；6—扭轴；7—齿形联结器。

图 4-17 电机空心轴驱动装置示意图

此处的牵引齿轮箱是承载部件，比较重。小齿轮轴用轴承支承在齿轮箱上，齿轮箱的一端用滚动抱轴承支承在车轴上，另一端弹性吊挂在转向架构架上。大齿轮固装在车轴上。电机空心轴驱动装置布置紧凑、尺寸小、质量小，其缺点是簧下质量较大，牵引电机长度缩短。

轮对空心轴驱动装置的特点是大齿轮用滚动轴承支承在空心轴套上，而空心轴套紧固在牵引电机的机体上，如图 4-18 所示。在空心轴套内又贯穿一根空心轴，包在车轴外面，此空心轴是转动的，用来传递牵引电机的扭矩。空心轴是一端通过连接盘、弹性元件与大齿轮箱相连，另一端通过连接盘、弹性元件与轮心相连。牵引电机扭矩由小齿轮、大齿轮，经弹性元件、空心轴传至空心轴另一端的弹性元件，传递给车轮，再经车轴传至另一侧的车轮。

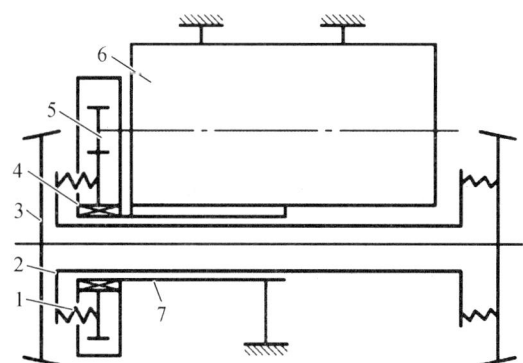

1—弹性元件；2—空心轴；3—轮对；4—轴承；5—牵引齿轮；6—牵引电机；7—空心轴套。

图 4-18 轮对空心轴驱动装置示意图

空心轴两端的弹性元件为弹性六连杆机构，分别与大齿轮及轮心相连，用来传递扭矩，并且有良好的运动学性能。轮对空心轴两级弹性驱动装置的优点是：簧下质量轻，轮对与牵引电机之间得到两级弹性隔离，因此有较好的动力学性能；其缺点是结构比较复杂。

六、基础制动装置

对于车辆来说，为了使运行的车辆能够迅速地减速或者停车，必须对它实施制动。同时，为了防止车辆在下坡道运行时由于重力作用导致速度增加，也需要对它实施制动；为了避免停放的车辆因重力作用或者风力吹动而溜走，也需要对它实施制动。

车辆的制动系统分为两部分：制动控制系统和制动执行装置。制动控制系统在不同类型的车辆上差别较大；而制动执行装置习惯上称为基础制动装置，在车辆转向架上都具备，包括闸瓦制动和盘形制动。高速列车还配备电磁制动形式，也属于摩擦制动。

动车组的制动能力是指制动系统使车辆在规定的制动距离内安全停车的距离。对于城市轨道交通车辆来说，要求电动车组在非常情况下的制动距离不超过 180 m，这个距离要远大于起动加速距离，这也说明制动功率远大于驱动功率。

城市轨道交通的站距较短，因此车辆的起停比较频繁。为了提高平均运行速度，城市轨道交通车辆必须起动快、制动距离短。因此城市轨道交通车辆的制动系统应保证具备以下多个方面的能力。

（1）操纵灵活方便，制动减速度大，作用灵敏可靠；
（2）制动能力足够，保证车辆在规定的距离内停车；
（3）除了摩擦制动能力外，还应具备动力制动能力；
（4）保证连续制动时，制动力不衰退；
（5）各个车辆的制动能力基本一致，并且可调；
（6）具有紧急制动性能，遇到紧急情况时，制动作用除了由司机操作外，还可由行车人员利用紧急制动按钮进行操纵。

按照车辆在制动过程中动能的转移方式，制动方式可以分为两类：
（1）摩擦制动方式，动能通过摩擦副的摩擦转化为热能，然后消散于大气；
（2）动力制动，把动能通过发电机转化为电能，然后再将电能转移出去。

摩擦制动是城市轨道交通车辆常用的制动方式，包括闸瓦制动和盘形制动。闸瓦制动的基本原理可以通过图 4-19 说明。制动时闸瓦压紧车轮，车辆的动能通过车轮和闸瓦之间的摩擦转化为热能，并最终消散到大气中。闸瓦的材料主要是具有较高耐磨性的铸铁或者具有较好摩擦性能和耐磨性能的粉末冶金。闸瓦制动方式中，动能转化为热能的能力大，而热能耗散于大气的能力相对小，所以在制动功率较大时，会由于热能来不及耗散导致闸瓦温度过高的情况，严重时甚至会导致闸瓦熔化等情况，因此闸瓦制动方式的制动功率较小。

盘形制动又分为轮盘式和轴盘式，如图 4-20 所示。前者用于动力转向架，因为动力转向架安装有驱动电机，车轴上没有安装轴盘的空间；后者用于非动力转向架。

动力制动通过能量转换装置，将运行中列车的动能转换为其他形式的能量，如电能和热能等，并消耗掉。动力制动的主要特点是：制动力与列车的速度有很大关系，速度越高，往往制动力越大。动力制动有多种形式，如电阻制动、再生制动、电磁涡流轨道制动（磁轨制动）和电涡流转子制动等。

项目四　城市轨道交通车辆

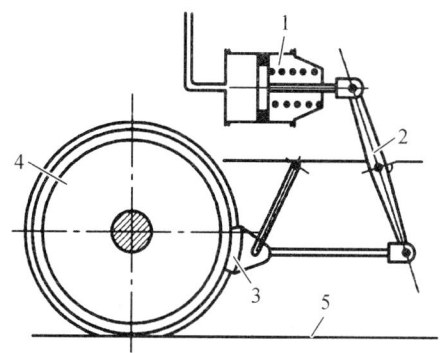

1—制动缸；2—基础制动装置；3—闸瓦；4—车轮；5—钢轨。

图 4-19　闸瓦制动系统原理

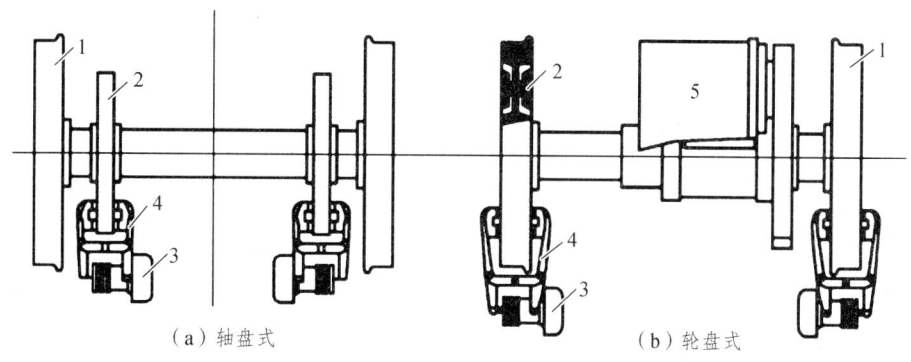

（a）轴盘式　　　　　　　　　　（b）轮盘式

1—轮对；2—制动盘；3—单元制动缸；4—制动夹钳；5—牵引电机。

图 4-20　盘形制动系统原理

任务四　车钩缓冲装置

车辆连接装置主要包括车钩缓冲装置和贯通道装置，通过它们使列车中的各车辆相互连接，从而实现相邻车辆之间的纵向力传递和通道的连接。

一、车钩缓冲装置概述

（一）车钩的作用

车钩是用来连接列车中各车辆，使之彼此保持一定的距离，并且传递和缓和列车在运行中或在调车时所产生的纵向力或冲击力的装置。

其作用具体包括：

（1）连接作用：使车辆和车辆之间能够连挂和解编，并保持有一定距离。

（2）牵引作用：把动车的牵引力传递给其他车辆。

（3）缓冲作用：缓和与衰减运行中由于牵引力的变化和制动力前后不一致而引起的冲击和振动。

091

（二）车钩的基本组成

车钩一般由钩头、缓冲器、电气连接装置和钩尾座等部分构成，如图 4-21 所示。

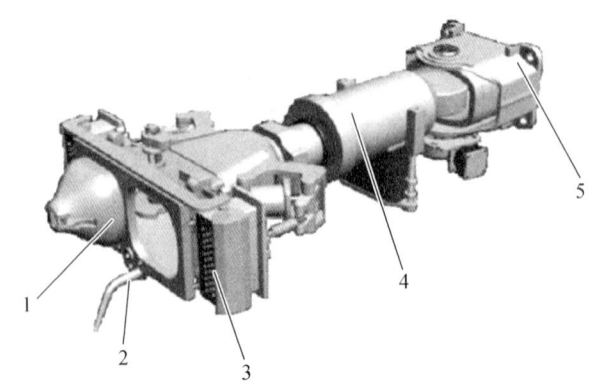

1—钩头；2—空气连接管；3—电气连接装置；4—缓冲器；5—钩尾座。

图 4-21　车钩基本组成

钩头的主要作用在于机械连接并完成牵引力和冲击力的传递，通过钩头内的机械连接装置完成待挂、连接、解钩的三态动作；缓冲器用来缓和列车运行过程中车辆之间的冲击，并吸收冲撞能量；电气连接装置是实现车辆之间电路连接的装置；钩尾座是车钩与车体相连的部件。

（三）车钩的分类及配置形式

目前，城市轨道交通车辆使用的车钩基本上分为全自动车钩、半自动车钩和半永久车钩三种类型，以上海地铁六节编组列车为例，它们在列车上的一般配置形式如图 4-22 所示。

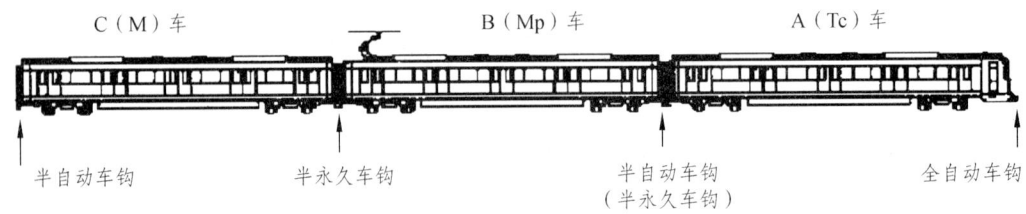

图 4-22　一个单元编组列车上的车钩一般配置形式

全自动车钩位于 A（Tc）车的前端，一般用于列车与列车间的相互连挂，主要是为了方便故障列车的救援及库内调车。

半自动车钩一般用于一列车的两个或三个单元之间的连接，以及 A（Tc）车与动车间的连接。

半永久车钩主要为了实现 B（Mp）、C（M）车能组成一个固定的单元。B（Mp）车的半永久车钩位于后端，而 C（M）车的半永久车钩位于前端。另外有的线路上，在 A（Tc）车与 B（Mp）车之间也使用半永久车钩代替半自动车钩，进行 B（Mp）—c（M）车固定连接的单元与 A（Tc）车的连接。

二、夏芬博格（Schafenberg）式车钩

不同厂家设计生产的车钩，会在钩头的结构设计上、缓冲器种类的选择上有所不同；同一厂家设计生产的车钩也会在缓冲器与钩头和车辆连接座的配置上有所不同。我国城轨车辆使用的车钩主要有两种形式：一种是夏芬博格（Schafenberg）式车钩，另一种是柴田式密接式车钩。

（一）夏芬博格式车钩的基本结构

夏芬博格式全自动车钩如图 4-21 所示，主要由钩头、电气连接装置、气路管道、缓冲装置组成，能够实施钩头、连接列车线的电气连接装置和气路管道的自动连接与分解。全自动车钩的电气连接装置位于钩头的两侧或是上侧，采用电气连接盒形式。位于钩头两侧的电气连接箱，一侧连接低压电缆，另一侧连接信号和通信电缆。

夏芬博格式半自动车钩如图 4-23 所示，主要由钩头、电气连接装置、气路管道和缓冲装置组成，能够实施钩头和气路管道的自动连接与分解，但连接列车线的电气连接装置需手动连接与分解。半自动车钩电气连接装置采用电气连接盒或跨接电缆两种形式。跨接电缆分别从各自所在车的一端连接到邻近车一端的热流道插头上，或者连接到位于车钩结合面处两侧的连接盒后侧的接线端子，连接盒前端设有热流道插座。由于跨接电缆具有成本低、连接可靠的特点，目前大部分项目均采用跨接电缆的形式。

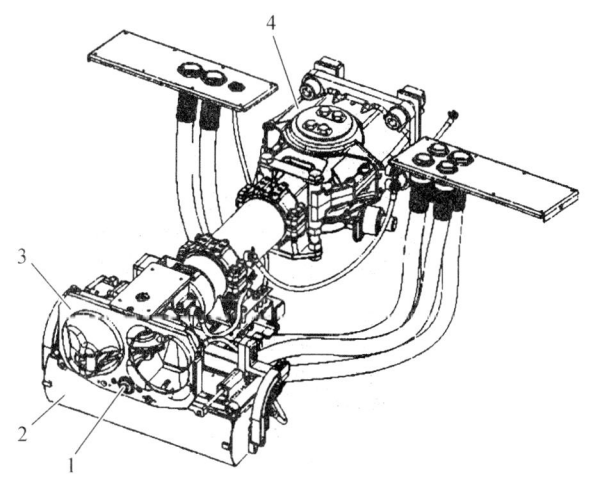

1—空气连接管；2—跨接电缆连接盒；3—钩头；4—缓冲装置。

图 4-23 半自动车钩

夏芬博格式半永久车钩如图 4-24 所示，由牵引杆、电气连接装置、气路管道和缓冲装置组成。牵引杆、连接列车线的电气连接装置、气路管道均为手动连接与分解。这项作业一般在车辆段进行。半永久车钩的电气连接装置一般均采用跨接电缆的形式。

（二）夏芬博格式车钩钩头

夏芬博格式车钩钩头确保两节车厢之间的机械连接，表面有凸锥和凹锥，保证车钩自动

对齐和同心,在水平和垂直方向提供一个大的连挂范围。在车钩表面一侧,采用导向喇叭和延长线来扩展连挂范围。全自动车钩钩头结构如图 4-25 所示。

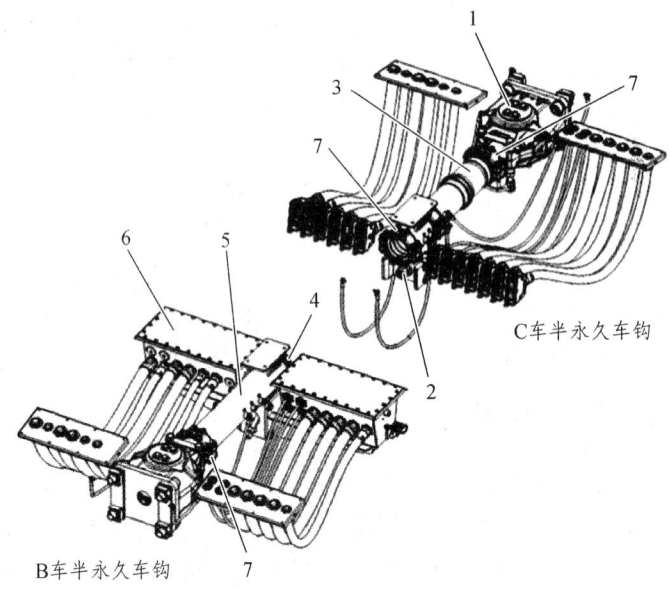

1—缓冲装置;2—气路连接管;3—变形单元;4—导锥孔;5—牵引管;
6—跨接电缆连接盒;7—套筒接头。

图 4-24 半永久车钩

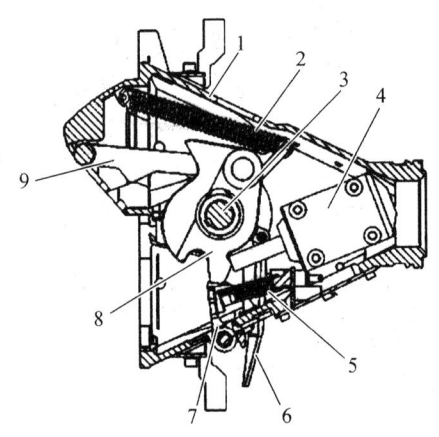

1—车钩外壳;2—钩锁弹簧(拉簧);3—中心轴;4—解钩风缸;5—定位杆顶块弹簧(压簧);
6—钩舌定位杆;7—钩舌定位顶块;8—钩舌;9—钩锁连杆。

图 4-25 全自动车钩钩头

车钩头面配有一宽而扁的边缘以吸收缓冲力。牵引力通过车钩锁(钩板、钩舌、中心轴和钩锁弹簧)传递。牵引和缓冲负载从车钩传送到车厢底架内部。

自动车钩和半自动车钩有待挂、连接和解钩三种状态,称为车钩三态。

待挂状态为车钩连接前的准备状态。此时钩舌定位杆被固定在待挂位置,钩锁弹簧处于最大拉力位置状态,钩锁连接杆退至凸锥体内,钩舌上的钩嘴对着钩头正前方,如图 4-26 所示。

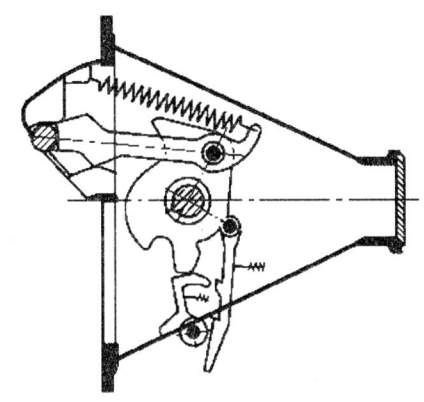

图 4-26 待挂状态

连接状态为车钩实现机械连接的过程。相邻车钩的凸锥体进入本钩的凹锥孔并推动定位杆顶块，定位杆顶块推动钩舌定位杆离开待挂位置。由于钩锁弹簧的恢复力使钩舌做逆时针转动，带动钩锁连接杆伸进相邻车钩钩舌的钩嘴，完成两钩的连接锁闭。这时连挂两钩的钩锁连接杆和钩舌形成平行四边形，车钩受牵拉时，拉力由两钩锁连接杆均匀分担，使钩舌始终处于锁紧位置。当车钩受冲击时，压力通过两车钩壳体连接法兰传递，如图 4-27 所示。

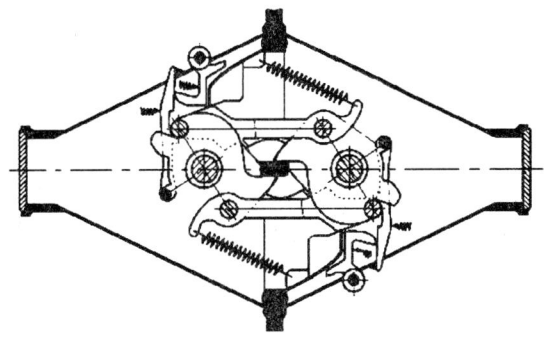

图 4-27 连挂状态

解钩状态为车钩从连接变为待挂的过程。司机操纵解钩按钮控制电磁阀，使解钩风缸充风，风缸活塞推动钩舌顺时针转动，使相邻车钩的钩锁连接杆脱开钩舌，同时使自身的钩锁连接杆克服钩锁弹簧拉力缩入钩头凸锥体内，脱离相邻车钩的钩舌，这时定位杆顶块控制钩舌定位杆使钩舌处于解钩状态。当两钩分离后，定位杆顶块由于弹簧作用复位，钩舌定位杆回至待挂位，车钩又恢复到待挂状态，如图 4-28 所示。

（三）夏芬博格式车钩缓冲器

1. 可变形压溃管

可变形压溃管如图 4-29 所示，作为车钩缓冲装置的重要部件，用来吸收车辆冲击能量，同时通过变形压溃管的能量吸收还可以保护车体钢结构免受破坏。当两车相撞时，将会产生可恢复的和不可恢复的变形。

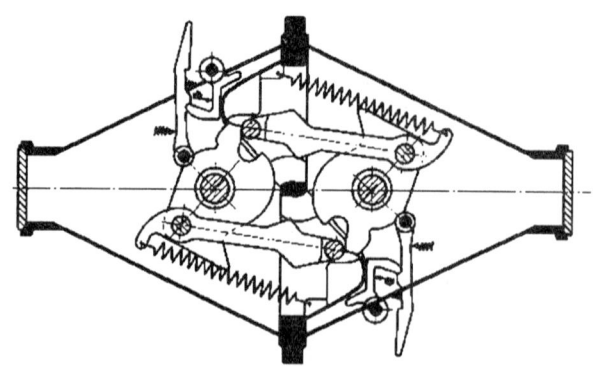

图 4-28 解钩状态

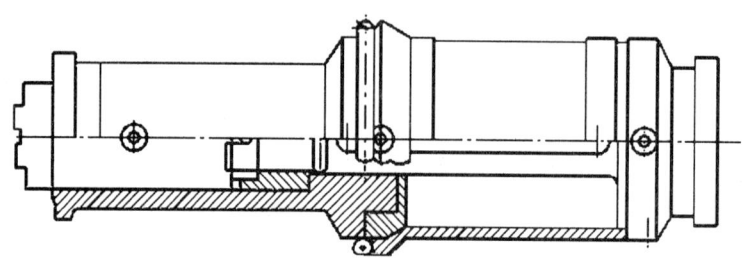

图 4-29 可变形压溃管

可变形压溃管能量吸收可分为三级：第一级，车钩内的缓冲、吸收装置吸收全部能量，产生的变形可以恢复；第二级，可变形压溃管产生的变形不可恢复；第三级，车钩的过载保护系统产生不可恢复的变形，车辆前端参与能量吸收以保护乘客。

一旦冲击速度过大，导致可变形压溃管变形时，压溃管必须更换。

2. 橡胶环形缓冲器

橡胶环形缓冲装置是最常见的一种缓冲器，它采用免维护结构，安装在车钩安装座上，结构如图 4-30 所示。在全自动车钩、半自动车钩上均可采用相同的安装方法来固定。

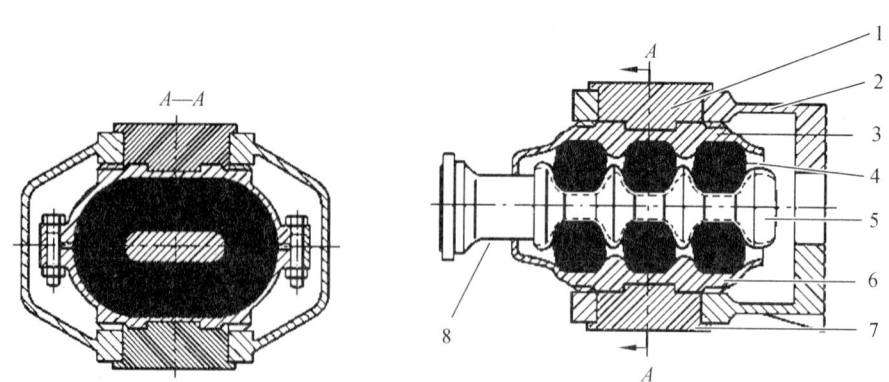

1—轴颈；2—轴承框；3—上壳体；4—橡胶缓冲体；5—芯棒；6—下壳体；7—轴颈；8—牵引杆。

图 4-30 橡胶环形缓冲器

该缓冲装置结构之间不存在间隙，在承受拉伸和压缩载荷的同时，可以承受较大的剪切力。同时，该缓冲装置允许车钩做垂向摆动和扭转运动。缓冲装置的轴承框被 4 个螺栓固定在车底架上。

（四）车钩附属装置

1. 风管连接器

主风缸管和解钩风管的风管接头安装在车钩端面，坐落在气缸筒内，它主要由接口管、总储气管、胶管、弹簧压阀杆及止动弹簧等组成，如图 4-31 所示。

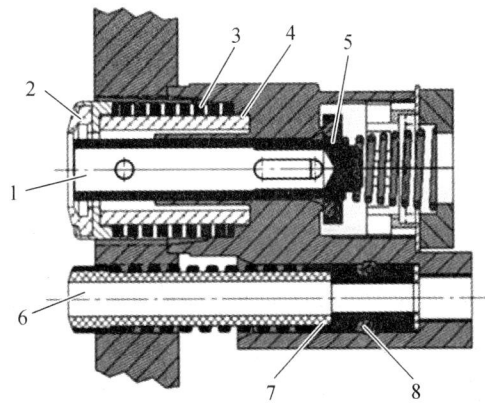

1—总储气管；2—接口管；3—止动弹簧；4—胶管；5—弹簧压阀；6—解钩管；7—弹簧压笼；8—支叉。

图 4-31 风管连接器

接口管一般略高出车钩端面，在整个风管连接过程中起到密封作用。止动弹簧的作用是防止接口管从气缸筒内滑出。

当两车钩连接时，接口管间相互作用，推动弹簧压阀打开，实现气路连通；当车钩解钩时，由于弹簧阀上弹簧的恢复力作用，弹簧压阀关闭，实现气路断开。

解钩风管的风管接头仅在解钩操作期间传导空气，因此不包含压力阀，另设有可沿解钩管滑动的弹簧压笼装置，通过支叉将其固定在解钩管上。

2. 对中装置

对中装置如图 4-32 所示，被三根锁紧螺钉固定在橡胶钩尾座底侧。对中装置可确保在解钩时将车钩保留在其中点，也可以防止车钩横摆。

对中装置主要由外壳、心轴、盘形弹簧、对中销、凸轮盘等组成。

旋转凸轮盘安装在对中装置的外壳内。该凸轮盘与橡胶垫牵引装置的下方轴颈刚性连接，在车钩水平摆动时旋转。凸轮盘周边设置了两条凹槽，两根带滚轴的弹簧式轴柄被压入凹槽中，保证了车钩固定在中间位置。解钩并将车辆分离后，车钩可自动以±15°的摆角重新对中。

三、贯通道

贯通道装置位于两节车厢的连接处，是连接两车辆通道的重要组成部分，是车辆与车辆之间的连接通道，如图 4-33 所示。

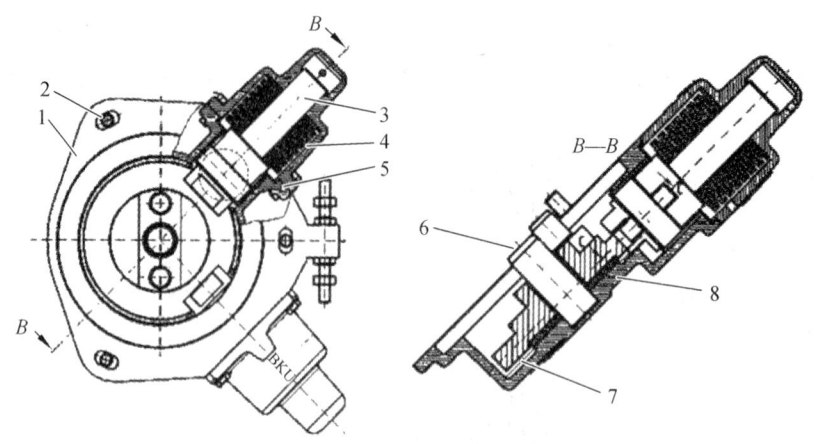

1—外壳；2—锁紧螺钉；3—心轴；4—盘形弹簧；5—垫圈；6—对中销；7—滑动盘；8—凸轮盘。

图 4-32 对中装置

图 4-33 贯通道

贯通道装置使乘客可以在车厢之间走动，从而使乘客均匀分布；通过它可以实现车辆之间的柔性连接，是车辆通过曲线时的关节部位。同时，贯通道装置具有良好的防雨、防风、防尘、隔音、隔热等功能，所以也称风挡装置。贯通道风挡包含两个单体风挡，是车辆上灵活可动的部分，可以让相邻的两个车厢相对运动，并提供乘客一个安全舒适的通道，同时基于风挡的结构，它拥有一个较长的使用寿命。

贯通道分为整体式和分体式。上海、广州、深圳等城市的地铁车辆均为宽体封闭式贯通道，采用分体式结构，如图 4-34 所示。即风挡装置的一半装在每辆车的端部，包括两个配对的可分解的波纹形折棚、两个渡板（车辆侧面）和车辆连挂的滑动支撑等。

（一）波浪折棚组成

波浪折棚是由灵活的棚布波浪组成，底部的双层波浪以及顶部和侧面的双层波浪折棚缝在一起并与铝框连接。波浪折棚通过底部棚布和连接框及螺钉框连接起来，棚布采用双层夹心结构，大大提高了风挡的隔音、隔热性能。

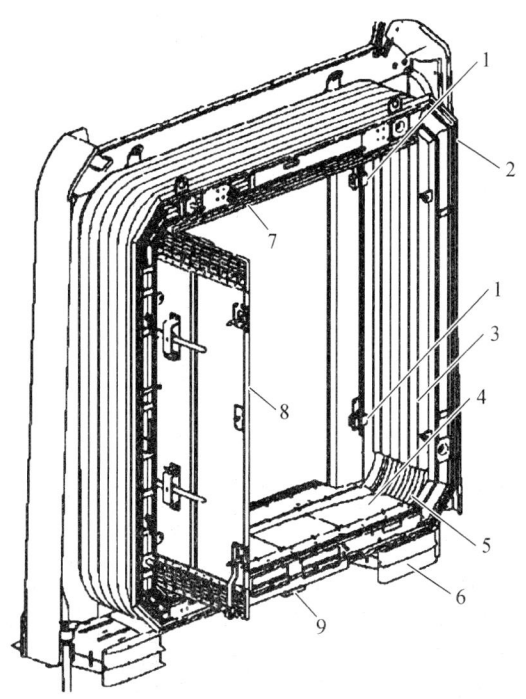

1—紧锁装置；2—连接框；3—双层波浪折棚（顶部侧部）；4—渡板；5—双侧波浪折棚（底部）；
6—防爬装置及能量吸收装置；7—连接顶板；8—移动侧墙；9—滑动支撑。

图 4-34　贯通道结构图

（二）连接框

连接框与螺钉框相同，都是由焊接的铝合金型材制成。在连接框顶部装有两个支架，用以连接连接框侧顶板铰接组件。

连接框包含一个集成的锁紧装置和对中系统。

连接框侧渡板栓接在连接框上，并放置在安装到车厢连挂处滑动支撑的支撑架上。

（三）连接顶板

连接顶板总成包含每个连接框和螺钉框侧的顶板部件。连接框侧的单层顶板嵌在螺钉框侧双层顶板的槽中。

将连接顶板直接装在连接框的优点就是在连挂和解挂过程中，这些组件不会分开。

车厢侧连接顶板通过铰链连接到螺钉框的平面支架上。连接顶板部件可以消除两车厢之间的高度差。

（四）移动侧墙

移动侧墙是由铝合金型材板制成的。两块侧墙板通过销轴装置进行相互运动，以便能适应车厢的相对运动。

侧墙板通过固定在其端口的支架栓接到车厢一侧铰接面进行连接。在另一侧，车厢铰接面的连接通过装在车厢铰接面的上下锁紧装置的销来完成。

(五)滑动支撑

滑动支撑坐落在车钩的贯通道支座上,实现支撑贯通道的功能,它的上部与支撑金属板相连。

(六)渡板、车厢和连接框侧

车厢侧渡板如图 4-35 所示,包含三个支架、两块不锈钢渡板和一个铰链。可移动渡板通过铰接与固定渡板连接。车厢侧渡板支架连接在螺钉框上,并且车厢侧渡板的地板连接在车厢地板上。

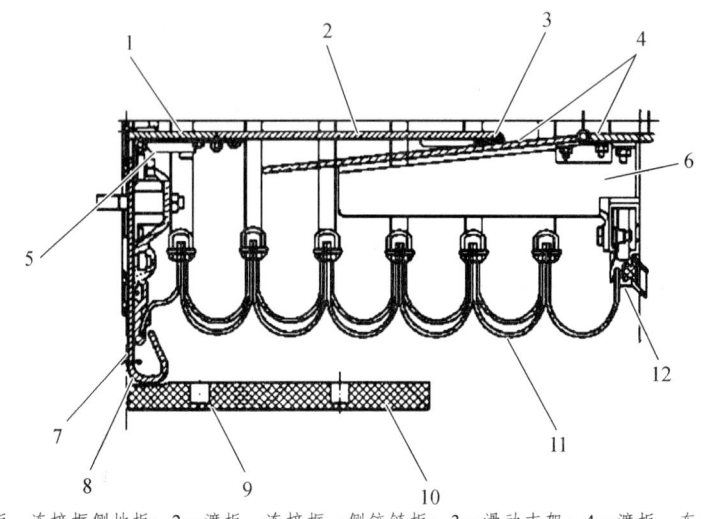

1—渡板,连接框侧地板;2—渡板,连接框一侧铰链板;3—滑动支架;4—渡板,车厢一侧;
5—固定支架;6—支架;7—连接框;8—支撑架;9—连接到车厢连接处固定板;
10—滑动支撑;11—底部双层波浪折棚;12—螺钉框。

图 4-35 渡板装置组成示意图

连接框侧渡板总成包含一个支撑架、一块地板、五个铰链、一个固定支架和四个翻板,每个翻板上安装有一个滑动支架。地板通过铰链与支撑支架相连。四块翻板通过铰链与地板相连。滑动支架安装在翻板的底端。

由于渡板间能相对移动,所以能够抵消高度位移和侧滚运动,能够保障乘客平稳地通过通道。

任务五 电气系统

城市轨道交通车辆电气部分包括车辆电气牵引系统、辅助供电系统和列车控制系统。

车辆电气系统

一、电气牵引系统(主电路)

车辆电气牵引系统包括车辆上的受流器和各种电气牵引设备及其控制电路,它是电传动车辆上高电压、大电流、大功率的动力电路。

牵引系统的作用是：在牵引工况，将变电所传递的电能，转变为车辆牵引所需的牵引力；在电制动工况时，将车辆的动能，转化为电制动力，实现功率的转换和传递。

（一）牵引系统的形式及特点

车辆电气牵引有直流电气牵引系统和交流电气牵引系统两种。

1. 直流电气牵引系统

直流电气牵引系统采用直流牵引电机，牵引控制方式从凸轮变阻调速，发展到斩波调阻变速，控制简单方便。但由于城市轨道交通车辆频繁起动和制动，这两种控制方式使车辆20%的动能转化为电能消耗在电阻上，存在浪费电能的缺点，特别是在地下隧道中会导致隧道升温，易产生不良后果。目前，这种传动控制方式已趋于淘汰。

随着电子技术的发展，直流电气牵引系统的控制方式，发展为微机控制的斩波调压变速方式。斩波调压控制，使用先进的大功率门极可关断晶闸管（Gate Turn-Off thyristor，GTO），利用晶闸管的导通和关断把直流电压转换成方波，用以调整直流电机的端电压。这种调压变速的方式的主要优点是：GTO取消了换流装置，体积和质量均有减少，并可实现无级调整，使车辆平稳起动和制动；将车辆动能转化的电能，储存在电抗器，再反馈到电网。只有在列车电制动，电网不能吸收再生电能时，才由电阻消耗电能，节约能量；电机的电流波动小，提高了黏着能力；结构简单，便于检修。目前，欧洲、加拿大、日本、上海（DC01型）直流电机电动列车均采用这种传动控制方式。

2. 交流电气牵引系统

交流电气牵引系统采用异步电动机和直线电机两种。

异步电动机控制方式，采用微机控制的交流调频调压（Variable Voltage and Variable Frequency，VVVF）技术，主要由输入滤波器、三相逆变线路、制动斩波线路和控制线路组成的牵引逆变器，来控制异步电动机的电压及频率，实现牵引和电气制动。这种控制方式的优点是：VVVF无接点控制，运行可靠，过载能力强；黏着性能好；结构简单，质量小，几乎无须保养和维修。这种传动控制方式，被公认为调速系统中性能最优越的传动控制方式，目前城市轨道交通车辆人都采用这种传动控制方式。

直线电机（线性电机），将传统的旋转电机的定子和转子展开成直线状，改变了传统电动机旋转运动方式为直线运动方式。它使车辆从传统的依赖摩擦的接触驱动方式中解放出来。采用直线电机的车辆，取消了传统的旋转电机，从旋转运动转换成直线运动的机械减速传动机构，从而能达到降低噪声、减小质量；爬坡能力强；由于采用径向转向架，安全过急弯的能力强，可以实现地铁隧道截面的小型化，降低建设成本。直线电机地铁成为21世纪理想的新型城市交通系统，目前直线电机车辆已在加拿大的温哥华、多伦多，美国的底特律，日本的大阪使用，如图4-36所示；中国的广州等轨道交通也获得应用。

（二）牵引系统的主要电气设备

1. 受流装置

受流装置如图4-37所示，它是接受供电的装置。一般城市轨道交通车辆采用直流1 500 V和直流750 V供电。

图 4-36　直线电机车辆

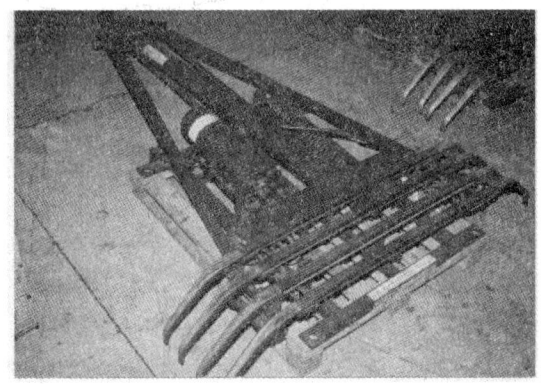

图 4-37　受电弓

直流 1 500 V 供电采用架空线接触网式，车辆采用受电弓受流。由于直流 1 500 V 供电方式，电流小而线路压降低，能量损失少，同时会减少整个牵引系统的电流容量，所以很多城市轨道交通车辆都采用直流 1 500 V 接触网供电的受流方式。

直流 750 V 供电方式，一般采用第三轨供电，在车辆的转向架上，装有受流器（集电靴），如图 4-38 所示。其接触方式分为上部受流和下部受流。上部受流即车载受流器的滑块，与第三供电轨上部接触滑行（如北京地铁 13 号线）；下部受流即车载受流器的滑块，与第三供电轨的下部接触（如武汉轻轨）。

图 4-38　集电靴

2. 高速断路器（高速开关）

高速断路器如图 4-39 所示，在正常情况下，能闭合或断开线路接触网，以达到断电、供电和转换电路的目的。当电网或车辆主电路出现不正常的情况（如短路、过压、欠压）时，高速断路器能自动地把负载从电网上断开。因为这些不正常的情况将危及司机、检修人员和乘客的安全或设备的正常运行，甚至会引起人身伤亡事故或造成电气火灾。为了防止事故的扩大，要求高速断路器动作迅速、可靠，并具有足够的断流容量。

3. 牵引电机

每节动车安装有 4 台牵引电机。牵引电机有直流牵引电机和交流牵引电机两种。直流牵引电机如图 4-40 所示。因为直流牵引电机具有启动性能好、调速范围宽、过载能力强、功率利用充分、运行较可靠的优点，一直作为各种城市轨道交通车辆的主要牵引动力。但由于直流牵引电机必须通过换向器才能工作，结构复杂、体积大、质量大、维修工作量大，逐渐被三相异步牵引电机（交流牵引电机）所取代。

图 4-39　高速断路器

图 4-40　牵引电机

4. 变流设备

按城市轨道交通车辆的供电性质和牵引电机的种类不同，变流设备有"直流—直流"和"直流—交流"两种形式。"直流—直流"变流设备采用斩波器进行调压。它具有线路简单、能耗小、无级调压、车辆起动平稳的优点。采用斩波器调节的电动列车易于实现自动控制并可实现直流电机的再生制动，且从牵引转换到再生制动状态极为方便。"直流—交流"变流设备采用牵引逆变器，通过调压调频（VVVF）技术能在调节频率的同时，相应调节电机的端电压，可以满足列车在起动加速阶段和运行状态下不同牵引性能的调速要求。

5. 制动电阻

采用模块化设计的制动电阻用于城市轨道车辆的电阻制动，承担电机电流中不能再生的部分制动电流，该电阻应有充分的容量来承受持续工作状态下 100% 的制动负载，其中带状电阻条通过制动电流时，以发热的方式将能量传递出去。制动电阻除要求有良好的热容量、耐振动外，还要求能防腐蚀，在高温下不生成氧化层。

（三）牵引系统的工作原理

由受电弓（滑块）将接触网 1 500 V（750 V）电源引入牵引系统，逆变电路的三个相模块组成的逆变桥进行 VVVF（调频调压）变换，在牵引时将直流电逆变成三相交流电，供牵引电机启动、加速；滤波电路是为平抑逆变和斩波造成的电网电压电流的波动和减少谐波。电制动时，电动机工作在发电状态，将动能转变为电能，由逆变桥将三相交流电整流为直流电，通过受电弓送至电网，实施再生反馈制动。当不能进行再生制动时，通过制动斩波器，将电能消耗在制动电阻上，转化为热能散发。

二、辅助供电系统（辅助电路）

城市轨道交通车辆辅助供电系统为列车辅助设备提供电源。早期的地铁、轻轨车辆的辅助设备主要是照明和广播等，辅助供电系统主要采用电动发电机组。随着城市轨道交通车辆的不断更新，人们对乘车安全性、舒适性提出了新的要求，辅助供电系统的功能也日益增加。由逆变器、蓄电池及相应的部件组成的辅助供电系统为辅助设备提供电源，它的工作状态正常与否直接影响整列车的功能，特别是当数辆车发生辅助系统故障时，将引起列车运营能力的下降，导致整个运行线路的中断。

（一）辅助供电系统的组成

辅助供电系统主要由辅助逆变器、蓄电池、中压（380 V）总线、低压（110 V）总线、所有控制器、断路器、继电器、接触器等组成。

1. 直流高压电的传输

辅助系统由 DC 1 500 V 接触网供电，经受电弓传输到列车总线，在线网电压正常情况下，受电弓将高压直流电通过列车总线同时传输给每节车的辅助逆变器。每节车的辅助逆变器处于并联工作状态，这样即使只有一个受电弓工作，所有逆变器都能正常工作，每个辅助逆变器是由接触网提供的 DC 1 500 V 列车线经二极管供电的。在线网电压小于 DC 1 100 V 情况下，为了避免逆变器在不正常情况下工作，此时逆变器将停止工作，如线网电压上升至大于 DC 1 100 V 并持续 3 s 以上时，逆变器重新启动工作。

当电动列车在检修时需做某些测试工作，如空调试验等，考虑工作时的人身安全，此时 DC 1 500 V 接触网断电，采用车间外接电源供电，车间外接电源只有在受电弓落弓条件下，才能接通负载而得电，它们之间的联锁由所有受电弓落弓继电器完成，或由高压电源开关来选择电源（受电弓或车间电源插座）。

2. 中压总线（AC 380 V）和低压总线（DC 110 V）

在列车内负载是在交叉的 AC 网络间分配的，整列车一半的 AC 负载是由两个 AC 网络中的一个供电，当一个 AC 网络发生故障时，由它提供电源的一些重要 AC 负载会自动切换至另一 AC 网络，保证这些 AC 负载能继续工作（如牵引箱的通风冷却风机等）。

蓄电池部件提供紧急电源，每个蓄电池设备以浮充电模式与一个蓄电池充电器相连，列车上的所有蓄电池通过二极管与负载反向隔离,在失去高压的情况下,给主要的直流负载、客室通风和紧急照明供电 45 min。

3. DC/AC 逆变器

DC 网络的电源是由带蓄电池充电设备的 AC/DC 蓄电池充电器通过二极管来提供的。蓄电池充电器内 DC/AC 逆变器提供蓄电池充电和 DC 电源。

(二)辅助供电系统的负载

1. 辅助逆变器

电动列车辅助逆变器(DBU)系统,主要由每节车的逆变器并联组成,如图 4-41 所示,向空调通风、照明、蓄电池充电,向设备冷却风机、直流低压设备提供电源。

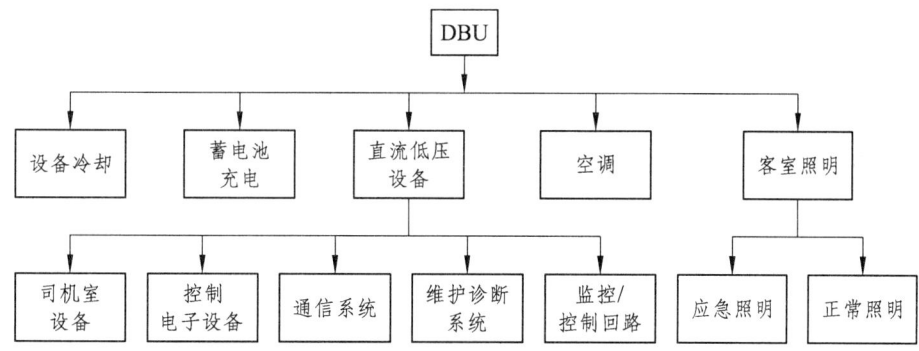

图 4-41 辅助逆变器系统负载示意图

为了保证在某台逆变器发生故障时,列车仍能可靠运行,在负载分配上采取了以下措施:

(1)将整列车的辅助逆变器按其负载的性质分成两组供电系统,一组供电系统为整列车的空调提供电源,这组供电系统由整列车中的几台辅助逆变器并联组成,分别提供本单元每节车辆一台通风空调(每节车有两台通风空调系统)的电源,这样当一台逆变器发生故障时,能保证在每一节车辆上有一台通风空调系统能得电工作。

(2)另一组供电系统由剩余的几台(一般为两台)辅助逆变器组成,它为整列车除空调外的其他设备提供电源。

2. 蓄电池组

城市轨道交通车辆设置蓄电池组,为列车的起动及紧急状况(无高压电源)时列车的直流负载提供电源。

在列车运行过程,若整列车失去牵引电源或辅助逆变器发生故障时,蓄电池的容量也能够为紧急照明、列车控制和监视设备、通信设备、头灯及尾灯、紧急通风设备提供 45 min 的电能。同时 45 min 的时间内,还要求能打开或关闭车门一次,这样列车在失去高压的紧急状况下,主蓄电池保证了列车上的必要设备能继续工作,保障了列车的安全性能。

三、列车控制系统(控制电路)

城市轨道交通车辆及其主要系统,都采用微机进行自动控制。微机控制系统还有自我监控和诊断功能，能够对列车主要设备的运行和故障状态自动进行信息采集、记录和显示，以满足维修和故障分析的需要。

（一）工作原理

城市轨道交通车辆的控制电路，是低电压小功率电路，分为有接点的直流电路和无接点的电子电路。直流控制电路由主控制器、继电器、电气控制的低压部分以及联锁接点组成；无接点的电子电路由微机及各种电子单元组成，如列车牵引控制单元、制动控制单元、空调控制单元等。

（二）组成及作用

控制电路的作用是控制牵引系统与辅助系统各电器的动作，通过司机或检修人员控制车辆的运行。主电路、辅助电路、控制电路在电气设备方面互相隔离，分别装置在操纵台和各种设备箱、电气柜中，但又通过电磁或机械传动等方式，互相联系、互相配合动作，形成完整统一的车辆电气系统，以实现整个列车的正常运行。

1. 主电路控制

主控制器控制主电路，如图 4-42 所示，通过司机控制主控制器的手柄和操纵按钮，控制线路中相关的继电器得电或失电，使相对应的主电路接触器动作，从而控制牵引电机的运转，实现牵引、制动等工况。另外，控制电路中还有许多监控回路，检测列车各工况下的参数，并及时切断主电路中相关的触点，起到保护作用。

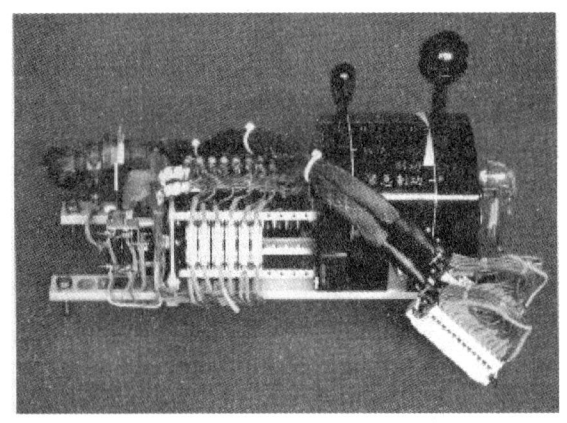

图 4-42　主控制器

2. 辅助电路控制

辅助电路控制系统，主要围绕逆变器从启动到输出工作过程来工作的，在逆变器出现故障或欠压等情况下，采用联锁的方式，将逆变器、蓄电池组或备用电源进行切换，使整个系统在可靠的工况下工作。

3. 列车照明控制

列车照明系统包括客室照明和司机室照明、设备柜照明、头尾灯、目的地灯照明等。当列车处于启动状态时，两节 Tc 车的辅助逆变器正常工作，且主控制器钥匙打开时，司机可以通过操作驾驶台上的客室照明按钮或其他照明的旋转按钮，来开启或关闭照明系统。

4. 车钩监控

列车各车辆的连接是通过位于各车两端的车钩来完成的。司机通过操作驾驶台上的解钩和连挂旋钮，控制解钩电磁阀的通电和断电，进行列车的连挂和分解。车钩电气连接器通过触点连接或电缆传递信号电源和动力电源，形成一个回路来对列车进行控制和监控。对于一些非常重要的列车导线（如制动指令、开关门信号等），一般采用双回路冗余方式，以保证电气连接的可靠性。

5. 空调控制

列车空调控制，通过空调控制单元（ACU）对空调压缩机、空调冷凝风扇和通风风扇等进行控制，来监控和调节客室的温度及通风量。

6. 车门控制

客室车门的开、关动作，由司机在驾驶室，通过按压驾驶室左、右侧壁上的开关门按钮完成。该按钮带车门状态指示，可使司机了解客室车门当前所处的开关状态。门控系统采用继电器控制的方法，完成整个控制过程。一旦车门发生故障，司机室故障显示屏上会及时显示故障车门的部位，以让司机尽快做出反应，及时处理。列车门控系统还具备与列车控制系统的监控保护联锁功能，即在列车行驶过程中，不能打开车门。在车门打开状态或门控出现故障时，列车将不能起动行驶。在列车行驶途中若有紧急状况，有人拉下客室内的紧急拉手时，列车会施加紧急制动。

7. 列车运行自动控制

ATC 系统的车载信号系统将收到的列车运行目标速度或目标距离数据信息，送至列车控制的系统处理 CPU（中央处理器），实现列车自动运行控制；另外，列车超速控制器的 CPU，接收来自系统处理 CPU 的限制速度信息和来自速度传感器的列车实际信息，当列车实际速度超出 ATP 限速，出现超速状态，在自动运行模式下，列车将自动调整速度，在人工模式时由司机采取措施减速，以确保列车在目标速度限制下的安全运行。

当列车在"ATO"模式下运行时，不仅可以实现上述列车运行速度的自动调整，而且可以实现列车在车站的程序定位停车控制；当列车到达定位停车点，由超速 CPU 进行零速检测，零速检测信息返送至系统处理器，确认列车在定位停车点已经停稳后，由车站 ATP 子系统自动传送列车车门控制信息，司机看到该信息后，可以开启列车门；与此同时，由列车 ATC 系统向站台屏蔽门控制系统，传送开启与列车编组相对应的屏蔽门信息。

所以在 ATC 系统的控制下，列车可以实现在区间运行时的速度自动调整，以及在车站的程序定位停车控制；在"ATO"控制的情况下，司机在确认收到允许列车发车信息后，按压"出发按钮"，列车就会自动运行；另外，列车门的开启和关闭也是在车载信号系统的监督下，由司机操纵。无人驾驶的条件下，上述司机操纵功能都由车载信号系统完成。

任务六 制动系统

对于城市轨道交通车辆来说，为了使运行着的列车能迅速地减速或停车，必须对它施行制动；为了防止列车在下坡道上运行时由于列车的重力作用导致列车速度增加，也需要对它施行制动；同时为避免停放的车辆因重力作用或风力吹动而溜车，还需要对它施行制动（称为停放制动）。对已经施行制动的列车，为了使其重新起动或再次加速，必须解除或减弱其制动作用，这种做法称为列车制动缓解。

为了能施行制动或缓解制动，需要在列车上安装由一整套零部件组成的一个完整的制动装置，总称为列车制动系统。

一、制动系统概述

（一）制动基本概念

1. 制动力

要改变运动物体的运动状态，必须对它施加外力。由制动装置产生的，与列车运行方向相反的外力，称为制动力。制动力是人为的阻力，它比列车在运行中由于各种自然原因产生的阻力要大得多。因此，尽管在列车制动减速的过程中，列车运行阻力（自然阻力）也在起作用，但起主要作用的还是列车制动力（人为阻力）。

2. 制动距离

从列车自动控制系统自行实施制动或司机手动施行制动（将司机控制手柄拉至制动位）的瞬间起，到列车速度降为零的瞬间止，列车在这段时间内所行驶过的距离，称为列车制动距离。这是综合反映列车制动效果的主要技术指标。有的国家不用制动距离而用（平均）减速度作为其主要技术指标，其实两者的实质是一样的，只是制动距离较为具体，而减速度较为抽象而已。

3. 制动能力

列车的制动能力是指能使列车在制动系统的作用下在规定的制动距离内安全停车的能力，一般情况下用安全制动距离来表征列车的制动能力。

4. 制动功率

从能量的角度看，制动的实质就是将列车上的动能转移出去，其转移动能的能力就是制动功率。从安全的目的出发，一般列车的制动功率要比驱动功率大 5~10 倍。

（二）制动方式

1. 按城市轨道列车动能转移方式分类

列车动能的转移方式可以分为两类：

一是摩擦制动方式，即动能通过摩擦副的摩擦转变为热能，然后消散于大气。城市轨道交通车辆常用的摩擦制动方式有闸瓦制动、盘形制动及轨道电磁制动（一种补充制动方式）。

二是动力制动方式，即把动能通过牵引电机转化为电能，转化而来的电能处理方式有两种：反馈给供电接触网或消耗在车辆底部的制动电阻上，分别称之为再生制动和电阻制动。

2. 按制动力获取方式分类

列车的制动方式按其制动力的获取方式分类，可分为黏着制动与非黏着制动。

1）黏着制动

纯滚动状态：车轮与钢轨的接触点无相对滑动，车轮在钢轨上做纯滚动。这时车轮与钢轨之间为静摩擦，车轮与钢轨之间可能实现的最大制动是轮轨之间的最大静摩擦力。这是一种难以实现的理想状态。

滑行状态：车轮在钢轨上滑行，这时车轮与钢轨之间的制动力为二者的动摩擦力。这是一种必须避免的状态。由于动摩擦系数远小于静摩擦系数，因此一旦发生这种工况，制动力将大大减小，制动距离延长；同时车轮在钢轨上长距离滑行，将导致车轮踏面的擦伤，危及行车安全。

黏着状态：制动时车轮在钢轨上处于连滚带滑（基本上是滚动）的状态，这种状态称为黏着状态。黏着状态下，车轮与钢轨间的最大水平作用力称为黏着力。依靠黏着滚动的车轮与钢轨黏着点之间的黏着力来实现车辆的制动称为黏着制动。黏着状态是轨道车辆运行时，车辆与钢轨间最常见的一种状态。

2）非黏着制动

制动时，制动力大小不受黏着力限制的制动方式称为非黏着制动。即非黏着制动的制动力不从轮轨之间获取，因而它可以得到较大的制动力。

显然，在上面曾经介绍的制动方式中，闸瓦制动、盘形制动、电阻制动和再生制动均属于黏着制动；而磁轨制动则属于非黏着制动。

3. 按制动原动力分类

在目前电动车组所采用的制动方式中，制动的原动力主要有压缩空气和电。以压缩空气为原动力的制动方式称为空气制动方式，如闸瓦制动、盘形制动等都为空气制动方式；以电为原动力的制动方式称为电制动方式，如电阻制动和再生制动。

二、供风系统

供风系统是向整个列车提供压缩空气的气源。它不仅针对空气制动装置，而且也为其他用风部件提供风源，如车辆二系悬挂设备、车门控制装置、气动喇叭、刮雨器、受电弓气动控制设备和车钩操作气动控制设备等。供风系统主要由空气压缩机组、风源设备（风缸）及其他空气管路部件等组成。

（一）空气压缩机组

一般城市轨道交通列车是以单元为编组的，所以供风系统一般也是以单元为单位来设置的。每一个单元设置一个空气压缩机组，安装在该单元其中一节车的底架上[有安装在每个单元 A（Tc）车上的，也有安装在每个单元 C（M）车上的]。

一套空气压缩机组包括电动机、空气压缩机、空气干燥器和压力控制开关等。空气压缩机组弹性安装在底架上，这样有利于减小空压机的振动幅度，如图 4-43 所示。

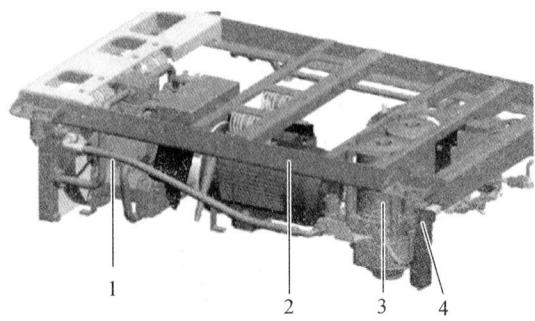

1—空气压缩机；2—框架；3—空气干燥器；4—微孔滤油器。

图 4-43　空气压缩机组布置图

（二）储风设备（风缸）

城市轨道车辆中，每节车辆底部一般都设有一套储风设备，储风设备是指专门给用风设备供风的设备。

储风设备的主要部件有主风缸、制动风缸和悬挂风缸。主风缸调节来自压缩机的压力空气；压力空气进入下一级用风系统前先储存于主风缸中。制动风缸直接向单元制动器提供压缩空气，避免主风管路产生抽气现象。悬挂风缸直接向二系悬挂提供所需的压缩空气。储风设备在车底的布置方式形式多样，如图 4-44 和图 4-45 所示的是一种集成化较高的车底设备布置方式。

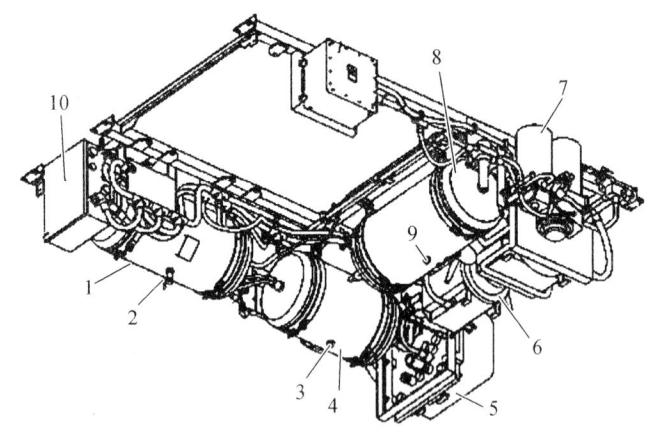

1—主风缸；2—排水塞门；3，9—排气堵；4—空气悬挂风缸；5—空气制动控制单元；
6—空压机；7—空气干燥器；8—制动风缸；10—电子制动控制单元。

图 4-44　带空压机组的车底风缸布置

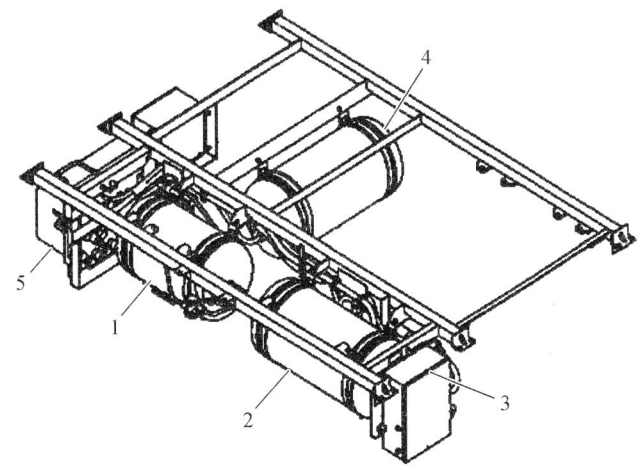

1—空气悬挂风缸；2—主风缸；3—电子制动控制单元；4—制动风缸；5—空气制动控制单元。

图 4-45　不带空压机组的车底风缸布置

三、制动控制系统

制动控制系统是空气制动装置的核心，接收司机或自动驾驶系统（ATO）的指令，并采集车上各种与制动有关的信号，将指令与各种信号进行处理并计算，得出列车所需的制动力，再向电制动装置和空气制动装置发出制动信号。牵引控制系统将能够产生的电制动力通过电信号的方式反馈给制动控制系统，它再通过运算得出相应的空气制动力，从而实现列车的制动减速度要求。

制动控制系统主要由电子制动控制单元（Electrical Braking Control Unit，EBCU）、空气制动控制单元（Braking Control Unit，BCU）和电气指令单元等组成。

（一）电子制动控制单元

传统的城市轨道交通车辆不存在电子制动控制单元。因为那时的列车仅靠压缩空气作为唯一的制动源而没有动力制动；而电磁式制动机虽然采用电气指令控制，但它们只是通过司机制动控制器（电-空制动控制器）进行励磁和消磁，从而控制列车的制动或缓解，准确性不高。

随着电子技术的迅速发展，特别是微机技术的发展，列车制动控制再也不靠司机的头脑判断了，而由微机综合列车运行中的各种参数，经过运算和判断，给制动执行系统发出精确的制动指令。以微机为中心的电子控制装置即为电子制动控制单元（EBCU）。

电子控制单元的主要功能有以下几点：

（1）根据司机室控制指令，通过对本车载荷的计算及冲动限制要求，对牵引控制单元（Traction Control Unit，TCU）发出电制动力增减信号，通过接收本车 TCU 与邻车 EBCU 制动反馈指令调节本车空气制动力的大小，对 BCU 发出与常用制动力成比例的控制信号。

（2）在列车制动过程中始终收集列车所有轮对速度传感器发来的速度参数，对轮对在制动中出现的滑行进行监视。一旦发现滑行，立即发出防滑信号并采取防滑措施。

（3）对列车制动过程中的各种参数和故障进行监视和记录。

近年来，集成电子技术越来越多地融入制动系统，机电一体化元件的出现，使电子制动控制单元、微机制动控制单元和制动控制电子装置等已经逐渐被机电一体化组合件（智能阀、网关阀和远程控制阀等）所替代。这些新的元件不仅保留并扩大了原先电子制动控制单元的所有功能，还承担起网络通信的职能。例如克诺尔公司提供的 EP2002 制动系统已经没有了独立的电子制动控制单元，其功能已完全融入网络控制系统的新元件中。

（二）空气制动控制单元

空气制动控制单元（BCU）是制动系统中电制动和空气制动的转换控制部件，即控制电子、电气信号与气动信号之间的转换。一般空气制动控制单元由各种不同功能的电磁阀和气动阀组成。

空气制动控制单元的组成，根据各制造厂商的产品系列和电气指令的模式不同也有很大的区别，但基本上都包含 EP 阀、中继阀和空重车调整阀等。

1. EP 阀

EP 阀又称为控导阀，也称为模拟转换阀，一般由电磁线圈、铁心、顶杆和活塞等组成。从功能上来看，EP 阀具有将电流信号转换成空气压力信号的功能，并且空气压力信号与励磁电流呈一定比例关系。

2. 中继阀

中继阀的结构大多是上部为给排气阀，下部为腔体。腔室中是活塞和膜板，活塞和膜板带动有空心通路的顶杆上下移动。

中继阀是一个将电信号转换成压力空气的电磁阀，只是电信号不是由励磁电流的变化产生，而是通过电磁阀励磁线圈励磁和消磁状态的不同组合，将多个电信号输入转换成对应空气压力输出。此外，中继阀还具有气流放大的作用。

3. 空重车调整阀

空重车调整阀根据输入空气弹簧的压力信号，即车辆载重的变化，输出一个空气压力信号，并通过中继阀使单元制动机风缸保持一个恒定的制动力。

由于电子技术的发展，现在许多空重车调整信号已经直接将空气弹簧压力转换成电子信号传输给 EBCU，空重车调整阀输出的空气压力信号在常用制动时几乎不起作用。但是在紧急制动时，空重车调整阀输出的空气压力信号还是可以越过中继阀，对紧急制动起到限制冲动的作用。

从以上介绍中可以看出，空气制动控制单元虽然是一个以气动元件和气路为主组成的系统，但它的控制不仅有腔室、膜板、活塞和弹簧等气动控制方式，还有电磁线、铁心和电-气转换元件等电气控制方式。

随着集成电子技术越来越多地融入制动系统及机电一体化元件的出现，与电子制动控制单元一样，空气制动控制单元也将被机电一体化元件所替代。

（三）制动模式

为配合满足以上列车制动系统的特点要求，在列车制动系统的操纵方式上有以下几种制动模式可供选择。

1. 常用制动

常用制动是在列车正常运行情况下调节和控制列车运行速度的主要措施,作用比较缓和,制动力可以人为调节。

在常用制动模式下,动力制动和空气制动一般都处于激活状态,以便于电制动和空气制动之间平滑转换。常用制动时,第一优先再生制动,这取决于接触网线路的吸收能力,即与网压高低有关;第二优先电阻制动,承担不能再生的那部分制动电流;第三优先空气制动,在列车运行的高速及低速区段,由于牵引电机自身的特性限制,其电制动力无法满足制动减速度的要求,因此需要提供一定的空气制动力来满足制动的要求。常用制动时还需提供防滑保护和冲击限制功能。

2. 紧急制动

紧急制动是列车在出现事故等紧急情况下,仅靠空气制动来实现列车停车的一种制动方式。其目的是要求列车尽快停止运动,因此其制动作用比较猛烈,制动力为制动装置的全部制动能力。另外,紧急制动装置经常有冗余设备,其可靠性非常高,以确保在列车发生断电、车体分离等紧急情况下也能保持制动效果,这与常用制动有着一定的区别。

目前运营的地铁车辆紧急制动减速度都在 1.2 m/s^2 以上,全部由空气制动执行。紧急制动命令不可逆,一经施加,不能撤除,直至列车停车。

紧急制动可由以下系统触发:紧急按钮、ATP 系统、控制电源失电、司机台上紧急按钮按下、紧急制动回路失电、列车超速、车钩断钩等。

紧急制动一经触发,列车安全回路中断。触发信号同时传输给列车控制单元和牵引控制单元,牵引控制单元中断牵引系统工作。紧急制动过程中列车滑动防护和冲击保护功能失效。

3. 快速制动

快速制动是为了使列车迅速停车而实施的制动,其制动力高于常用制动,与紧急制动的制动力相当(上海、广州地铁的快速制动力高于常用制动的22%)。这种制动方式是在紧急情况下、制动系统各部分作用均正常时所采取的一种制动方式,其特点与常用制动相同,制动过程可以实行缓解。与常用制动中制动优先级的选择相类似,快速制动也应尽可能充分发挥动力制动的作用。早期的城市轨道交通车辆的快速制动大多采用纯空气制动形式,如上海轨道交通 1、2 号线,而目前城市轨道车辆的快速制动一般采用动力制动和空气制动联合制动形式,如上海轨道交通 3 号线。

4. 停放制动

停放制动是为了防止列车启动前发生溜车现象而实施的制动。列车停放制动采用弹簧力来产生制动作用,其大小不随时间变化,一般用于司机行车检查或车库停车等列车较长时间的停放。它采用"停放制动缸充风,停放制动缓解;停放制动缸排风,停放制动施加"的模式,采用每节车单独控制。另外,为了使列车在无风状态下也能缓解,停放制动还有手动缓解功能。停放制动应满足在满负载情况下车辆可以安全可靠地停放在 3.8% 左右的坡道上,而不发生溜车现象。

5. 保压制动

保压制动是为防止列车在停车前产生冲动,使列车平稳停车而实施的制动。保压制动是通过 EBCU 内部设定的程序来实现控制的。它分两个阶段实施:

第一阶段:当列车制动到速度小于某个临界值时,牵引控制单元触发保压制动信号,同时传输给 EBCU,由牵引控制单元控制的电制动逐步退出,而由 EBCU 控制的空气制动来代替。

第二阶段:接近停车时(如列车速度小于 0.5 km/h),一个小于制动指令的保压制动由 EBCU 开始自动实施,即瞬时将制动缸压力降低到一定范围,直至列车停止。

另外,保压制动与停放制动一样都具有防止列车在启动前发生溜车现象的作用,不同的是,停放制动的释放需司机手动操纵,而保压制动是运行中的列车在停车时通过 EBCU 自行释放的。

四、基础制动装置

（一）闸瓦制动装置

闸瓦制动是最常用的一种制动方式,其制动原理如图 4-19 所示。制动时闸瓦压紧车轮,轮、瓦间发生摩擦,电动车组的动能大部分通过轮、瓦间的摩擦变成热能,经车轮与闸瓦最终逸散出去。在闸瓦与车轮这一对摩擦副中,车轮由于主要承担着车辆走行功能,因此其材料是不能随意改变的。要改善车辆的制动性能,只能通过改变闸瓦材料的方式。早期的闸瓦材料主要是铸铁。为了改善摩擦性能和增加耐磨性,目前城市轨道交通车辆中大多采用合成闸瓦。但合成闸瓦的导热性较差,因此目前也有采用导热性能较好,且具有较好的摩擦性能和耐磨性的粉末冶金闸瓦。

在闸瓦制动时,列车的动能在很短时间内均转化为热能,但这对摩擦副散热能力相对较小。当要求的制动功率较大时,有可能导致热能来不及散于大气,而在闸瓦与车轮踏面积聚,使它的温度升高,严重的甚至会导致闸瓦熔化或车轮踏面产生裂纹等。因此,在采用闸瓦制动时,制动功率不宜过大。

城市轨道车辆上的闸瓦制动装置目前基本采用单元制动器形式,主要原因是转向架的安装空间有限,特别是动车的转向架,采用单元制动器形式可以有效解决传统基础制动装置的安装问题,并便于满足维修更换时的需要。

城轨车辆采用的单元制动器一般有两种形式：带停放的单元制动器和不带停放的单元制动器,如图 4-46 和图 4-47 所示。

（二）盘形制动装置

盘形制动装置如图 4-20 所示,它有轴盘式和轮盘式之分。一般拖车采用轴盘式盘形制动装置；对于动车,由于轮对中间设有牵引电机等设备,使安装制动装置较困难,一般采用轮盘式盘形制动装置。制动时,制动缸通过制动夹钳使闸片夹紧制动盘,在闸片与制动盘间产生摩擦,把电动车组的动能转变为热能,热能通过制动盘和闸片散于大气。因盘形制动能双向选择摩擦副,所以可以得到比闸瓦制动大得多的制动功率。

图 4-46　不带停放的单元制动器　　　　　图 4-47　带停放的单元制动器

（1）盘形制动装置代替闸瓦对车轮踏面的摩擦，减少车轮磨耗，延长了车轮的使用寿命并改善了运行品质，保证了行车安全。

（2）盘形制动装置散热性能比较好，所以摩擦系数稳定，能较容易得到较为恒定的制动力。它的热容量允许它具有较高的制动功率。

（3）由于可以相对自由地选择制动盘和闸片的材料，使这一对摩擦副具有最佳的制动参数。因此可以减小闸片压力，制动缸及杠杆的尺寸都可以减小，减轻了制动装置的质量。

（4）盘形制动的闸片面积比闸瓦制动的闸瓦面积大，承受单位面积压力小，它的磨耗也相对较轻。

（5）盘形制动代替闸瓦制动后，使轮轨之间的黏着系数会有所降低。

（三）轨道电磁制动装置

轨道电磁制动也叫磁轨制动，如图 4-48 所示。在转向构架侧梁 4 下通过升降风缸 2 安装有电磁铁 1，电磁铁下设有磨耗板 5，制动时将电磁铁放下，使磨耗板与钢轨吸住，电动车组的动能通过磨耗板与钢轨的摩擦转化为热能，然后经钢轨和磨耗板最终散于大气。轨道电磁制动能得到较大的制动力，因此常被城市轨道车辆和高速铁路车辆用作紧急制动的一种补充制动手段，在我国的轨道车辆上较少采用。

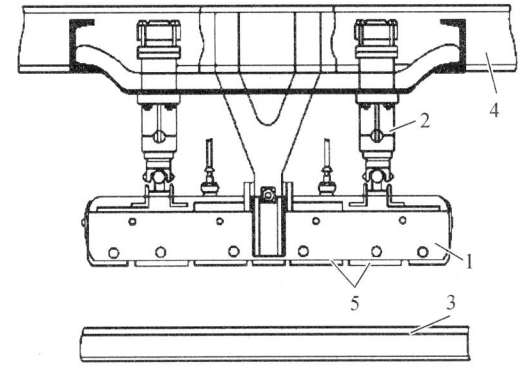

1—电磁铁；2—升降风缸；3—钢轨；4—转向构架侧梁；5—磨耗板。

图 4-48　磁轨制动

五、防滑控制系统

当前,城市轨道交通车辆正朝着安全性、高速性和舒适性的方向发展。目前的城市轨道交通车辆普遍配备动力制动装置,在提高车辆单轴牵引功率和制动功率的同时,也带来了因制动力过大而导致列车制动滑行的安全隐患。列车制动滑行会产生轮轨发热、轮轨擦伤等现象,严重时还会使线路失稳。因此,有效地防止列车制动滑行显得极为重要。

(一)防滑控制系统的基本结构与功能

典型的防滑控制系统主要由控制单元、速度传感器与机械部件防滑阀组成。其中,控制单元是防滑控制系统的核心部分,如图4-49所示为电子防滑控制装置的示意图。

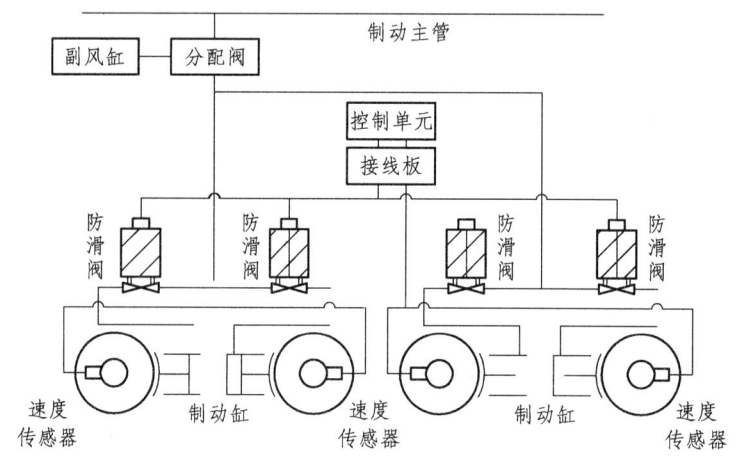

图4-49 电子防滑控制装置

防滑控制系统装置的功能是:一旦检测到因外界因素或较大的制动力引起黏着系数下降时,就立即实施控制,尽快使黏着恢复。而这种恢复应尽量接近当时条件所允许的最佳程度,即再黏着恢复必须充分提高黏着利用率。

(二)防滑控制系统的工作原理

防滑控制系统的形式是多种多样的,但工作原理基本相同。列车制动时,当车轮由于轨道污染、气候潮湿或者制动力过大而被"抱死",轮轨间立即产生滑行。在这一瞬间,该车轮的减速度必然大大超过列车的减速度,而达到一个相当大的值。也就是说,被"抱死"的车轮与其他正常运行的车轮之间有一个很大的速度差。防滑控制系统可以通过速度传感器检测出列车的正常速度,以及列车与"抱死"车轮间的速度差。这两个检测信号被传送到防滑控制系统的控制单元,控制单元根据比较和判断,然后发出防滑指令,使该车轮的制动力迅速下降,快速缓解车轮的滑行。当滑行消失,控制单元得到速度信号后,重新发出指令,恢复该车轮的制动力。

目前,各种防滑控制系统在判断滑行时,使用了许多判据。这些判据主要有速度差、减速度、减速度微分和滑移率。其中速度差和减速度使用最为普遍。但无论采用哪一种判据,都把防滑和充分利用黏着作为主要目的。

任务七　空调通风系统

城市轨道交通的运输任务是运送短途乘客,这就要求客室内清洁卫生,而且是舒适的环境条件。根据人们的生活实践和人体生理卫生上的要求以及车内的特点,影响车内人体卫生和舒适性的主要因素是:客室内的空气温度和相对湿度;人体周围空气的流动速度;客室内空气的洁净度。

随着空气调节技术的普遍应用和乘客对乘车环境舒适性要求的不断提高,近几十年来,在城市轨道交通的列车上安装空气调节设备得到了广泛重视。

一、空调通风系统的组成

（一）通风系统

通风系统一般是指机械强迫通风,由离心式通风机、可调式进风口、滤尘装置、主送风道、支送风道、回风道、废排风道等组成。

（二）空气冷却系统

车辆空调主要采用蒸汽压缩式制冷设备,由压缩机、冷凝器、蒸发器、膨胀节流阀或毛细管节流装置四大部件组成,并辅以冷凝风机、送风风机、储液筒或气液分离器、压力继电器、干燥过滤器等辅助部件,组成一个完整的制冷系统。车内外的空气经过制冷机组的蒸发器降温除湿后,由离心式通风机送入送风道,以保证夏季客室内空气的温度达到指定的范围。

（三）空气加热系统

空气加热系统一般包括对进入车内的空气进行预热和对客室内的热损失进行补偿,在冬季,由通风机吸入车内的空气必须经过预热处理,而且由于冬季的客室内热损失较大,所以必须加设取暖装置,以补偿客室内的热损失,从而保证冬季车内空气的温度达到指定的要求范围。目前,大多数车辆空调中采用的加热装置为电加热器。

（四）空气加湿系统

空气加湿系统用来调节客室内空气的相对湿度。

（五）调节和控制系统

为使上述设备运行达到规定的要求,在车内设置了控制调节系统,可以人工控制、自动控制和集中统一控制。

二、空调通风系统的原理

（一）集中式单元空调机组

六节编组电动列车分为两个单元,每节车辆上都设有两台集中式单元空调机组,分别位于每节车辆车顶的两端,如图4-50所示。

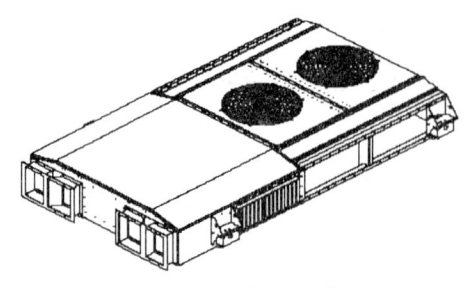

图 4-50　空调总成

为了使车辆的外形轮廓不超出车辆静态限界,特在车顶两端设计了两个专用于安装空调单元的凹坑,并在安装空调单元的机座上衬垫减振橡胶以减小相互间的振动影响。

(二) 空调系统的启动与监控

空调系统的启动、工作与监控,都是由设在每节车辆电器柜中的空调控制单元来实施自动控制、自动调节及本单元制冷压缩机的顺序启动,以免多台压缩机同时启动,启动电流过大,导致辅助逆变器负载过大而损坏。

空调系统的电源,由车辆辅助逆变器提供。其中 A 车的逆变器,提供控制系统的电源;B 车的辅助逆变器,承担各一个单元的空调机组的电源;而每节车的另一个单元的空调机组则由 C 车的逆变器供电,这样可避免因一个逆变器故障,而造成单节车的空调机组全部停机。

另外,电动列车每节车,或每台空调还设有一台紧急逆变器,在 1 500 V 直流供电中断时,将列车蓄电池直流电源逆变成三相交流电,以供列车 45 min 的紧急通风使用。

(三) 单元空调机组制冷系统循环原理图

在系统中,由压缩机压缩成高温高压的 R407C 蒸气,进入风冷冷凝器经外界空气强制冷却,冷凝成高压常温液体,然后进入毛细管节流降压,变成低温低压的液体进入蒸发器,吸收流过蒸发器的空气的热量,蒸发成低压蒸气,被压缩机吸入,完成一个制冷循环。压缩机不断工作,达到连续制冷的效果。图 4-51 为列车空调机组制冷系统循环原理图。

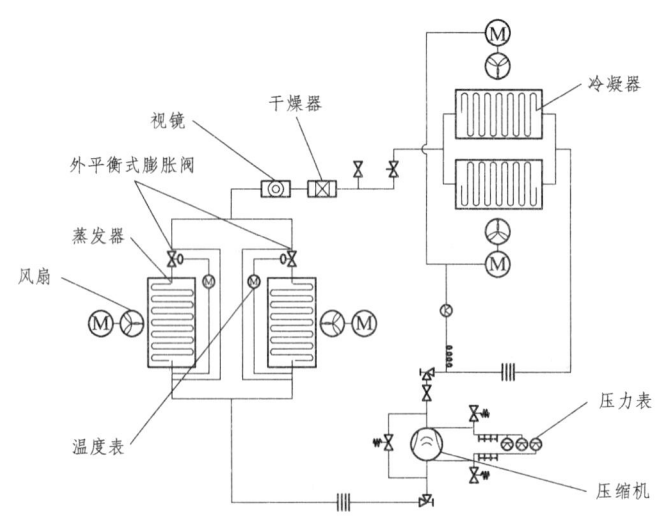

图 4-51　电动列车空调机组制冷系统循环原理图

（四）车辆客室气流组织

城市轨道交通车辆客室气流组织，主要考虑气流、风速及温度的均匀，满足乘客舒适度的要求。因此，客室的送风口应贯穿整个车厢，并且要求乘客停留区的风速，地板以上 1.2 m（座位区）和 1.7 m（站立区）处，测量所得的平均值应不大于 0.5 m/s。在上述高度测得的最高风速应不超过（0.7±0.2）m/s。图 4-52 为客室气流示意图。

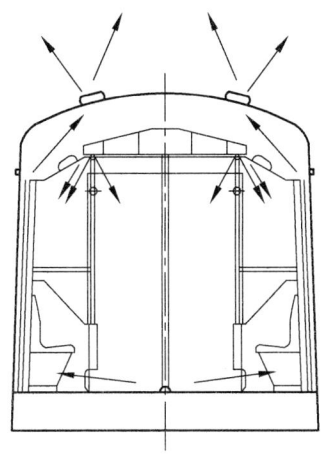

图 4-52　客室气流示意图

思考与练习

1. 轨道交通车辆由哪几部分组成？
2. 转向架是车辆最主要的组成部分之一，它主要由哪几部分组成？转向架的主要作用是什么？
3. 为什么要采用弹性悬挂装置？
4. 简述城市轨道交通车辆常用车钩缓冲装置的种类以及它们的结构和作用原理。
5. 城轨车辆车体轻量化的意义是什么？
6. 城轨车辆的性能参数主要有哪些？
7. 车辆制动有哪几种形式？
8. 简述车钩缓冲装置的基本组成和功能。
9. 空调系统主要由哪几部分组成？

项目五　轨道交通供电系统

城市轨道交通的供电系统是负责为其正常提供所需要电能的重要部分。城市轨道交通列车采用电力牵引,其动力是电能;此外,为运营服务的辅助设施包括照明、通风、空调、排水、通信、信号、防灾报警、自动扶梯等,也都依赖并消耗电能。高度安全、可靠而经济合理地供给电力是城市轨道交通正常运营的重要保证和前提。

任务一　供电系统的组成及作用

一、供电系统的组成

城市轨道交通供电系统由五部分组成,即外部电源、主变电所(或者电源开闭所)、牵引供电系统(包括牵引变电所和牵引网)、动力照明系统(包括降压变电所与动力照明配电系统)、电力监控系统,如图 5-1 所示。

供电系统的组成

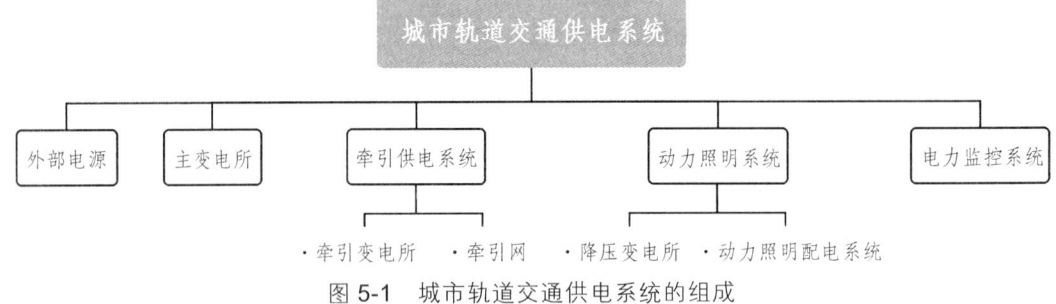

图 5-1　城市轨道交通供电系统的组成

城市轨道交通的外部电源来自城市电网,无须单独建立电厂。这个外部供电系统通过发电厂(站)发出电能,经过升压后通过高压输电网送到城市,再经过区域变电站和主降压变电站连入城市。城轨供电系统从与城市电网相连的主降压变电站获得电能后,在牵引变电所中将外部电源的交流高电压经过变压器进一步降压。我国目前大城市中地铁主要的外部电源供电方案是 35 kV 的集中供电和 10 kV 的分散供电。与我们日常生活中使用的市电不同,降压以后的交流电要再经过变流系统转换成直流电供给动车,这是因为我国的城市轨道交通都是将直流电与动车相连,使动车获得能量的。主要的牵引供电制式有 DC 1 500 V 和 DC 750 V,如图 5-2 所示。

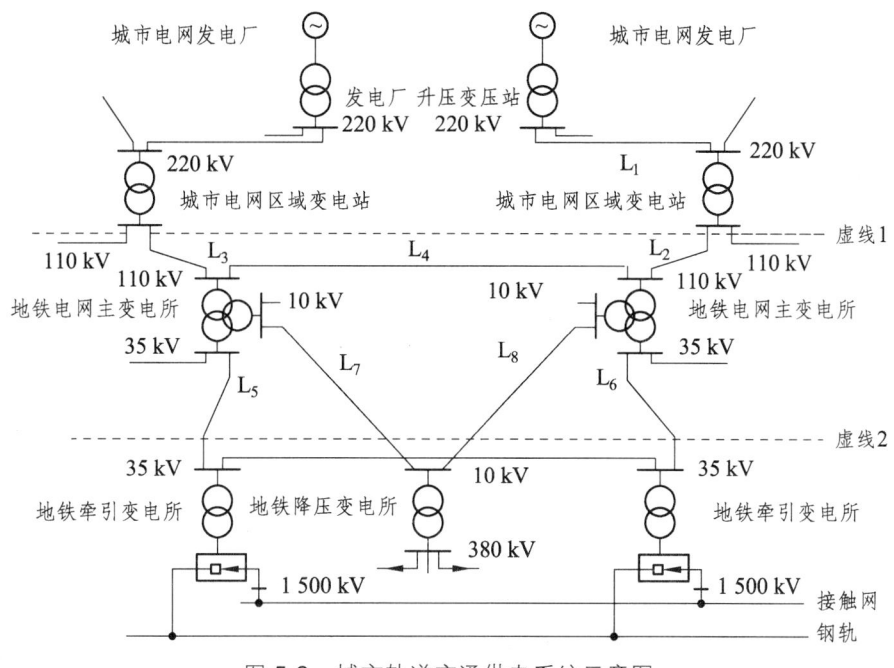

图 5-2 城市轨道交通供电系统示意图

二、供电系统的基本要求

（一）供电系统必须可靠

城市轨道交通电动列车和车站设备都是为乘客提供服务的设备，在正常运营过程中，一旦供电受阻，受影响最大的是行车和客运两个部门。所以城市轨道交通供电系统，必须具有高度可靠性。

供电系统的基本要求

为此，各变电站采用两路进线，并互为备用的设计模式；电源容量设计时应为发展留有余地；而且应选用先进、可靠的电气设备，采用模块化的计算机控制系统，实现实时监控，调度自动化的运行模式；以专人定时巡视检查为辅助手段。

（二）供电系统必须满足不同用户的需要

城市轨道交通供电系统内各用电单位，对供电有不同的要求，为了满足各单位的用电要求，首先对供电负荷进行分类。

1. 按供电对象的重要性分类

1）一级负荷

对于城市轨道交通电动列车驾驶、通信、信号设备和消防设备等用户，必须确保不间断供电；为此，必须采用两路独立的电源供电，当任何一路电源失电发生故障中断供电后，应自动迅速切换至另一路电源，保证一级负荷的用电需求。

2）二级负荷

对于城市轨道交通车站照明、自动扶梯等，应确保连续供电，万一停电只会影响客运服务质量，但并不影响列车运行安全；设计时，一般采用两路进线电源，再分片、分区供给。

3）三级负荷

对于城市轨道交通的商业用电、广告照明等，应确保其正常供电，这些用户并不直接影响客运服务质量，并且其用电可根据电网负荷情况进行调整。

2. 按用户负荷变化及用途分类

（1）负荷变化不大的低压交直流负荷。此类符合要求很高的供电可靠性和良好的供电质量，如变电站控制设备的低压交直流负荷。

（2）负荷变化大的直流供电。它们对供电及其设备的可靠性要求高，用电量随客运的高峰低谷变化而变化。如客运列车是城市轨道交通供电系统中的最主要负荷，而且是直流负荷。在夜间列车停运时负荷为 0。

（3）负荷变化大的交流供电。车站用户多为低压用户，如车站电梯和自动扶梯、环控设备、照明、售检票系统、消防报警系统、给排水系统、通信、信号等。这些用户在客运时段是用电高峰，列车停运时是用电低谷，而且必须向通信、信号专业设备提供 24 h 不间断的连续供电。

（4）夜间供电。停车场的车辆维修作业区等夜间用电用户需要夜间供电。白天列车运行的时段，由于绝大部分的电动列车都在正线运行，因此，列车检修用电是低谷，反之在夜间客运中止，回库列车的检修作业用电是高峰时段。

（5）非重要用户，如车站商业等不直接影响运营质量的用户尽管其用电量较大，但这些用户和列车运营没有直接关系，将这些用户归类为非重要用户。

任务二　变配电系统

一、供电方式

城市轨道交通的规划呈现网络化的格局，供电方式的选择不应局限在单一的线路上，应结合城市轨道交通规划网络及城市电网的现状进行统筹考虑，选择合适的供电方式。供电系统按区域可分为集中供电、分散供电和混合供电 3 种方式，按照电压等级可分为二级电压供电和三级电压供电两种方式。

供电方式

我国城市轨道交通供电系统的受电方式有集中式和分散式受电。如北京地铁 10 kV 变电站为分散式受电方式，其他大都为集中式受电方式。国外也有分散式和集中分散混合的供电方式。

（一）集中供电方式

集中供电方式如图 5-3 所示，即城市轨道交通供电系统在城市轨道交通沿线均匀地设置多座主变电所，每座主变电所分别从城市电网引入 110 kV 或其他电压等级的电源，引入的电压等级越高，主变电所的数量就越少。由于 110 kV 或 220 kV 公用变电站容量较大，供电能力较强，轨道交通主变电站接引电源时，对城市公共变电站的改造工程量最小。

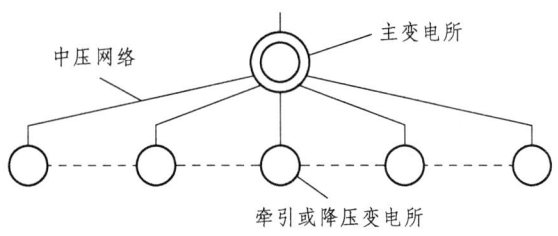

图 5-3 集中式地铁供电示意图

集中供电方式的优点在于：

（1）便于城市电力系统的调度管理。城市轨道交通供电系统自成体系，有利于城市轨道交通供电的管理，运营维护方便，提高了检修作业的独立性。

（2）提高了供电的可靠性和灵活性，受牵引负荷的冲击和谐波影响小，如谐波含量超标，可在主变电所设置滤波装置。

（3）轨道交通主变电所的位置尽可能地靠近多条轨道交通线路，可实现建造一座主变电所，给多条轨道交通供电，达到供电资源共享的目的。电压等级为 35 kV、10 kV 的公共变电站容量较小，供电能力较差，无法为轨道交通的车站提供足够可靠的电源，因此，目前国内大多数城市轨道交通均采用集中供电方式，但它的缺点是外部电源的投资额高，中压环网电缆的投资额高。

（二）分散供电方式

分散供电方式如图 5-4 所示，不设主变电所，各牵引变电所、降压变电所或电流开闭所分别由城市轨道交通沿线城市的电网就近牵引两路相互独立的 35 kV 或更低的电压等级的电源供电。分散式供电要求城市电力系统的变电所留有足够的备用容量及备用仓位，这样才能保证城市轨道交通电源的可行性、可靠性。

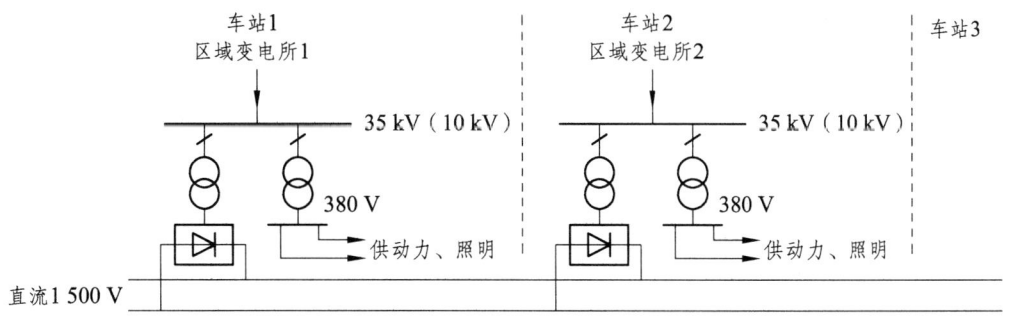

图 5-4 分散式地铁供电示意图

分散供电方式的优点在于：

（1）由于沿线牵引变电所、降压变电所可由就近的城市电网供电，可极大地节省外部电源。

（2）无须单独设置主变电所，节省了大量的投资。

（3）由于每站都可牵引两路可靠的电源，无须中压环网网络，节省了大量的投资。轨道交通各车站可以分散取得满足要求的电源时，可优先考虑采用分散供电方式。

分散供电方式的缺点是要求城市轨道交通沿线城市电网有足够的电源引入点及备用容

量,与城市电网接口多,同时,牵引负荷的冲击和谐波将影响较小容量的城市公用变电站 35 kV 或更低电压等级的电源点的电能质量。

（三）混合供电方式

混合供电方式是前两种方式的结合,以集中供电方式为主,个别地段就近引入城市电网电源作为集中供电方式的补充。此种供电方式不利于城市轨道交通广电系统的管理。当城市轨道交通线路很长、穿越城市中心及郊区时,可考虑采用混合供电方式。

（四）降压供电方式

中压环网网络主要是从主变电所至地铁车站变电所,以及地铁车站变电所之间联络的环网电缆,其作用是输送 35 kV 电源。

国外城市轨道交通的中压供电网络一般有 33 kV、20 kV、10 kV 三个电压等级。国内现有城市轨道交通的中压供电网络有 35 kV、33 kV、10 kV 电压等级。北京和天津城市轨道交通的中压供电网络采用了 10 kV 电压等级。

城市轨道交通有多种降压方式,一般采用 110 kV—35 kV—10 kV—0.4 kV 三级降压供电模式。如上海地铁 1、2、3 号线等。近几年随着制造技术和工艺水平的不断提高,越来越多采用的是 110 kV—35 kV—0.4 kV 二级降压供电模式,如上海地铁 9 号线等。二级电压供电模式,因其供电质量、可靠性和损耗等指标,比三级电压供电模式有显著提高,所以,二级供电模式将会成为城市轨道交通供电方式的主要方式。

二、城市轨道交通供配电系统的组成

城市轨道交通供电系统的电源一般取自城市电网,通过城市电网一次电力系统和城市轨道交通供配电系统实现输送或变换,最后以适当的电压等级和一定的电流形式（直流或交流）供给电动列车及各类用电设备。其中,牵引供电系统和动力照明系统属于城市轨道交通内部供电系统,框架图如图 5-5 所示。

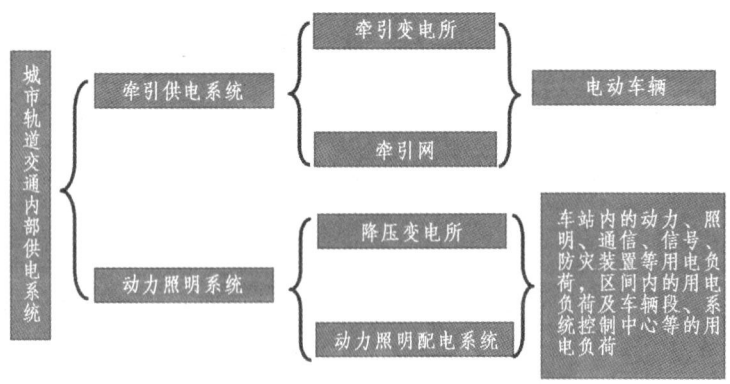

图 5-5 供电系统组成及供电范围框架图

轨道交通供电不同于一般工业和民用供电,根据其重要性应规定为一级负荷。一级负荷规定应由两路独立的电源供电,当任何一路电源发生故障中断供电时,另一路能保证轨道交通一级重要负荷的全部用电需要。地铁变电所的电源进线应来自城市电网的两个区域变电所，当一路电源失电时，另一路电源自动投入，使地铁变电所能不间断地获得三相交流电，满足地铁正常运营的用电要求。在轨道交通供电系统中，根据用电性质的不同，供电系统可分为两部分，即由牵引变电所为主组成的牵引供电系统和以降压变电所为主组成的动力照明供电系统。

三、牵引供电系统

在城市轨道交通供电系统中，电能从牵引变电所经馈电线、接触网输送给电动列车，再从电动列车经钢轨（也称轨道回路）、回流线流回牵引变电所。由馈电线、接触网、轨道回路及回流线组成的供电网络称为牵引网。牵引变电所和接触网是牵引供电系统的主要组成部分。

牵引供电系统

接触网按其结构可分为架空式和接触轨式，按其悬挂方式又可分为柔性（弹性）接触网和刚性接触网。习惯上，由于接触轨式是沿线路铺设的与轨道平行的附加轨，故又称第三轨；而采用架空方式时，才称为"接触网"。城市轨道交通牵引供电系统如图 5-6 所示，其各部分功能简述如下：

（1）牵引变电所。牵引变电所是指供给地铁一定区域内牵引电能的变电所。

（2）接触网（或接触轨）。接触网是经过电动列车的受电器向电动列车供给电能的导电网（包括接触轨和架空接触网两种方式）。

（3）馈电线。馈电线是从牵引变电所向接触网输送牵引电能的导线。

（4）回流线。回流线是供牵引电流返回牵引变电所的导线。

（5）电分段。为便于检修和缩小事故范围，将接触网分成若干段，称为电分段。

（6）轨道。列车行走时，利用走行轨作为牵引电流回流的电路。在采用跨座式单轨电动车组时，需沿线路专门铺设单独的回流线。

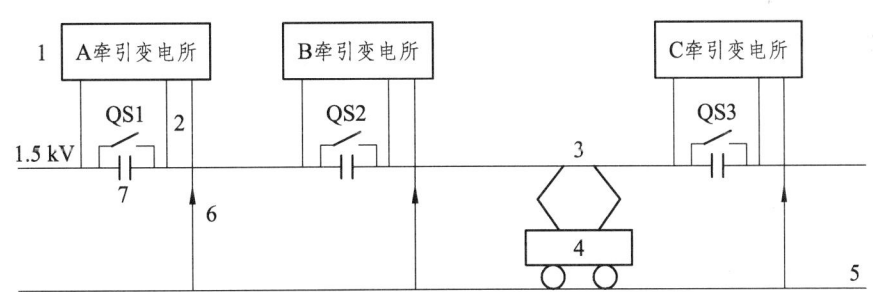

1—牵引变电所；2—馈电线；3—接触网（轨）；4—电动列车；5—钢轨；6—回流线；7—电分段。

图 5-6 城市轨道交通牵引供电系统示意图

四、动力照明系统

动力照明供电系统为车站空调、自动扶梯和通信信号等设备供电，系统主要由降压变电所、照明系统和低压配电系统组成。

动力照明系统

（一）降压变电所

降压变电所将三相电源进线电压降为三相 380 V 交流电。一般每个车站均应设降压变电所,地下车站负荷较大,常设于站台两端;负荷较小的车站可以几个站合设一个。降压变电所可附设在某个牵引变电所之中,构成牵引与降压混合变电所。

(二)照明系统

车站照明系统采用380 V三相五线制和220 V单相三线制的方式供电。系统范围大致包括站台层,站厅层公共区的一般照明、节电照明(包括站名牌标示照明)、事故照明(包括疏散诱导指示照明)、广告照明和设备及管理用房的一般照明、事故照明;出入口的疏散诱导指示照明、一般照明与事故照明;电缆廊道的一般照明及区间隧道的一般照明、事故照明。

根据各场所照明负荷的重要性,照明负荷可分为三个等级:节电照明、事故照明、疏散诱导指示照明为一级负荷;一般照明及各类指示牌为二级负荷;广告照明为三级负荷。

车站照明系统可分为就地级控制、照明配电室集中控制和站控室集中控制三级控制。

1. 就地级控制

各设备及管理用房进门处设有就地开关箱或盒,可通过开关箱或盒上开关控制相应设备及管理用房的一般照明。区间隧道一般照明可由设于隧道两端入口处的区间隧道一般照明配电箱控制。

2. 照明配电室集中控制

照明配电室内设有相应照明场所的照明配电箱,可在室内集中控制相应场所的一般照明、节电照明、事故照明及广告照明。

正常情况下,配电箱所有开关均应全部合上,以便通过就地级控制和站控室集中控制来控制相应场所的照明。

3. 站控室集中控制

站控室内设有照明控制柜,通过柜面上转换开关和按钮,可实现站台层、站厅层公共区的一般照明、节电照明、广告照明的手动或自动控制及区间隧道一般照明的手动控制。

在机电设备监控系统(EMCS)上可监控站台层、站厅层公共区一般照明、节电照明、广告照明的工作状态(手动/停/自动)。

(三)低压配电系统

车站低压配电系统采用380 V三相五线制和220 V单相三线制的方式供电,系统范围大致包括站台层,站厅层和设备管理用房的环控、排水、消防、电梯、自动扶梯、自动售检票及通信、信号、站控室等系统动力设备的供配电;车站环控室所供配电设备的电控控制。

根据用电设备的用途和重要性,车站用电负荷分为以下三个等级。

(1)一级负荷:包括通信系统、信号系统、火灾报警系统、气体灭火系统、机电设备监控系统、屏蔽门、消防泵、废水泵、雨水泵、防淹门、站控室、事故风机及其风阀等。

(2)二级负荷:包括非事故风机及风阀、污水泵、集水泵、自动扶梯、工作人员电梯、轮椅牵引机、自动售检票设备、民用通信电源、维修电源及冷水机组油加热器等。

(3)三级负荷:包括冷水机组、冷冻水泵、冷却水泵、冷却塔风机、电开水器、清扫电源等。

低压配电系统的控制位置及控制方式：

① 由低压变电所直接供配电的各系统设备，低压配电系统提供电源至各设备附近的配电箱或电源切换箱，工作人员可在低压所或设备附近的配电箱及电源切换箱上对各设备作电源通断或切换操作控制。

② 由环控室直接供配电的设备，低压配电系统提供电源至各设备附近的配电箱或电源切换箱，工作人员可在环控室或设备附近的配电箱及电源切换箱上对各设备作电源通断或切换操作控制。

③ 对环控室直接控制的环控设备，采用三地控制方式，即就地控制（设备附近）、环控室控制及站控室控制（通过 EMCS 系统控制）。

④ 自动扶梯正常时由现场控制，事故状态下可在站控室内按动应急停机按钮停止所有自动扶梯运行。

五、主变电所

变电所就是供电系统中对电能的电压和电流进行变换、集中和分配的场所。

主变电所

城市轨道交通供电系统中的变电所根据功能的不同，可以分为 3 类：变电所、牵引变电所、降压变电所。

（一）主变电所的功能与类型

城市轨道交通供电系统按一类负荷设计，每条轨道线路设置两个或两个以上主变电所，每个主变电所平时由两路互为备用的独立电源供电，以实现不间断供电。主变电所从发电厂或城市电网区域变电所获得高压（如 110 kV）电源，经降压形成 35（33）kV 或 10 kV 以中压环网形式向布置在沿线的牵引变电所、降压变电所输送电能。

每个主变电所的主变容量设计满足最大高峰小时负荷的要求，并满足当一个主变电所发生故障（不含中压母线故障）时，另一个主变电所能承担全线牵引负荷及全线动力Ⅰ、Ⅱ级负荷的供电要求。电缆载流量也满足最大高峰小时负荷的要求，同时当主变电所正常运行、环网中一条电缆故障时，能保证地铁正常运行。

按照电气主接线的不同，目前城市轨道交通供电系统中的主变电所有两种类型：内桥接线主变电所和线路变压器组接线主变电所。

（二）主变电所主要电气设备

1. 主变压器

主变电所使用的主变压器为三相油浸电力变压器，带有载调压开关和自动调压装置，主变压器下方设置储油设施。

2. 开关柜

主变电所使用的开关柜主要有高压（110 kV）开关柜和中压（35 kV 或者 10 kV）交流开关柜。

1）110 kV 开关柜

110 kV 开关柜是户内安装的 GIS 组合电器（六氟化硫气体绝缘金属全封闭组合电器），一般采用 SF_6 断路器、液压操动机构。除母线为三相共箱式外，其余均为三相分箱式。

2）中压开关柜

中压开关柜也采用 GIS，均为三相分箱式，并采用真空断路器。开关柜的操动机构为弹簧储能式或液压弹簧式，采用三工位隔离开关和接地刀闸。

3. 接地电阻

作为主变压器二次侧中性点接地电阻，放置在专门房间。

4. 控制室设备

主要包括控制屏、信号屏、交直流屏，以及按照要求安装在控制室内的计量屏和保护屏。

5. 自用电变压器

作为所内用电电源，多为干式变压器，单独房间安装。

六、牵引变电所

牵引变电所是供电系统的核心，其主要功能是将交流电能转换为直流电能，并将直流牵引电能提供给电动列车。目前，国内各城市轨道交通工程主要采用房屋式牵引变电所。房屋式牵引变电所一般与车站合建，其建筑结构是车站建筑结构的一部分。同时国家大力倡导建设现代有轨电车等中小型城市轨道交通工程，此类工程房建专业一般在车站只设置简易站台，而不单独设置建筑房屋。为了满足现代有轨电车相关设计要求，各类箱式牵引变电所逐步设计投产。

牵引变电所

（一）牵引变电所的工作原理

每座牵引变电所按其所需容量设置两组整流器并列运行。

位于相邻两个牵引变电所之间的接触网，为了能安全、可靠地供电，通常在中央处断开，将牵引变电所之间两供电臂的接触网分成相互绝缘的两部分，每一部分称为一个供电分区。

在供电分区的末端设置有断路器和隔离开关的分区亭，以便对接触网起到分断与保护作用，同时还可以通过分区亭内的开关设备，将供电分区连接起来。

任一牵引变电所发生故障时，由两侧相邻牵引变电所共同承担其间的全部牵引用电负荷。

（二）牵引变电所的供电方式

牵引变电所向牵引网的供电方式，主要按牵引变电所的分布情况、供电臂的长短、线路状态的供电可靠性而定，通常有单边供电和双边供电两种。

每个供电分区的接触网，只从一端的牵引变电所获取电流，这种供电方式为单边供电。如将分区亭开关闭合，则相邻牵引变电所间的两个同相接触网供电分区可同时从两个牵引变电所获取电流，这种供电方式称为双边供电。

（三）牵引变电所的设置

牵引变电所的容量和相互之间的距离是由牵引供电技术决定的，一般设置在沿线若干车站及车辆段附近，变电所的间隔一般为 2～4 km。

牵引变电所可以设在地面，也可以设在地下，一般应尽可能设在地面，因为地面变电所投资小，运行费用低、运行管理方便。

牵引变电所可沿轨道交通线路均匀布置，也可与降压变电所合建于车站站端。均匀布置可减少变电所数量，馈电质量较好，但管理不方便；设在车站，可与降压变电所合建，管理比较方便。

牵引变电所内应留有大型设备的进出口和运输通道，同时考虑通风、散热、防火、防电、防雷击等要求。

牵引变电所的设置距离应保证高峰时段最大运营负荷的需要，同时应保证系统中任何相隔的两座变电所发生故障解车时，靠其相邻的变电所的过负荷能力，仍能保证列车的正常运行。

七、降压变电所

城市轨道交通每个车站都应设降压变电所，它是保证旅客旅行中有良好秩序和良好环境的动力供应中心，主要是将中压（35 kV 或 10 kV）电能降压成低压（400 V/380 V）电能，向车站、区间、车辆段（停车场）、控制中心所有低压用电负荷提供电源。降压变电所的位置应靠近负荷中心，尽量靠近大负荷空调设施的冷水机组，以缩短电缆长度和减小电缆截面，降低能耗。

降压变电所

降压变电所有独立式、跟随式、混合式三种类型。在满足各种用电负荷要求的情况下，同一个车站内，降压变电所与牵引变电所应合建。车辆段（停车场）降压变电所应尽量与牵引变电所合建。在没有牵引变电所的车站则单独建设降压变电所。如为地面车站，则与地面站务用房合建。

城市轨道交通供电系统降压变电所设备主要包括中压（35 kV 或 10 kV）开关柜、配电变压器、低压（400 V）开关柜、交直流屏、二次设备等。

（一）降压变电所的位置设置

降压变电所的位置往往受车站建筑规模和用电负荷中心制约，具体位置要结合具体条件以及低压配电系统自身要求，选择合理的位置。在有牵引变电所的车站，降压变电所应与牵引变电所合建。降压变电所的选址首先要满足动力照明设备的用电要求。不同车站及车辆段、停车场降压变电所选址原则：

1. 车 站

降压变电所和车站主排水泵站尽量分别设于车站的两端。在土建条件允许的情况下，降压变电所尽量靠近负荷中心。

2. 车辆段和停车场

根据车辆段和停车场的工艺布局，降压变电所设置在供电范围内的负荷中心。

(二)主接线

1. 中压主接线形式

1)降压变电所

每座降压变电所引入两回独立的 35 kV（或 10 kV）电源，分别为两段 35 kV（或 10 kV）母线供电。根据供电系统接线，每段 35 kV（或 10 kV）母线设一回或两回出线，为相邻的变电所提供电源。35 kV（或 10 kV）侧采用分段单母线接线，设母线分段开关。每段 35 kV（或 10 kV）母线均设置一组电压互感器和一组避雷器，用于母线电压测量和过电压防护。两台配电变压器通过 35 kV（或 10 kV）断路器分别接于两段 35 kV（或 10 kV）母线上。

2)跟随式降压变电所

跟随式降压变电所从邻近的牵引降压混合变电所或降压变电所引入两个独立的 35 kV（或 10 kV）电源，采用断路器或负荷开关等接线方式。

2. 交流 400 V/380 V 配电系统主接线形式

400 V/380 V 配电系统根据负荷等级的分类直接向车站、区间的低压用户供电，从负荷分类来讲，一、二级负荷占绝大多数，因此 400 V/380 V 配电系统的可靠性要求高。

400 V/380 V 配电系统包括进线开关、母联断路器、馈出开关、三级负荷总开关、无功补偿装置、有源滤波装置、电流互感器、多功能表等设备。采用单母线分段接线，设备分段断路器，两段母线上的负荷尽量均衡分配，与配电变压器安装容量匹配。每段母线设置一、二级负荷回路及照明，三级负荷回路、同类型设备用电负荷宜尽量集中在同一柜内配出线，车站同一套冷水机组及其辅助设备电源应成套接入同一段 400 V/380 V 母线。

八、供电专业机构设置

(一)机构设置

以武汉地铁 2 号线为例，根据供电专业的工作特点，本着设备物尽其用的原则，2 号线拟与 1 号线共用电力试验工班，从事电力设备的预防性试验工作；车间加设生产调度岗位，组织、协调 1 号线、2 号线的检修作业和抢修工作；车间下设 3 个变电检修工班和 1 个电力监控工班，从事供电设备的维修保养工作，如图 5-7 所示。

供电专业机构设置

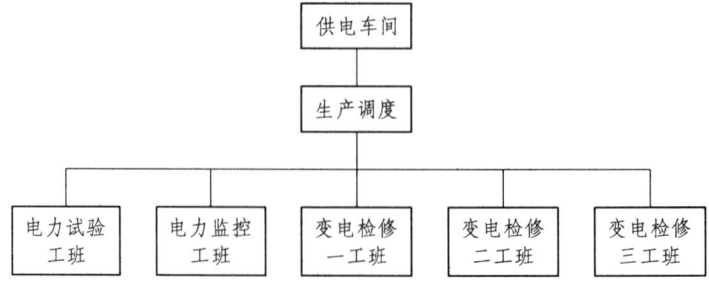

图 5-7 供电车间组织架构图

（二）工作范围和内容

供电工作范围和内容见表 5-1。

表 5-1　工作范围和内容

名　称	工作范围	工作内容
生产技术组	供电车间	负责组织编制分部各专业的维修、运行、操作规程、安全规程，各专业的技术资料收集和管理，建立设备档案，编制和上报下达设备维护、维修、备品备件、材料消耗、指标等计划，对本车间的仪表仪器的计量和管理，组织有关设备的各种试验、事故分析及预防方案的编制等生产和技术性工作，各专业工程师对口负责相应工班的生产和技术管理工作
生产调度	供电车间	协助车间主任完成生产人员组织、调度，负责生产人员的后勤管理，统计考勤和考核成绩，负责文件材料收发、办公用品等各种耗材的管理
电力试验工班	1、2 号线共用	负责 1 号线、2 号线供电设备的试验数据管理、预防性试验及备件检验、工具检验等工作
电力监控工班		负责 2 号线电力监控系统设备的运行管理、维修、故障抢修等工作
变电检修一工班		负责武昌风井至光谷广场区间、变电所、中北路停车场内供电设备运行管理、维修、故障抢修等工作；负责中南路主变电站的运行、维修、抢修及部分日常维护作业；负责变电站内部材料供应等管理和有关技术、人员的管理
变电检修二工班		负责武昌风井至范湖站区间、变电所内供电设备运行管理、维修、故障抢修等工作；负责王家墩主变电站的运行、维修、抢修及部分日常维护作业；负责变电站内部材料供应等管理和有关技术、人员的管理
变电检修三工班		负责范湖站至金银潭站区间、变电所、常青车辆段内供电设备运行管理、维修、故障抢修等工作；负责变电站内部材料供应等管理和有关技术、人员的管理

（三）工班值班点设置

工班值班点设置如表 5-2 所示。

表 5-2　工班值班点设置

工班	变电一工班		变电二工班		变电三工班		电力监控工班	电力试验工班
值班点	中南路主变电站	积玉桥混合所	王家墩主变电站	江汉路混合所	常青车辆段	汉口火车站降压所	常青车辆段	常青车辆段

（四）1号线一期工程供电方式简介

武汉轨道交通 1 号线一期工程设有江汉路主变电站，将 110 kV 交流电降压为 10 kV 后，通过环网电缆向沿线各牵引降压混合变电所、直流开闭所、降压变电所供电。

一期工程设有 5 座牵引降压混合变电所，分别为宗关、硚口路、利济北路、江汉路、三阳路，将 10 kV 交流电降压整流为 750 V 直流电供给接触轨，同时将 10 kV 电压降压为 380 V/220 V 交流电供动力、照明等系统设备使用。

一期工程设有 7 座降压变电所，分别为黄浦路、大智路、友谊路、崇仁路、太平洋、硚口路车场及指挥中心，分别将 10 kV 电压降压为 380 V/220 V 交流电供动力、照明等系统设备使用。

车场设有 1 座直流开闭所，从硚口路牵引降压混合变电所及正线接触轨各引入一路 750 V 直流电，供给车场接触轨使用。

任务三　电力监控系统

一、电力监控系统的组成

电力监控系统又称电力 SCADA 系统，对城市轨道交通供电系统的变电所、牵引网进行实时控制监视和数据采集，具有信息完整、提高效率、正确掌握系统运行状态、加快决策、能快速诊断出系统故障状态等优势，已经成为电力调度不可缺少的工具。

电力监控系统的组成

调度人员通过电力监控系统实时地监视供电系统的运行情况，及时掌握和处理供电系统的各种事故、报警事件，准确实施调度指挥、事故抢修和事故处理，以保证供电系统的可靠性、安全性。它对提高电网运行的可靠性、安全性与经济效益，减轻调度员的劳动强度，实现电力调度自动化，提高调度的效率和水平等有着不可替代的作用，并为推行变电所无人值班提供了强大的技术支持。

城市轨道交通电力监控系统通常包括调度主站系统、变电站综合自动化系统和所间通信通道三部分。其中，位于控制中心（OCC）的调度主站系统通过通信通道与变电所主控单元进行信息交换；变电所综合自动化系统通过所内通信网与所内的智能电子设备（Intelligent Electronic Device，IED）通信，通过通信通道与调度主站进行通信。变电所综合自动化系统由站控主单元和所内通信网及其他厂家 IED 装置组成。

（一）调度主站系统

城市轨道交通调度主站系统主要由 SCADA 服务器、数据库服务器、调度员工作站、操作员工作站等组成，它们通过冗余的 100 M 以太网连接。除了要求系统能安全、可靠地运行外，还需根据轨道交通建设的特点，充分考虑其扩展性。在系统构成上，应采用开放式网络体系架构以及成熟的国际标准规约，确保系统更新（包括软硬件的升级换代、运营模式的调整以及容量的扩充与功能的增加等）时，尽可能保护利用原有的硬件与软件资源，同时考虑既有系统与再建、扩建系统的衔接与扩充。调度主站系统组成如图5-8所示。

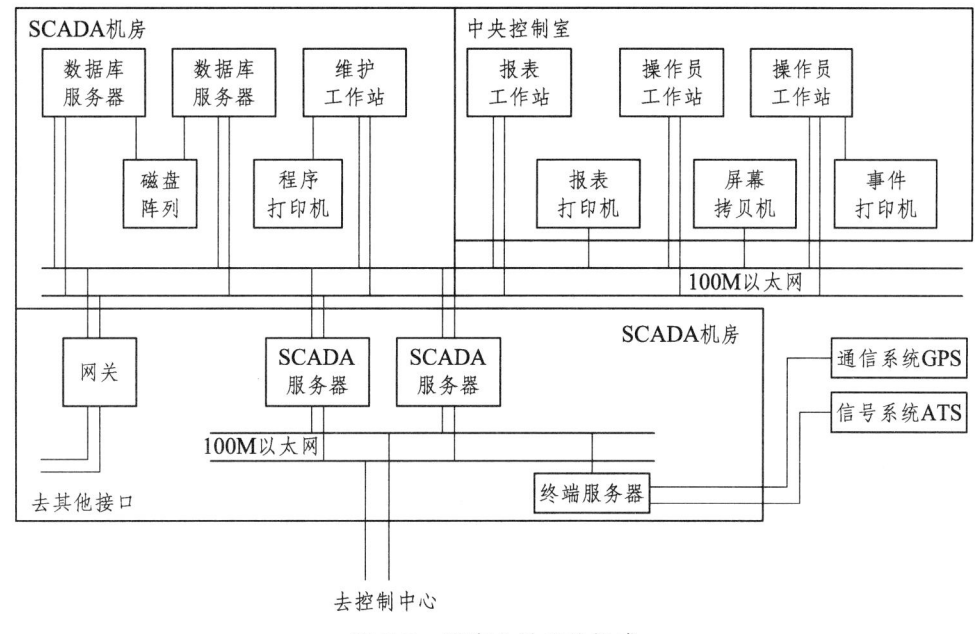

图 5-8 调度主站系统组成

（二）变电站综合自动化系统

变电站综合自动化不仅可以完成传统的远程终端（Remote Terminal Unit，RTU）功能，还可以实现变电所各种设备的监控功能，包括各个设备的电流、电压、功率、电度采集和电气一次设备的控制、监视、联动、联锁、闭锁、自动投切等。变电站综合自动化系统由站控层（站控主单元）、间隔层（每个电力设备IED装置）和所内通信网三部分组成。

1. 站控主单元

站控主单元是整个变电所综合自动化系统的核心，它负责从间隔层获取来自现场不同类型的实时数据，并通过所间通道（通信专业提供）向控制中心调度主站发送变电所操作、事故、预告等信息，接收来自调度或当地维护计算机下发的控制命令并送达间隔层执行。变电站内先进的网络架构，使得通信技术扮演着重要角色。在通信中，站控主单元为通信主站，微机保护装置为通信从站。在常用的站控层单机方案中，通信呈现"一主多从"模式。

2. 间隔层

间隔层设备主要是指微机保护测控装置以及其他带有智能通信接口的设备（如变压器温度测控装置、交/直流屏充电测控装置等）。间隔层设备的最大特点是具有智能化的、自律性能的微机化单元，其基本功能的运作不依赖通信网络。例如，单条回路的微机保护测控单元，其保护功能的实现是通过对该线路的电压、电流、开关状态等参数进行采集，经过保护装置内部电路的运算后输出信号控制开关这一过程实现的。又如，交/直流屏充电测控装置的工作也由该测控装置对充电机组的工作状态进行智能控制。间隔层设备通常由保护装置组成，一般通信接口物理层为 RS-485，应用层多采用各种现场总线规约，如 Modbus。也有一些通信功能较强的保护装置支持标准电力远动规约，如 DNP3.0 和 IEC60870-5-103 等。

3. 所内通信网

所内通信网由信号屏侧的交换机和开关柜侧的以太网转换设备组成。目前，先进的所内通信网通常采用光纤以太交换网，配置一台模块式纯光纤 100 M 以太网交换机，在所内通信的带宽和抗干扰能力上明显提高。交换机具有用于连接不同设备群的光纤以太网接口，满足变电所综合自动化系统控制、测量、保护的通信技术要求。在开关柜侧配置以太网转换装置。转换装置与开关柜内微机保护和 IED 设备的接口为标准 RS-485。以太网转换装置的网络拓扑优化设计，能够将传统的多个装置串接的共享式总线网，提升为每个装置直接上联的独享式辐射网。高实时性并行联网方案中任何装置的实时数据更新周期将提高数倍。

（三）通信通道

通信通道在整个电力监控系统中具有重要的意义。它是控制中心与各被控站之间的桥梁和纽带，是整个系统的神经中枢。通信通道的畅通、高效是整个监控系统正常运转的前提。

通信通道采用冗余方案，通信软件采用冗余线程，以保证系统的可靠性。目前，通信主干网常采用环形网络结构，其组成如图 5-9 所示。

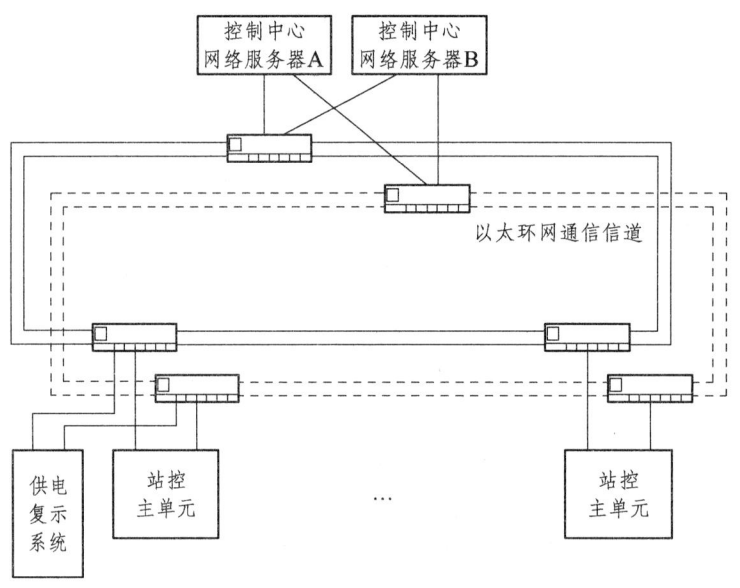

图 5-9　通信主干网组成

二、电力监控系统的基本任务及特点

（一）电力监控系统的基本任务

（1）通过电力监控系统，实现控制中心（OCC）对供电系统的集中管理和调度、实时控制和数据采集。

电力监控系统的基本任务及特点

（2）及时掌握和处理供电系统的各种事故、报警事件。

（3）对系统运行的各种数据进行归档和统计。

（二）电力监控系统的特点

1. 遥 控

控制中心调度员对远方变电站的被控对象（如开关等）进行远程操作控制。遥控对象包括主变电站中心降压变电站、牵引变电站、降压变电站内 10 kV 以上等级的断路器、负荷开关及电动隔离开关，还有牵引变电站的直流断路器、正极闸刀、接触网闸刀以及变压器的有载调压开关等。

2. 遥 测

将变电站的被测对象，如电压、电流等，传送到控制中心，还包括变电站进线电压、电流、功率、电能、直流母线电压等。

调度端装置设置在控制中心内，一般称为主站（MS）；被监控端设置在变电所内，一般称为分站或远方数据终端（RTU），调度端与被监控端之间通过通信通道传送遥控、遥测和遥调信息。

3. 遥 信

将变电站的监视对象，如开关位置状态信号等，传送到控制中心，包括断路器的故障跳闸信号，变压器、整流器的故障信号，电源系统故障信号，钢轨电位限制装置的动作信号，预告警信号等。

4. 遥 调

遥调是指控制中心对远方变电站的被控对象的工作状态和参数的调度，如对变压器的输出电压等参数，进行调整控制。

5. 遥 视

能对供电设备的关键部位进行视频监视，如油浸式变压器内部，GIS 组合电器设备的内部网络、击穿等情况的视频监视。

三、电力监控系统的功能

电力监控系统实现对遥控对象的遥控，对供电系统设备运行状态的实时监视和故障报警，对供电系统中主要运行参数的遥测；实现屏幕画面显示、模拟盘显示或其他方式显示，以及运行和故障记录信息打印；实现电能统计等内容的日报、月报制表打印；实现系统自检功能；以友好的人机界面实现系统维护功能；实现主/备通道的切换功能。根据工程情况，在满足上述要求的基础上可以选配其他功能。

电力监控系统的功能

（一）控制中心的功能

1. 控 制

实现对变电所高压断路器和电动隔离开关（含接触网隔离开关）及主要 0.4 kV 断路器的

单独控制和程序控制。断路器和电动隔离开关的操作具有安全联锁功能。只有具有控制权的计算机才能完成遥控操作。为了控制输出的安全性，在同一时间内，只允许一台操作员工作站具有控制权，其他工作站控制权自动取消。对主变电所内有载调压变压器进行有级调节的，遥调结果在调度终端主接线画面上显示。控制分为单控和程控。

2. 信息处理与显示

（1）各被控站上位监控单元将各种不同类型的信息实时地传递到控制中心，对各被控站供电设备运行状态的监视，实现遥信、遥测、报警处理和数据处理等功能。

（2）对被监控对象的位置信号、事故信号、预告信号进行实时采集。位置遥信包括各种开关、刀闸、接触器的合分状态，手车的工作、实验位置状态等。保护遥信为单位置遥信，状态包括事故遥信的正常、故障状态，预告遥信的正常、预告状态。若变电所采用门禁系统，则监控系统应能监视变电所大门的开启情况和人员进入时间及编号等。

（3）实现对变电所电流、电压、功率、电度的实时采集，在显示器上显示对极限值进行统计和报警显示。模拟量遥测：将各变电所内测量对象的交流相/线电压、交流电流、零序电压、零序电流、直流电压、直流电流、有功、无功功率、关口变电所频率、牵变谐波、功率因数、蓄电池电压等电量，以及变压器温度等非电量送至控制中心。数字量遥测：对交流电度、直流电度进行采集。遥测信号的采集和处理：变量的工程单位变换、超量程检查、零点嵌位（近零死区的处理）、硬件故障处理、操作员强制和禁止处理、遥测信号的传送死区处理。

（4）在现场或监控系统本身故障时，在监视器及模拟屏上给出声光报警，并自动打印。报警包含声音报警、语音报警、文字报警、打印报警、画面报警、灯光报警、模拟盘报警等方式，可单独使用，也可组合使用；报警可在调度工作站实现，也可在其他工作站实现，并可根据工作站的职责范围（系统自动或登录操作员过滤控制）有选择性地报警。

（5）无故障时进行正常信息处理，系统接收由被控站上位监控单元经通信通道传送上来的数据信息，经过各种算术及逻辑处理后，将数据显示、打印出来，并能将数据存储到系统的实时数据库和历史数据库中。

3. 供电系统运行情况的数据归档和统计报表

分门别类地保存操作、报警（事故、预告）信息的历史记录，以进行查询和故障分析；实现测量数据的日报、月报的统计报表。系统可根据调度人员的要求，建立各种档案报表，采用自动或手动方式录入数据。可进行定时和随时打印，可保留日志信息事件、模拟量遥测数据记录、事故追忆记录、事件记录、故障数据记录、设备报告事件记录。

4. 用户画面

配置动态显示的供电系统图、监控系统图、变电所主接线、记录、报警、接触网供电分段示意图、程控等用户画面，以及变电所盘面动态显示图。

5. 打　印

设画面拷贝机、事件打印机、报表打印机，可进行图形、报表及事项打印。可根据需要打印所有操作、报警、报表信息。不需要打印，或打印机关机或故障时，各种信息自动保存在硬盘的指定目录下。

6. 趋势显示

提供全部模拟量由用户自定义趋势显示功能，有曲线趋势和数字趋势两种显示方式。可以在线定义趋势组。一幅曲线画面上最多显示 5 条曲线，每条曲线以不同颜色区分。

7. 人机界面调阅显示

操作员可以通过键盘在显示器上调阅全部系统配置画面及用户组态定义画面。画面可设密码。

8. 信息查询

用户可设定时间和项目，查询各种实时、历史信息。

9. 口　令

系统设口令字用以对每一位进入系统的人员进行严格的登录，清楚地分辨、记录进入系统和进行操作的人员，以确定管理人员的管理范围。管理人员在岗位交接班时用口令替换形式完成。

10. 在线维护、修改、扩展

系统具有在线对应用软件维护、修改功能。当数据库或用户画面由于某些原因发生数据变化或显示有误时，维护人员能调出数据库定义程序或画面编辑程序，对有关内容进行在线修改。当系统需增扩一些对象时，可根据数据库及画面编辑原则，对系统进行在线扩容。

11. 容错、自诊断、自恢复

（1）系统具有远方诊断功能，所有工作站均具有故障自诊断功能，自检标志达到模块级。

（2）系统对整个系统的运行状况实施监视，并能以图表来直观反映，能报警提示维护人员，能自动记录运行设备的故障发生时间、恢复时间。

（3）系统定时诊断网络的情况，出现故障时实现向备份网络切换。

（4）所有冗余的服务器均以热备方式运行，一台服务器出现故障后，后备服务器自动切换投入运行，完成故障服务器的全部功能。

（二）变电所自动化系统的功能

变电所自动化系统要完成远动控制输出，现场数据采集（包括数字量、模拟量、脉冲量等），远动数据传输，可脱离主站独立运行。

系统总体功能如下：

（1）实现变电所各种设备的控制、监视、联动操作，以及电流、电压、功率、电度测量、保护等。

（2）接收综合监控系统或当地维护计算机的控制命令，向综合监控系统或当地维护计算机传送变电所操作、事故、预告信息。

（3）直接控制监视不宜装设监控单元的开关设备（如接触网上电动隔离开关）。

(4)事故、预告信息液晶显示和音响。

(5)变电所维护计算机功能,实现对变电所监控网络和监控单元编程,对各监控单元软件的日常维护,对变电所内各种设备的控制、监视、测量数据显示和统计。

(6)系统故障诊断,任何监控单元发生故障,均应报警,单个监控单元的故障,不影响整个网络的运行,故障标志达到板级。

1. 站级管理层功能

通信控制器功能包括通过所内通信网络,完成对各间隔单元的数据采集与控制输出;适应并实现与控制中心系统的远程通信,完成通信规约的处理;适应并实现与所内间隔单元的网络通信,实现所内对设备的集中监控管理;通过软件对控制中心时钟系统保持同步,并且同步各间隔单元;当系统发生故障时启动报警音响;具有看门狗、自诊断、自恢复功能。

2. 间隔设备层功能

(1)10 kV(或 35 kV)交流系统的间隔层装置可完成继电保护、遥信遥测等功能,具有硬接线的开入、开出点,以便与直流系统等组成联动、联锁关系。

(2)750 V(或 1 500 V)直流牵引系统的电量保护系统通常完成过电流保护、电流速断保护、电流增量保护,di/dt 保护等。

(3)0.4 kV 系统的成套装置除了完成继电保护功能外,还能够完成电流、电压信号的采集,并对功率、电度、功率因数、频率进行统计和计算。

(4)变压器温控装置能提供高温报警及超温跳闸,还能提供通信接口进行通信,通信内容包括各相温度、超温跳闸及高温报警信息、冷却风机启停信息等。

(5)整流器测控装置采集整流二极管的工作状态和温度值,并可根据这些数据启动报警或跳闸回路,也可以通过通信接口上传数据。

(6)直流屏对合闸母线电压(电池组端电压)、控制母线电压、控制母线电流、电池充电电流等模拟量进行遥测;对充电机工作状态、充电机故障报警、交流电源失压报警、直流母线过压报警、直流绝缘监察报警、电池回路空开(熔断器)状态、馈线回路空开状态进行遥信。

四、电力监控系统信息的传送方式

地铁运行的管理和调度是由控制中心来实现的,其中的电力调度室是地铁供电系统运行的管理和调度部门。地铁供电系统的各类变电所及其主要设备沿地铁线路分散设置。要保证系统运行的安全可靠并提高经济性,就必须由电力调度人员对系统进行集中管理和调度,实现系统运行状态的监视和运行方式的控制。

电力监控系统信息的传送方式

城市轨道交通电力监控系统通常包括调度主站系统、变电站综合自动化系统和所间通信通道三部分。通道是传送远动信息的传输设备,在系统中是最易受干扰的环节,它在很大程度上决定了系统的准确度、可靠度和抗扰度,用作远距离信息传输的通道投资费用占系统总投资费用的很大部分,且随着距离的增长达到相当大的比例。

通信通道的种类有架空明线、无线通道(高频、微波)、有线电缆和光缆通道等,其中有线电缆和光缆通道易实现，且抗干扰能力强，尽管投资费用大，但可与其他方面（如通信、信号、数据传输等）合用一条多芯电缆或光缆，从而节省投资。

北京地铁采用有线电缆通道，上海地铁采用光缆通道。通道是通信线路和调制器解调器的总称。在电力监控系统中，通常是一个调度端装置中集中监控 N 个被监控的装置。主站和各个分站之间的监控信息传送方式有两种：一种是问答式；一种是循环式。

问答式是指信息的传送采取查询式问答方式，当主站发出查询命令时，被查询的分站按查询的要求回送以相应信息，即按需传送信息；循环式是指各分站按扫描周期循环不断地向主站传送信息，即按时传送信息。

在传送周期允许的情况下，也即时间响应要求不高时，大都采用问答式传送方式。

任务四　接触网

一、结构形式及悬挂类型

接触网按其结构可分为架空式和接触轨式两种。

（一）架空式

接触网的结构形式及特点

架空式接触网按接触悬挂类型分为柔性悬挂和刚性悬挂两种，如图 5-10 所示。其中柔性悬挂又可分为简单悬挂与链型悬挂。

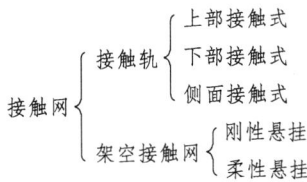

图 5-10　接触网的分类

刚性接触网悬挂方式与柔性接触网比较，采用刚性汇流排代替馈线，利用汇流排夹持接触线，通过与受电弓的滑动摩擦，向电动车组供电，具有结构简单、占用空间小、接触线无张力、无断线隐患、安全可靠、维修方便、简单等优点。因为刚性汇流排和接触线无轴向张力，所以不存在断汇流排或断线的可能，从而避免了柔性钻弓、烧熔、不均匀磨耗、高温软化、线材缺陷以及受电弓故障造成的断线故障，由于这样的特点，刚性悬挂的故障是点故障，而柔性悬挂的故障范围为一个锚段，所以刚性悬挂事故范围小。图 5-11 为隧道架空刚性接触网。

地面架空式接触网是沿轨道线上空架设的向电动列车供电的特殊形式的输电线路。其由接触悬挂、支持装置、定位装置、支柱与基础几部分组成，其结构组成如图 5-12 所示。

接触悬挂：包括接触线、吊弦、承力索以及连接零件。接触悬挂通过支持装置架设在支柱上，其功用是将从牵引变电所获得的电能输送给电动列车。

支持装置：用以支持接触悬挂，并将其负荷传给支柱或其他建筑物。支持装置包括腕臂、水平拉杆、悬式绝缘子串、棒式绝缘子及其他建筑物的特殊支持设备。

图 5-11 隧道架空刚性接触网

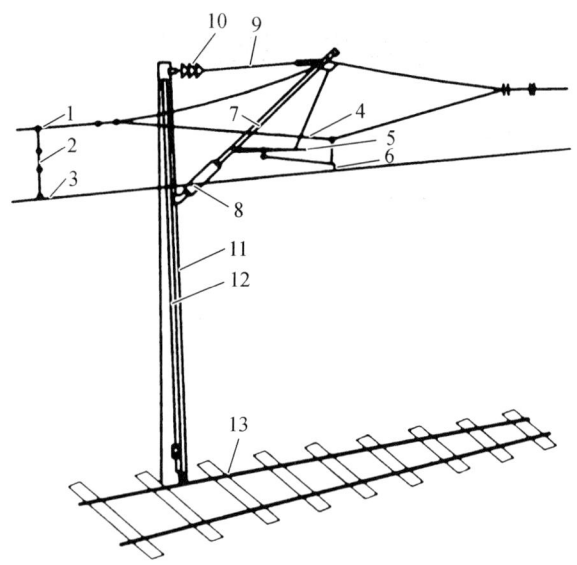

1—承力索;2—吊弦;3—接触线;4—弹性吊弦;5—定位管;6—定位器;7—腕臂;8—悬式绝缘子;
9—水平拉杆;10—悬式绝缘子串;11—支柱;12—接地线;13—轨道。

图 5-12 地面架空式接触网基本结构组成

定位装置:包括定位管和定位器,其功用是固定接触线的位置,使接触线在受电弓滑板运行轨迹范围内,保证接触线与受电弓不脱离,并将接触线的水平负荷传给支柱。

支柱与基础:用以承受接触悬挂、支持和定位装置的全部负荷,并将接触悬挂固定在规定的位置和高度上。

地面架空式接触网属于柔性接触悬挂,优点是弹性较好。

(二)接触轨式

接触轨是沿着走行轨道一侧铺设的附加第三轨,所以又被称为第三轨式接触网,其外形如图 5-13 所示。接触轨因牵引网中含两条回流走行轨而又通俗称为第三轨,北京、武汉等城市轨道交通中均有采用。第三轨式接触网具有可降低隧道上方净空、稳定性好、维修量少、故障率低、运营全寿命周期长、其架设不影响城市景观等优点。当然由于第三轨的安装位置较低且供电轨部分处于裸露状态,因此安全防护工作显得十分重要。接触轨根据受流方式不同可分为上部受流、下部受流和侧部受流 3 种形式。

图 5-13　第三轨式接触网

二、接触网供电方式与分段

（一）接触网供电方式

接触网供电方式与分段

牵引变电所通过接触网向电动列车供电,接触网在每个牵引变电所附近断开,分成两个供电区段。每个牵引变电所仅对其两侧的区段供电。供电距离越长,牵引电流在接触网上的电压降越大,使末端电压过低及接触网上电能损耗过大；供电距离过短,牵引变电所数目增多,投资增加。供电距离以及接触线截面等与接触网供电方式有关。

牵引变电所向接触网供电有单边供电和双边供电两种方式。

每个供电区段也称为一个供电臂,如电动列车只从所在供电臂上的一个牵引变电所获得电能,这种供电方式则称为单边供电。单边供电时,若有故障,其范围小,牵引变电所内的保护也较简单。但电动列车所需牵引电流全部由一边流过牵引网,牵引网电压降和电能损耗也就大。

如一个供电臂同时从相邻两个牵引变电所获得电源,则称为双边供电。双边供电时,牵引电流按比例由两边流过牵引网,牵引网电压降和电能损耗相对就小,但有故障时,范围也较大,保护较复杂。

单边供电和双边供电都是正常供电方式。每个接触网区段均由相邻两个牵引变电所并联供电,即采用双边供电,以减小牵引网电压降和电能损耗。正常双边供电时,牵引变电所馈线开关内设置双边联跳保护装置。一旦接触网发生短路故障,靠近短路故障点的牵引变电所保护动作,馈线开关迅速跳闸,与此同时联动跳开另一侧牵引变电所的相应馈线开关,及时切除故障。当某一牵引变电所故障时,该故障所退出运行,此时该区段接触网就改为单边供电,或可通过闭合故障牵引变电所所处接触网的联络隔离闸刀,实施越区供电,如图 5-14 所示,此时称为大双边供电,两座牵引变电所的馈线开关仍有联跳功能。

在越区供电方式下运行,供电区域扩大,牵引变电所的负荷增大,线路损耗增大,因此视情况要适当减少同时处在该供电区段的电动列车数,但一旦接触网发生短路故障,其保护装置灵敏度降低。因此,越区供电只是在牵引变电所故障情况下运行的一种特殊运行方式。

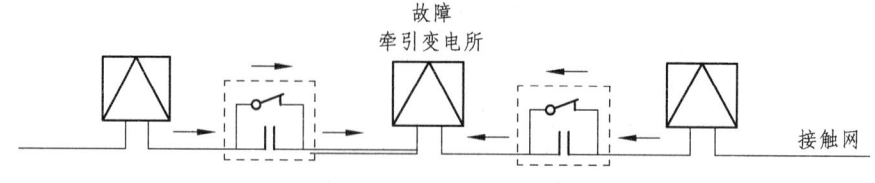

图 5-14 越区供电示意图

（二）接触网电分段

电分段是在纵向或横向将接触网从电气连接上相互分开的装置。

接触网的电分段是保证供电可靠性和灵活性的另一种措施。电分段处设隔离开关。被分段的接触网可以通过隔离闸刀根据需要进行分段和联络。当某段接触网发生故障或检修时,只需打开相应区段的隔离闸刀,就可使故障或检修停电范围缩小,同时不影响其他各区段接触网的正常供电。

电分段通常用分段绝缘器来实现。分段绝缘器是用以实现电分段的专用绝缘装置。分段绝缘器如图 5-15 所示,设在车站、渡线、存车线、车辆段（场）等地,为了保证工作人员的作业方便及人身安全,将接触网在电的方面分成独立的区段。

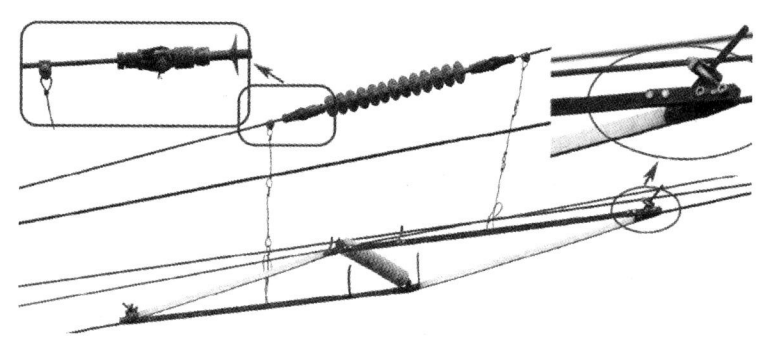

图 5-15 滑道式分段绝缘器

三、迷流及其防护

（一）迷流的定义

直流牵引供电系统在理想的情况下,牵引电流由牵引变电所的正极出发,经由接触网、电动列车、走行轨和回流线返回牵引变电所的负极。但由于钢轨与道床等结构之间的绝缘电阻不是无限大,

迷流及其防护

这样势必造成流经钢轨的牵引电流不能全部经钢轨流回牵引变电所的负极,有一部分牵引电流会泄漏到道床等结构钢上,然后经过大地流回牵引变电所的负极,这部分泄漏电流因大地土壤的导电性质及地下金属管道的位置不同,可以分布很广,故称为"迷流"或"杂散电流"。直流牵引杂散电流示意图如图 5-16 所示。

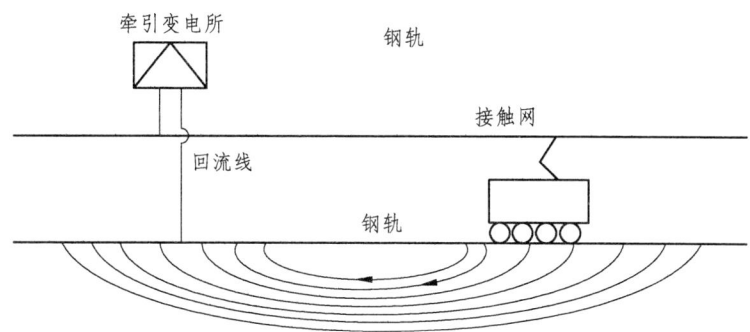

图 5-16 直流牵引杂散电流示意图

由图 5-16 可见,在牵引变电所回流线与钢轨相接的回流点处,地下迷流流回牵引变电所。当轨道沿地下有金属管道或建筑物钢筋等导电物时,地下迷流必多沿金属导体流动,到了回流点附近再流向钢轨,然后流回变电所,因此,在回流点附近的金属管道形成了阳极区,如图 5-17 所示,而且阳极区总是在回流点处不动,这就使阳极区内的金属物正离子流向大地,发生电解腐蚀现象,包括析氢腐蚀和吸氧腐蚀两种,从而损害地下金属管道。当接触网为"负"极性时,阳极区与阴极区将转变,阳极区将随着列车的移动随时移动,这样阳极区是不固定的,金属物的腐蚀现象比较均匀,情况不会太严重。当然接触网的选择不仅取决于此,目前还是以"正"极性为多。

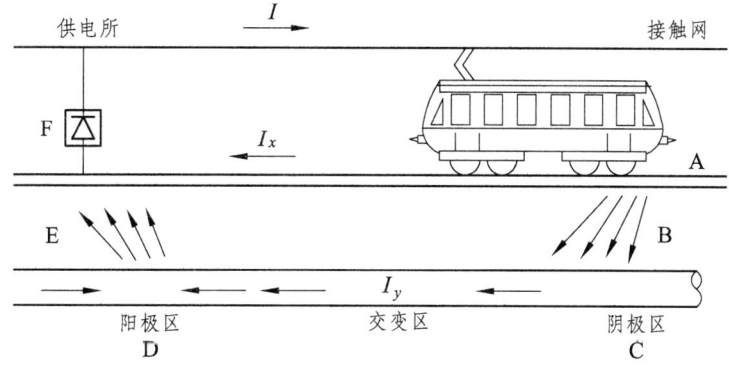

图 5-17 杂散电流的腐蚀原理

（二）迷流的危害

城市轨道交通中的迷流是一种有害电流,会对地铁中的电气设备、设施的正常运行造成不同程度的影响,对道床的结构钢和附近的金属管线也会造成危害。这种危害主要表现在以下几个方面:

（1）若地下迷流进入电气接地装置,会引起过高的接地电位,使某些设备无法正常工作。

（2）若钢轨（走行轨）局部或整体对地的绝缘变差,则此钢轨（走行轨）对大地的泄漏电流增大,地下迷流增大,这时有可能引起牵引变电所的框架保护动作。而框架保护动作会引起整个牵引变电所的断路器跳闸,导致全所失电,同时还会联跳相邻牵引变电所对应的馈电线断路器,从而造成较大范围的停电事故,影响城轨的正常运行。

（3）对城市轨道隧道、道床或其他建筑物的结构钢以及地下的金属管线（如电缆、金属管件等）造成电腐蚀。如果这种电腐蚀长期存在，将会严重损坏地铁附近的各种结构钢和地下金属管线，从而破坏结构钢的强度，缩短其使用寿命。

（三）迷流的防护措施

可以采取增加轨道与大地间的绝缘、降低走行轨道的电阻、缩短变电所之间的距离、金属管道远离轨道线路和其他专门的"电保护"等措施使轨道电流少泄入大地，即使有地下迷流也少流向地下金属物，已经流入地下金属物的电流，也使其在地下回流点处专设"电旁泄"直接流回变电所，不形成腐蚀的阳极区。"电旁泄"是一种专设的电流通道，它保证迷流从被保护建筑物回流入钢轨网、牵引变电所回流线或者直接流入与钢轨网相连的牵引变电所母线，使地下建筑物处于阴极状态。杂散电流通常的防护措施主要有以下几个。

1. 降低走行轨对地的电位

（1）牵引供电系统采用双边供电方式。正常运行方式采用双边供电，事故状态（一座牵引变电所解列）时也应采用大双边供电方式，因为双边供电比起单边供电有很多优点，降低走行轨对地电位就是其中之一，无论是轨道中平均电压损失，还是最大电压损失，双边供电都为单边供电的 1/4～1/3，即双边供电轨道对地电位为单边供电时的 1/4～1/3，双边供电时迷流降低为单边供电时的 1/4～1/3，这是显而易见的。

（2）减小走行轨电阻。上、下行走行轨并联可以降低回流电阻，将上、下行走行轨在区间用铜芯电缆连接，以减小回流电阻，降低走行轨对地电位，起到抑制迷流的作用。

2. 增加走行轨对地的过渡电阻

安装走行轨时，在其混凝土垫块上安装绝缘垫；固定走行轨用绝缘螺栓，加大走行轨对地的绝缘电阻，使每个绝缘垫的绝缘电阻在 4 MΩ 以上，走行轨敷设完毕时应当为 15 MΩ/km 以上，这样可以保证对杂散电流的抑制符合规程要求。

思考与练习

1. 城市轨道交通的供电系统主要由哪几部分组成？
2. 城市轨道交通的供电分成几级？
3. 牵引变电所和降压变电所的作用各是什么？
4. 什么是接触网？有几种形式的接触网？
5. SCADA 的作用是什么？
6. 什么是迷流？如何防护？

项目六　城市轨道交通信号系统

在城市轨道交通中，信号系统是最基础也是最关键的设备系统之一，具有不可或缺的重要性。由于城市轨道交通的运行安全、行车间隔、输送能力和运营效率都与信号系统密切相关，因此信号系统可被视为城市轨道交通行车调度和运营管理的"向导"和"大脑"。经过长期的实践积累，以及技术不断的创新发展，信号系统已经成为城市轨道交通技术含量最高的设备体系之一，具有网络化、综合化、数字化、智能化等现代化技术特征。

任务一　城市轨道交通信号系统概述

一、城市轨道交通信号系统的作用

作为城市轨道交通中技术含量最高的设备体系之一，信号系统担负着保证行车安全、提升运营效率、提供舒适乘车体验等重要作用。显然，应用合适的信号系统设备能够给城市轨道交通带来良好的经济价值和社会效益。

城市轨道交通信号系统概述

（一）确保列车的行车安全

城市轨道交通信号系统是指挥列车安全运行的关键性设备，只有在满足列车运行前方的轨道区段进路空闲、道岔位置正确、没有敌对或相抵触信号等条件时，才允许开放列车前行的信号；与此同时，信号系统实时防护着高速运行的列车，使之与前行列车以及后续列车保持足够的安全距离。所以，列车只有严格按照信号的显示以及安全防护条件运行，才能确保行车安全；反之，则可能导致事故发生。对于城市轨道交通而言，确保旅客的乘车安全是重中之重，因此信号系统担负着确保输送安全的重要使命。有了信号系统的保障，就可以减少列车的行车事故，降低事故影响，减少事故损失。

（二）提高城市轨道交通运营效率

地铁等城市轨道交通是市民日常出行的主要选择，因此行车效率越高越能缓解交通出行压力，提升城市运转水平。而在城市轨道交通中，信号系统设备对提高行车效率起着极其重要的作用。由于城市轨道交通信号系统采用了列车自动安全防护技术，可使列车在保证安全距离的前提下以允许的最大速度运行，能大大缩短行车间隔时间和列车停站时间，从而加大行车密度，进一步提高了城市轨道交通的运营效率。

（三）提供舒适的乘车体验

除了准点、便捷之外，良好的舒适度也是现代城市轨道交通的一大优点，能够极大地改善乘客乘坐城市公共交通的体验感。这得益于信号系统自动运行控制功能的实现，能为列车实时地计算最佳行驶速度和制动速率，目的在于模拟最佳司机驾驶，实现正常情况下列车平稳、高质量的自动运行。

二、城市轨道交通信号系统的技术特点

相比于传统的城市道路交通，城市轨道交通有着较大运量、运行准时、安全可靠等明显的优势。因此这对于城市轨道交通的信号系统来说，需要满足安全性高、通过能力大、抗干扰能力强、自动化程度高等技术要求。

随着科技的不断发展，城市轨道交通信号系统改变了传统的铁路以地面信号显示组织列车运行的方式，实现了以车载信号显示（见图6-1）为主体的行车凭证，利用计算机控制系统（见图6-2）对速度和进路进行控制选择，具有安全性高、通过能力大、自动化程度高等特点，完全可适应城市轨道交通高密度、短间隔、短站距、快速度等发展需求。另一方面，城市轨道交通信号系统拥有多形式的后备及降级模式可以转换，即便在出现行车故障的情况下仍能以尽量小的代价维持线路运营。

图6-1 车载信号显示示例

图6-2 计算机控制系统

三、城市轨道交通信号系统的组成及设备分布

城市轨道交通信号系统通常由信号基础设备、联锁设备、列车自动控制系统设备组成，结构如图6-3所示。

各组成设备广泛分布于轨道沿线、车站、控制中心、车辆段（场）以及列车上，互相进行数据传输和通信，协同完成城市轨道交通的信号控制功能。

信号基础设备主要是由分布在轨道沿线、车站、车辆段（场）及咽喉区的信号机、道岔转换设备、信号继电器、轨道电路设备、计轴器等组成，以实现最基本的信号显示、道岔位置转换、区段（列车）占用检测等功能。它们主要扮演着信号控制"执行者"的角色，其运用质量和可靠性直接影响着整个信号系统的控制效能。

项目六　城市轨道交通信号系统

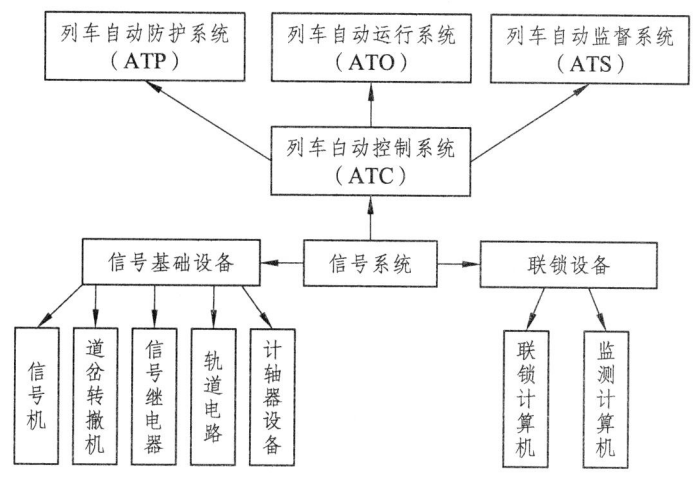

图 6-3　城市轨道交通信号系统设备组成

联锁设备主要由车站（联锁集中站）以及车辆段（场）信号设备室内的联锁计算机和监测计算机设备组成，用于实现联锁关系逻辑检验，执行进路控制和防护，驱动信号显示、道岔动作、屏蔽门开关，以及监测联锁命令开关量等核心功能，是整个信号控制的安全防护基础。

列车自动控制系统（ATC）主要包括列车自动防护（ATP）、列车自动运行（ATO）、列车自动监督（ATS）三大功能子系统，其设备广泛分布于轨道沿线、车站、控制中心（OCC）、车辆段（场）以及列车上，是整个城市轨道交通信号系统的"中枢神经"，用于实现列车运行间隔控制、超速防护、自动驾驶、调度指挥、信息管理、设备状况检测等功能。

任务二　信号基础设备认知

与铁路系统类似，城市轨道交通的信号基础设备通常包括信号机、道岔转换设备、信号继电器、轨道电路、计轴器等，这些基础的、具有通用性的设备主要作为信号控制的具体"执行者"，完成信号显示、道岔位置转换、区段（列车）占用检测等功能。而在一些设置和制式方面，城市轨道交通信号基础设备与铁路信号基础设备存在一定的差异。

一、城市轨道交通信号机认知

信号机在传统铁路运输中占据重要地位，是信号系统的标志性设备。城市轨道交通尽管自动化程度高，但信号机仍具有重要意义。

（一）城轨信号机特征

城轨信号机认知

城市轨道交通目前多采用与铁路相同的色灯信号机，但设置位置和信号显示意义不同于铁路，信号显示距离也有自己的规定。最突出的特点是：在城市轨道交通中，列车在正线上的运行速度不再完全取决于地面信号机的显示，即允许信号的绿灯、黄灯不再表示列车的运行速度，而主要用于指示列车的运行进路是走道岔直股还是弯股。信号机通过颜色、数目和灯光状态向司机传递线路信息。

147

（二）城轨信号机的设置位置

城市轨道交通通常采用右侧行车制，因此信号机多设置于列车运行方向的右侧，如图6-4所示。地铁隧道中需要安装信号机时一般安装在隧道壁上，如图6-5所示。特殊情况下，可以设置在列车运行方向的左侧或者隧道壁外其他位置。

图6-4　设置在列车运行方向右侧的信号机

图6-5　设置隧道壁上的信号机

（三）城轨信号机的类型

（1）信号机按照光源类型主要分为透镜式色灯信号机和LED色灯信号机两类。透镜式色灯信号机由灯泡、灯座、透镜组、遮檐和背板组成，设备如图6-6所示；透镜式色灯信号机结构简单、安全方便，被广泛应用。LED色灯信号机大小同透镜式色灯信号机类似，主要区别在于其信号机点灯单元由发光二极管构成，设备如图6-7所示；设备的特性决定了LED色灯信号机具有节能、免维护的特点，因此应用LED色灯信号机是发展环保理念的趋向。

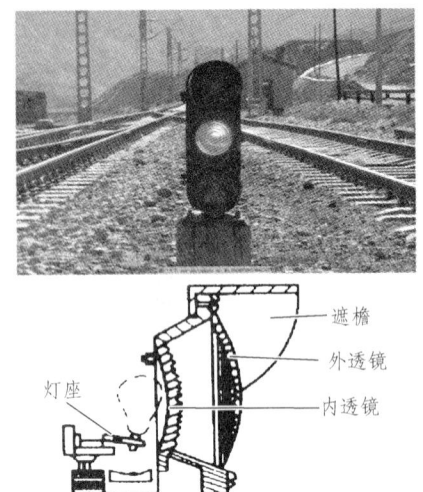

图6-6　透镜式色灯信号机

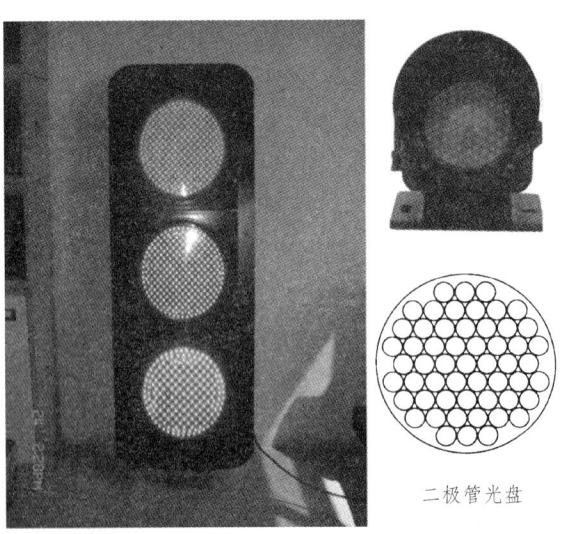

图6-7　LED色灯信号机

（2）信号机按照安装机构可分为高柱信号机和矮柱信号机两种类型。在城市轨道交通中，车辆段及车场的出入段（场）信号机往往采用高柱信号机（见图6-8），因为其具有显示距离远、观察位置明确等优点；而正线隧道内的安装空间往往很有限，一般采用矮型信号机（见图 6-9）。

图 6-8　高柱信号机

图 6-9　矮型信号机

（3）信号机按照其在运营中的使用功能一般分为防护信号机、阻拦信号机、通过信号机、进站信号机、出站信号机、预告信号机、调车信号机等。

二、城市轨道交通信号机显示意义

城市轨道交通和铁路系统一样会在运行区间设置色灯信号机，但其显示意义和铁路信号机有所不同。下面主要介绍城市轨道交通正线的防护信号机、阻拦信号机、通过信号机、进站信号机、出站信号机，以及车辆段（场）信号机的基本显示及意义。

信号机显示意义

（一）正线防护信号机

城市轨道交通通常在区间和站内道岔区设置道岔防护信号机，是一种非常重要且常见的信号机功能类型。防护信号机一般采用三灯位显示，自上而下灯位为黄、绿、红，而一些线路在采用列车自动防护系统（ATP）时会增加常亮的蓝灯。正线防护信号机显示意义如下：

亮一个红灯——属于禁止信号。意为：禁止列车越过该信号机。

亮一个绿灯——属于条件允许信号。意为：进路开通并锁闭，前方道岔开通在直向位置，允许列车按规定速度越过该信号机进入区间。

亮一个黄灯——属于条件允许信号。意为：进路开通并锁闭，前方道岔开通在侧向位置，允许列车按规定速度越过该信号机。

亮红灯+黄灯——属于引导信号。意为：允许列车以不超过 25 km/h 的速度越过该信号机，并随时准备停车。

常亮蓝灯——CBTC 行车指示信号。意为：系统处于 CBTC（ATC）正常运行模式下的行车指示灯。

正线防护信号机除了常用的信号显示之外，若根据实际运营需求需要设置其他显示意义的防护信号时，通常采用基本颜色组合或闪光的形式表达，也可以符号、数字等形式表示。例如，武汉地铁设有"绿灯+黄灯"的信号显示组合，表示禁止越过，前方仅有一个闭塞分区空闲。

图 6-10 为某地铁有岔站正线防护信号机的布置实例，图中 SYUL1、SYUL3、SYUL5、SYUL7 分别为岔区 3#道岔、7#道岔、9#道岔、13#道岔的防护信号机。

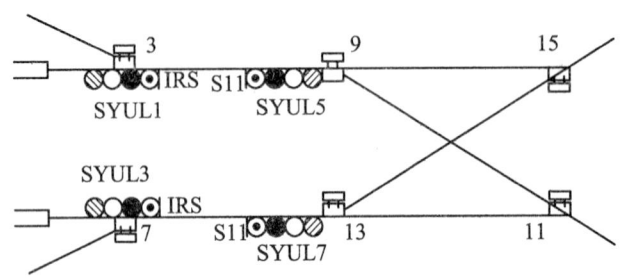

图 6-10　正线防护信号机布置实例

（二）正线阻拦信号机

城市轨道交通正线阻拦信号机一般布置在线路尽头，通常使用一个红色灯光表示不准列车越过该信号机，属于禁止信号。图 6-11 为某地铁终点站正线阻拦信号机的布置实例，其中 ZD5 和 ZD6 分别为某地铁线路终点站上行和下行线路的阻拦信号机。

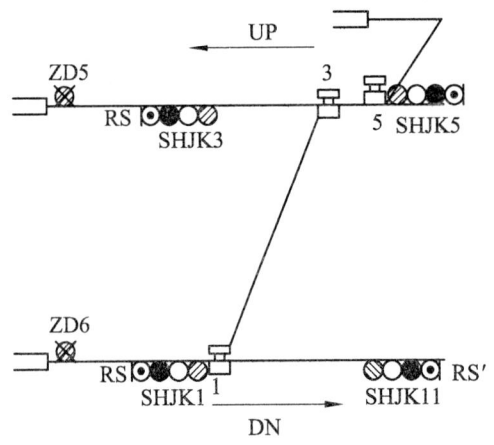

图 6-11　正线阻拦信号机布置实例

（三）正线通过信号机

城市轨道交通通常在正线区间闭塞分区分界处以及车站出口处设通过信号机。而线路采用列车自动防护系统（ATP）时可不用设置通过信号机。正线通过信号机显示意义如下：

亮一个绿灯——属于允许信号。意为：允许列车越过该架信号机，出站运行。

亮一个红灯——属于禁止信号。意为：禁止列车越过该架信号机，列车不得出站。

（四）正线进站信号机

城市轨道交通正线进站信号机通常设置在进入车站前方线路上。而线路采用列车自动防护系统（ATP）时可不用设置进站信号机。正线进站信号机显示意义如下：

亮一个绿灯——属于允许信号。意为：允许列车越过该架信号机，进入车站。

亮一个红灯——属于禁止信号。意为：禁止列车越过该架信号机，列车在该架信号机外方停车。

（五）正线出站信号机

城市轨道交通正线出站信号机通常设置在车站出口处前。而线路采用列车自动防护系统（ATP）时可不用设置出站信号机。正线出站信号机显示意义如下：

亮一个绿灯——属于允许信号。意为：允许列车越过该架信号机，出站运行。

亮一个红灯——属于禁止信号。意为：禁止列车越过该架信号机，列车不得出站。

（六）车辆段（场）信号机

在城市轨道交通中，涉及车辆段（场）信号机的显示意义通常遵循以下两点基本原则：

（1）出段（场）信号机显示宜与正线保持一致。当车辆段（场）部分或全部纳入列车运行安全防护范围时，相应范围内的信号机及其显示宜与正线一致。

（2）车辆段（场）内的调车信号机宜为蓝、月白二显示。蓝色灯光表示调车禁止，月白色灯光则表示调车进行。

三、信号继电器认知

继电器是目前各个领域自动控制系统中常见的基础电气设备，是构成控制电路的基本单位，主要用于接通和断开电路，并可发布控制命令和反映设备状态。尽管已经诞生很久，但继电器因其结构及功能的可靠性和安全性，在城市轨道交通信号控制系统中仍然有着非常广泛的应用，具有重要意义。

信号继电器认知

（一）信号继电器的概念

继电器是一种电磁开关，能以极小的电信号执行电路中的大功率设备，能控制数个对象和数个回路，能控制远距离对象，故继电器在自动控制及远程控制领域有非常广泛的应用。而城市轨道交通信号系统中所应用的继电器，统称为信号继电器。

（二）继电器的结构及动作原理

1. 继电器的结构

如图 6-12 所示，常用的信号继电器一般都是由电磁系统和接点系统构成的。其中，电磁系统主要包括衔铁、铁心、轭铁及线圈；接点系统则由动接点（中接点）和静接点（前、后接点或上、下接点）构成。

2. 继电器的动作原理

当线圈通电时，在铁心中产生磁通，此时整个电磁系统相当于一个电磁铁；当电磁吸引力足够大时，中接点向上运动并与前接点闭合，接通前接点所构成的电路。当线圈断电时，流经铁心的电流减少，致使整个电磁系统的电磁吸引力下降，此时中接点由于重力落下并与后接点闭合，从而接通后接点所构成的电路。利用继电器这样的动作原理可以轻松实现电路通断、切换等控制，同时兼具稳定性、安全性和可靠性。

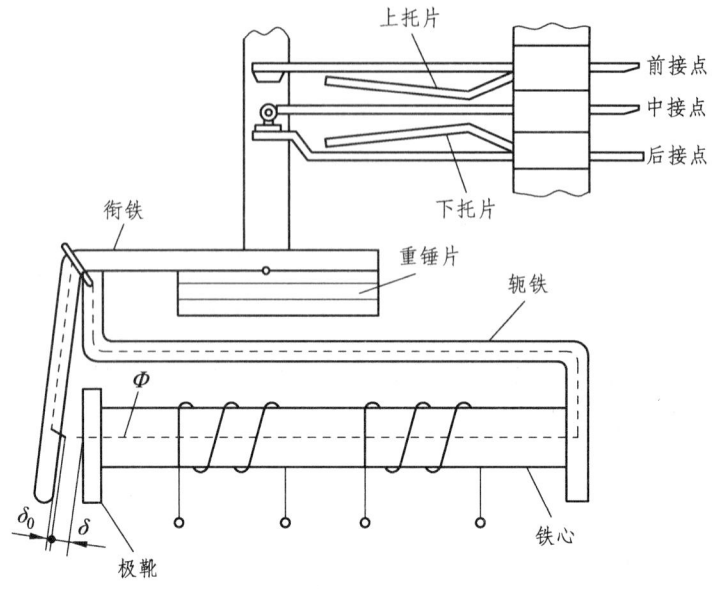

图 6-12 信号继电器的一般结构

（三）继电器在信号系统中的用途

继电器在传统铁路电气集中控制的信号系统中起着核心控制作用；而在以电子式或计算机式信号系统为主的城市轨道交通中，继电器主要作为设备运作的安全驱动接口，比如道岔转换控制、信号机点灯都是通过继电器组合动作实现的。继电器能起到故障导向安全的作用。

图 6-13 和图 6-14 分别为某地铁信号机点灯控制电路和道岔动作控制电路的局部示意图，图中画圈的部分即信号继电器在控制电路中的符号，通常以组合的形式控制电路通断和切换。

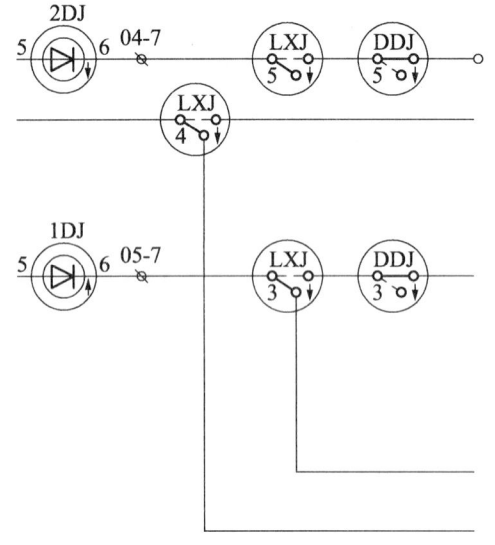

图 6-13 信号点灯电路（局部）

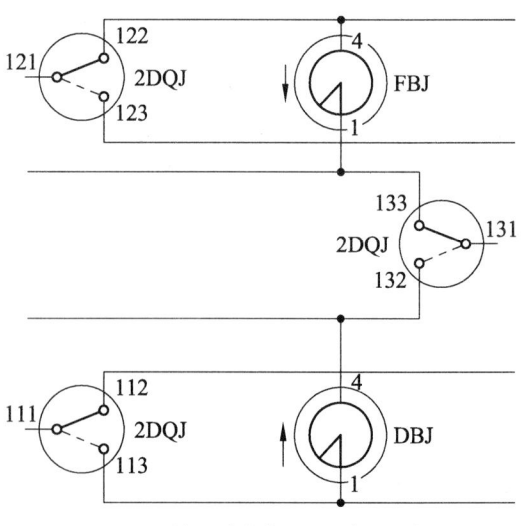

图 6-14 道岔动作控制电路（局部）

（四）信号继电器的分类

1. 按照动作原理分类

信号继电器可分为电磁继电器（见图 6-15）和感应继电器（见图 6-16）。轨道交通信号系统运用的绝大多数是电磁继电器，因此平时说的信号继电器通常就指的是电磁类继电器。

图 6-15　电磁继电器

图 6-16　感应继电器

2. 按照动作速率分类

信号继电器可分为正常动作继电器（见图 6-17）和缓放动作继电器（见图 6-18）。缓放动作继电器吸起和落下的时间较正常动作继电器慢。

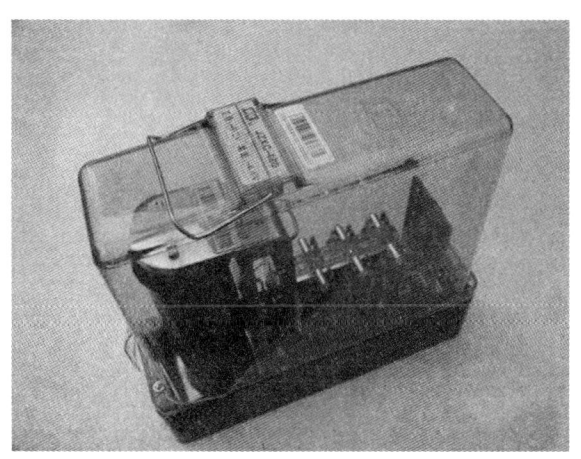

图 6-17　正常动作继电器

图 6-18　缓放动作继电器

3. 按照通电极性分类

信号继电器可分为无极继电器（见图 6-19）和有极继电器（见图 6-20）。无极继电器采用直流电源，其电磁线圈没有特定方向，无论什么极性，只要能达到规定的动作电压（或电流），继电器就励磁吸起；无极继电器是最通用的信号继电器，很多型号的继电器均为无极继电器的派生。有极继电器根据线圈中电流极性的不同而具有定位和反位两种稳定状态，这两种稳定状态在线圈中电流消失后，仍能继续保持，故又称极性保持继电器，因此具有反映外来输入信号电极方向的功能。

图 6-19　无极继电器　　　　　　图 6-20　有极继电器

四、道岔转换设备

众所周知，道岔是轨道交通体系最基础也是最关键的行车设备，关乎着列车变股、折返，直接影响到线路通过能力和运营安全性。而道岔位置的改变，就是由信号系统控制道岔转换设备的来回动作而实现的。

道岔转换设备

（一）道岔转换设备的概念

道岔转换设备也称为转辙装置。如图 6-21 所示，道岔转辙装置主要由转辙机（含锁闭装置）、各类杆件以及安装装置构成，它们共同完成道岔的启动、转换和锁闭。其中转辙机是整个转辙装置的核心和主体，在道岔控制电路的驱使下，带动转辙设备的各组成部分实现道岔的位置转换。

图 6-21　道岔转换装置

（二）道岔转换设备的用途

（1）解锁、启动和转换道岔。转辙机通电后解锁并启动，然后通过动作杆牵拉道岔尖轨到达规定的位置。

（2）锁闭道岔。道岔尖轨到达规定的位置且与基本轨密贴后，由转辙机、杆件以及锁闭装置共同施行锁闭，防止外力转换道岔。

（3）正确反映道岔的位置。道岔的尖轨和基本轨密贴后，由转辙机和表示杆共同给出相应的位置表示。只有给出正确的位置表示，才意味着道岔正常转换到位。

（4）故障报警。道岔挤岔或因故处于两侧尖轨均未与基本轨密贴的"四开"位置时，将及时在控制中心人机接口界面和车站微机监测上给出报警及显示。

（三）道岔转辙机的类型

1. 按照动力来源和传动方式分类

转辙机可分为电动转辙机、电液压转辙机。其中，电动转辙机由电动机提供动力，采用机械传动方式。常见的有S700K型电动转辙机、ZDJ9型电动转辙机、ZD6型电动转辙机等，图6-22为S700K型电动转辙机内部结构。

电液转辙机由电动机提供动力，采用液压传动方式。常见的有ZYJ7型电液转辙机，图6-23为ZYJ7型电液转辙机内部结构。

图6-22　S700K型电动转辙机

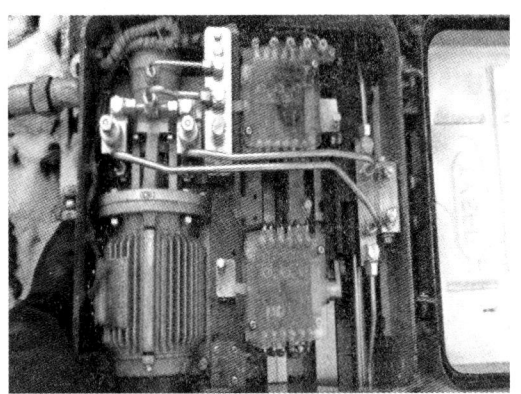
图6-23　ZYJ7型电液转辙机

2. 按照供电电源分类

转辙机可分为直流转辙机和交流转辙机。其中，直流转辙机采用直流电源进行供电，ZD6型转辙机就属于直流转辙机，图6-24展示了ZD6型转辙机内部结构。直流转辙机结构简单、成本低，但故障率较高，目前主要在车辆段（场）内应用较多。

交流转辙机采用三相交流电源进行供电，S700K、ZDJ9、ZYJ7型等转辙机都属于交流转辙机，图6-25展示了ZDJ9型转辙机内部结构。实践证明，交流转辙机相对于直流转辙机动作更稳定，故障率较低，因此在城市轨道交通正线应用广泛。

3. 按照锁闭道岔的方式分类

转辙机分为内锁闭转辙机和外锁闭转辙机。其中，内锁闭转辙机的锁闭机构设置在转辙机内部，常见的有ZD6型转辙机。内锁闭装置锁闭可靠性较差，因其设置在转辙机内部，所以转辙机整体上易受到列车冲击的影响，因此主要应用在日常动作频率较低的道岔。

外锁闭转辙机主要在转辙机外独立设置外锁闭机构来锁闭道岔，常见的有S700K型转辙机。外锁闭转辙机锁闭可靠，可有效分散列车对转辙机的冲击，使用寿命长，因此广泛应用于日常动作频繁的折返道岔。

图 6-24　ZD6 型直流转辙机　　　　　　图 6-25　ZDJ9 型交流转辙机

五、轨道电路设备认知

在城市轨道交通中，为了实现最基本的列车安全防护，需要对列车运行的线路区段的占用情况进行检测和监督，并确定占用范围。而轨道电路就是信号系统中最常见的区段（列车）占用检测设备，同时具备行车信息传输的功能。

轨道电路设备

（一）轨道电路的概念

狭义上的轨道电路是指利用钢轨作为导体，并结合钢轨绝缘构成的电回路，而构成轨道电路的设备可统称为轨道电路设备，如图 6-26 所示。

图 6-26　轨道电路设备（室外）

在城市轨道交通中，轨道电路用来检测、监督线路区段的列车占用情况，将列车运行与信号显示等联系起来，也可通过电码传递列车防护有关信息，作为车地信息通信的通道。

（二）轨道电路的结构和工作原理

1. 轨道电路的结构组成

一段最简单的独立轨道电路由导体、送电设备、受电设备、钢轨绝缘、轨端接续线、限流电阻等设备组成,其结构如图 6-27 所示。

其中:导体主要包括钢轨、连接夹板、导接线等;送电设备主要包括正线上的控制板、辅助板、电源板、耦合单元、感应环线、连接棒线,以及车辆段(场)的送电电源、送电(降压)变压器、熔断器等;受电设备主要包括正线上的控制板、辅助板、电源板、耦合单元、感应环线、连接棒线,以及车辆段(场)的升压变压器、连接电缆、轨道继电器(GJ)等;钢轨绝缘主要有电气绝缘(正线)和机械绝缘(车辆段场)两种方式。

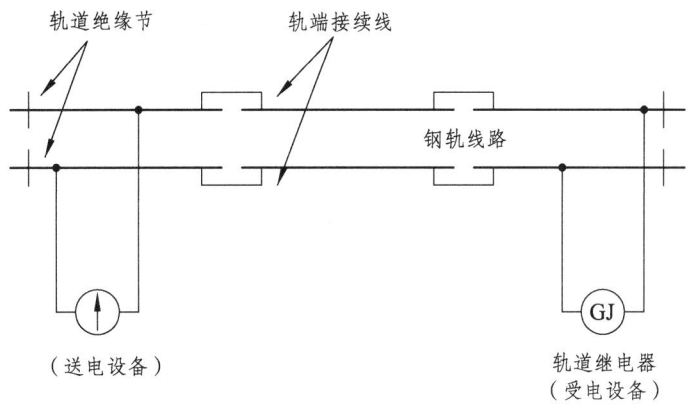

图 6-27 最简单的轨道电路组成

2. 轨道电路的工作原理

轨道电路所构成的闭合电回路,由轨道继电器的接点状态来反映区段是否有车占用。具体工作原理分情形说明:

情形一:当闭塞区间内无列车行驶时,电流会从送电电源经由钢轨流经受电端的轨道继电器,并使其励磁带动接点,接通绿灯电路(信号机立即显示允许通行信号),表示前方线路空闲,允许机车车辆占用。

情形二:当有列车驶入闭塞区间时,电流被列车金属轮对和车轴分路,使得流经轨道继电器的电流大大减小,轨道继电器因失去电流而失磁,接点接通红灯电路(信号机立即显示禁止通行)。假若轨道断裂,轨道电路因此阻断而造成继电器失磁,信号机也会显示禁止运行的信息,仍可保障列车行驶安全。当列车驶离整个区间,继电器便会重新励磁使得绿灯再次亮起,即告知其他列车便可进入该轨道电路所监督的闭塞区间。

(三)轨道电路的用途

(1)监督检测区段(列车)占用情况,作为行车安全防护基础条件。轨道电路反映的有关线路区段空闲时,提示可以开放信号引导列车进入;轨道电路反映的有关线路区段占用时,控制有关信号机关闭,将信号显示与列车运行结合起来。

(2)传递行车安全信息。在正线上,可以根据列车的不同位置,传递不同的速度控制等信息,实现列车追踪和安全防护。

(3)检查和监督轨道上的钢轨是否完好。当某一轨道电路区段的钢轨折断时,轨道继电器也将因无电而释放衔铁,防护这一段轨道的信号机也就不能开放等。

轨道电路结构简单、易实现，兼具车地信息传递通道的功能；但也存在抗外界干扰能力弱、维护量大，能够传递的行车信息有限等问题。因此，在城市轨道交通实际应用中，轨道电路较少在正线进行布置，而主要设置在车辆段（场）作为区段（列车）占用检测设备。

六、计轴器设备认知

前面提到的轨道电路作为一种基础的区段（列车）占用检测、监督设备，在城市轨道交通的车辆段（场）中有着较为普遍的应用；而另一种常见的区段（列车）占用检测设备——计轴器，则在城市轨道交通正线区间中应用得非常广泛。

计轴器设备

（一）计轴器的概念

计轴是用于计算车辆进出轨道区段的轮轴数，分析该区段是否有列车占用的一种技术设备。它和轨道电路一样具有检测区段是否占用与空闲的功能，而且不受轨道线路道床状态等环境影响。

计轴器采用轨道（车轮）传感器、电子连接单元和计轴评估单元来感应、记录并计算比较列车驶入和驶出轨道区段的轴数来判断占用与否，整个计轴设备组成如图 6-28 所示。

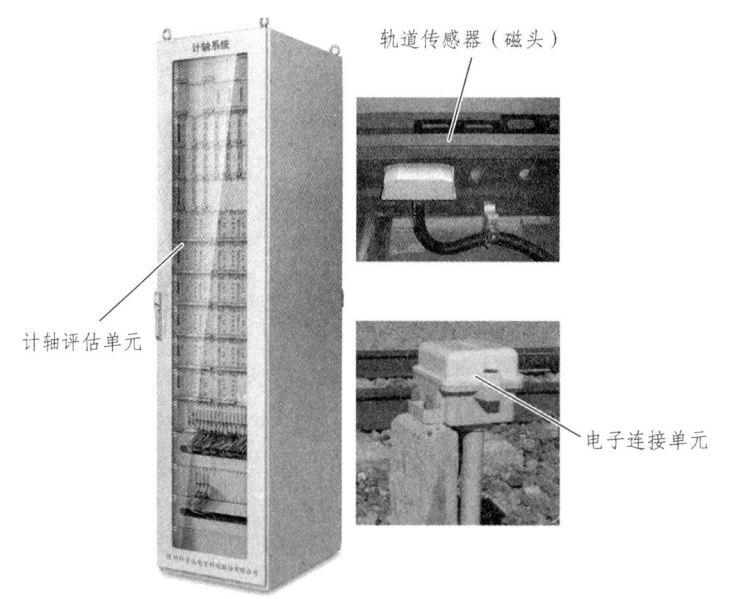

图 6-28　计轴设备组成

（二）计轴器的结构及功能原理

如图 6-29 所示，计轴器主要由设在轨道区段端口处的室外传感检测设备（包括车轮传感器、电子连接单元箱盒等）和设置于信号机房的室内运算处理设备（包括计轴评估单元计算机、轨道继电器、防雷设备等）构成。

利用计轴器来检测轨道区段占用情况的工作逻辑为：根据电磁感应原理，当列车车轮经过车轮传感器磁头时，计轴磁头可以探测到通过列车的轮轴数，经过电子连接单元向计轴评估单元报告，由计轴评估单元判定运行方向，确定对轴数是累加计数还是递减计数。需要指出的是，从安全角度考虑，每个车轮传感器由相互独立且电路分离的两套传感单元电路组成，每套传感单元电路都能独立地感应驶入和驶出的车轮轮轴信号，两套传感单元电路同时工作组成"二取二"冗余结构。当列车车轮跨越车轮传感器时，两套传感电路分别感应出车轮轮轴信号，只有当两路轮轴信号满足有先后有重叠的特征时，才被认为是有效的车轮信号。

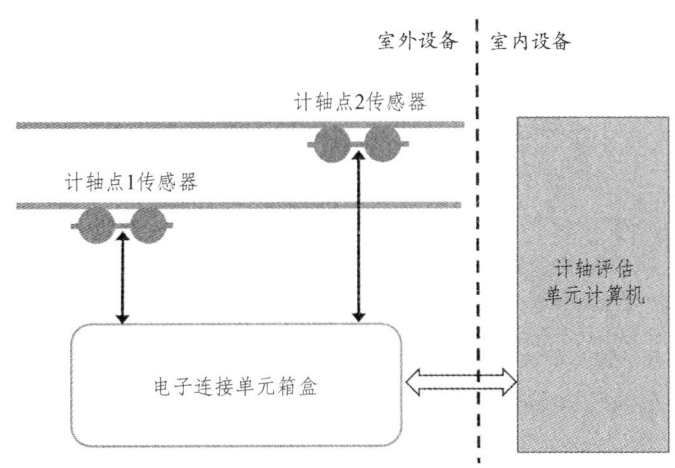

图 6-29　计轴的结构原理

计轴具体工作原理如图 6-30 所示，通常规定，凡是进入防护区段的轮轴数进行加轴运算，凡是驶出防护区段的轮轴数进行递减运算；因此对一个轨道区段设置计入和计出两个传感器，当计入和计出轴数相等时判断区段空闲，当计入和计出轴数不同时判断区段占用。

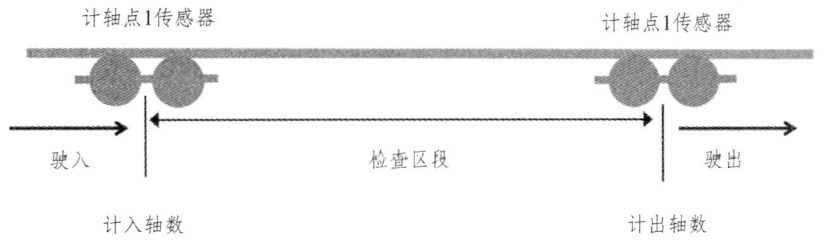

图 6-30　计轴的工作原理示意图

（三）计轴器的用途

计轴器和轨道电路相同，主要用于检测列车占用状态，而且计轴器设备稳定性好、抗干扰能力要强于轨道电路，且不受制于轨道线路条件，轨旁设备少，便于安装，整体维护量小。但计轴设备相对来说比轨道电路成本高，也没有传输行车信息的功能。

计轴器优点明显，是目前较为理想的区段（列车）占用检测设备，在城市轨道交通正线上应用非常广泛。在采用先进的列车自动运行控制系统的城市轨道交通线路上，当基于通信的自动控制功能失效时，通常采用计轴来定位列车所在轨道区段，构成"降级"信号，也就是说在后备模式下来确保基本的行车进路安全。

任务三 区间闭塞技术

城市轨道交通列车有特定的行车区间，其在线路上运行速度快、制动距离长，且不可避让。在这种行车环境下，只有实行区间闭塞才能组织列车在区间线路上有序且安全地运行。

区间闭塞的概念及方法

一、区间闭塞的概念及方法

为了确保列车在行车区间内的运行安全，列车由车站向区间发车时必须确认区间内没有列车，并需遵循一定的规律组织行车，以免发生列车正面冲突或追尾等事故。因此诞生了区间闭塞的概念及方法。

（一）区间闭塞的概念和原理

区间闭塞是指为了确保列车在区间的行车安全，避免正面冲突和追尾事故的发生，同时为了提高轨道交通运输效率而采取的行车组织方法，并通过一定的技术和设备来支撑实现。

区间闭塞的原理简单明了，如图 6-31 所示，在同一区间（分区）只准许一列列车运行，一旦列车占用区间（分区），即实行闭塞，在闭塞解除之前，不准许其他列车驶入。通过这种方式就可以保证同向行驶的列车不会出现追尾等行车事故。

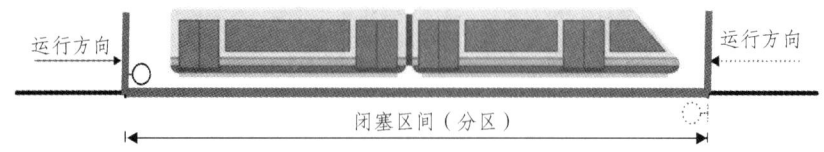

图 6-31 区间闭塞原理示意图

（二）实现闭塞的方法

自闭塞的概念诞生以来，有两种实现闭塞的方法：

第一种叫作时间间隔法。如图 6-32 所示，时间间隔法实现闭塞的方式是让列车按事先规定好的时间发车，使前行列车和追踪列车保持一定的时间间隔运行。时间间隔法的缺点是：不能确切得到前行列车的运行情况，并不能保证列车在区间安全运行。例如，当先行列车在途中遇到突发情况或晚点等非正常情况时，后续列车无法预知，依然按照既定时间间隔发车，就很可能发生追尾事故。

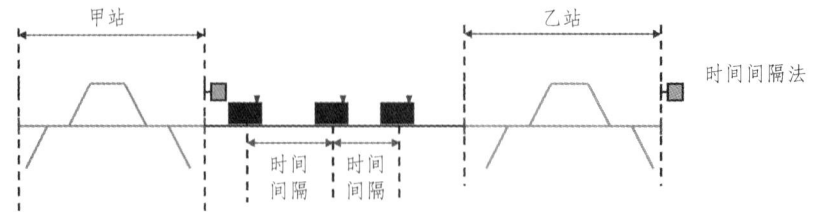

图 6-32 时间间隔法实现闭塞的原理示意图

第二种叫作空间间隔法。如图 6-33 所示，空间间隔法实现闭塞的方式是把线路划分为若干个区段（区间或闭塞分区），在每个区段内同时只准许一列车运行，使前行列车和追踪列车之间必须保持一定距离间隔运行。这种方法能严格把列车分隔在两个空间，可以有效地防止列车追尾和正面冲突事故发生，确保列车运行安全。

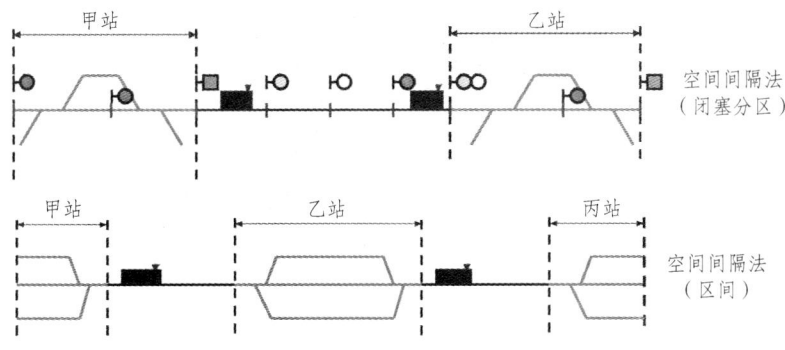

图 6-33　空间间隔法实现闭塞的原理示意图

显然，空间间隔法才具有实质性的安全保证功能。我们现在通常说的"区间闭塞"实际上就是指的采用空间间隔法的行车组织形式。

（三）城市轨道交通主要的闭塞制式

目前应用于城市轨道交通的主要闭塞制式主要有：固定闭塞、准移动闭塞和移动闭塞。当信号系统瘫痪时，还保留着原始的电话闭塞，作为应急行车组织方式。

二、区间闭塞技术的演变

闭塞技术诞生于 19 世纪，随着工业控制技术的发展而历经更迭。就闭塞办理的自动化程度而言，区间闭塞技术经历了人工闭塞到半自动闭塞再到自动闭塞的发展历程。

区间闭塞技术的演变

（一）人工闭塞阶段

在 19 世纪闭塞技术出现之初，科技还不发达的环境下，主要通过人工来办理区间闭塞。即人工检查区间状态和办理或交接占用区间凭证。常见的人工闭塞主要有：电报闭塞、电话闭塞、路签（路牌）闭塞。

图 6-34 所展示的是人工路签（牌）闭塞的办理场景。其工作原理为：在确认区间空闲的前提下，由调度员向发车站值班员下达签发路票指令，发车站值班员填写路票，并交与司机，列车司机根据路票的指令，允许该列车占用区间，运行至接车站；列车到达接车站后，司机将路票交还给接车站值班员，区间闭塞解除。

值得一提的是：时至今日，仍有一些地铁线路保留着人工闭塞功能，主要用于列控设备瘫痪情况下的应急行车组织。

（二）半自动闭塞阶段

随着第二次工业革命的发展，区间闭塞技术也进入了电气时代，诞生了半自动闭塞技术。

半自动闭塞是指在区间两端车站各装设一台具有相互电气锁闭关系的半自动闭塞机，并以出站信号机开放显示为行车凭证的闭塞方法，如图 6-35 所示。

图 6-34　人工路签（牌）闭塞办理场景

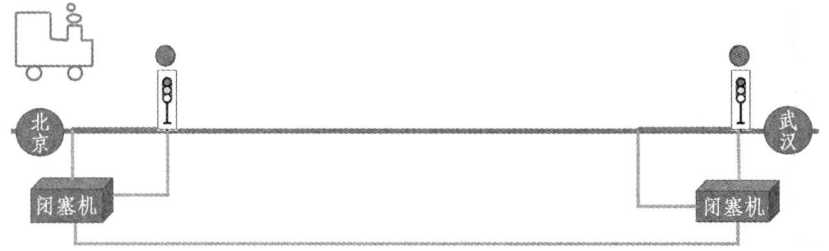

图 6-35　电气半自动闭塞示意图

半自动闭塞行车中，出站信号机不能任意开放，它受闭塞机控制；只有区间空闲时，双方办理闭塞手续后（双线半自动闭塞为前次列车的到达复原信号）才能开放。

半自动闭塞法办理手续简便，效率高，一定程度上改善了人工闭塞的劳动条件。但其办理过程中仍需要人工参与。

（三）自动闭塞阶段

20 世纪以来，自动控制技术得到了飞速发展，区间闭塞技术也正式进入自动化的新时代。自动闭塞是运用自控制技术，将列车和通过信号机的显示联系起来，使信号机的显示随着列车运行位置而自动变换的一种闭塞方式，完全不需要人工参与。

自动闭塞在每个闭塞分区设置有占用检测设备，可以凭通过信号机的显示行车，也可凭车载信号行车；能实现列车追逐；无须办理闭塞手续，自动变换信号显示。

自动闭塞技术完全解放了人力，也提高了行车效率，是当前城市轨道交通行车闭塞技术的基础。各类有效闭塞方式均从自动闭塞演化而来。

三、固定闭塞认知

闭塞方式的发展，从最早的人工闭塞开始到半自动闭塞，目前已经到了不需要人工参与的自动闭塞阶段。而固定闭塞就是最基础的自动闭塞方式。

固定闭塞认知

（一）固定闭塞原理

固定闭塞将线路划分为固定的闭塞分区，前后车的位置都是以固定区段为单位进行检测；

闭塞分区以信号机为界限，用轨道电路或计轴装置来划分；当闭塞分区有车驶入占用时，始端信号机关闭，当列车完全驶出时才重新开放。

（二）固定闭塞的行车特征

固定闭塞的行车特征如图 6-36 所示。

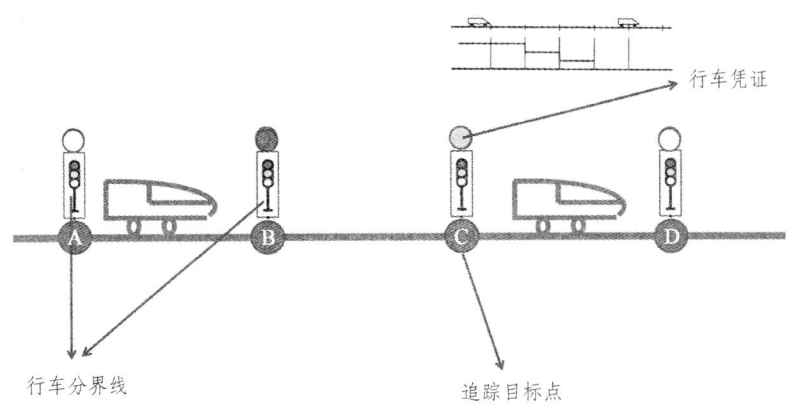

图 6-36　固定闭塞行车特征示意图

（1）行车分界线。固定闭塞信号系统的行车分界线主要由地面信号机组成，包括进、出站信号机，防护信号机以及分界点信号机等。

（2）行车凭证是由出站信号机稳定的绿色灯光和传送给列车的速度值（是呈阶梯式的速度码）构成的。

（3）追踪目标点是先行列车所在闭塞分区的始端。

（三）固定闭塞的优缺点

固定闭塞的主要优点：设备系统组成简单，建设成本较低，先行列车所在区间的始端和本次列车所在分区的终端之间空间间隔由若干个固定的闭塞分区构成，所以能保证行车的安全性。

固定闭塞的主要缺点：固定闭塞的闭塞长度较大，并且一个分区只能被一列列车占用，所以不利于缩短列车运行间隔，无法满足提高系统能力、系统安全性和互用性的要求。另外，固定闭塞一般通过轨道电路等轨旁设备判别闭塞分区占用情况，并传输信息码，因此需要铺设大量的轨旁设备，造成运营期间维护工作量和维护成本较大。

四、准移动闭塞认知

准移动闭塞也叫半固定闭塞，是一种介于固定闭塞和移动闭塞之间的闭塞方式，其行车特征相比固定闭塞有一定改变，但并未突破固定闭塞的闭塞分区限制。

准移动闭塞认知

（一）准移动闭塞原理

准移动闭塞的关键点在于对前、后列车采用了不同的定位方式。概况而言：为了提高固定闭塞的行车效率，在前行列车定位仍维持固定闭塞的方式下，对后续列车采取了更精确的连续式定位。这样，尽管列车追踪目标仍是前车所在闭塞分区，但后续列车可以根据精确的位置信息和线路状况采取平滑减速接近，不必再设置多个闭塞分区间隔进行防护。因此，准移动闭塞可解释为"预先设定列车的安全追踪间隔距离，然后根据前方目标状态得出列车的可行车距离和运行速度"。

（二）准移动闭塞的行车特征

固定闭塞的行车特征如图 6-37 所示。

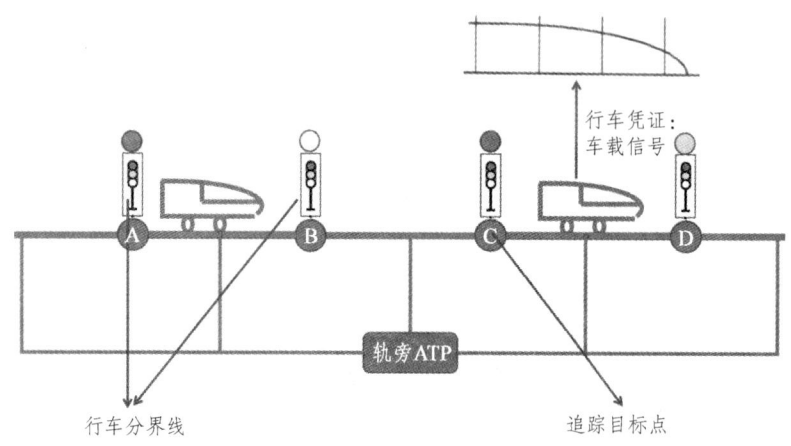

图 6-37　准移动闭塞行车凭证示意图

（1）行车分界线。准移动闭塞的行车分界线和固定闭塞类似，主要由地面信号机组成，包括进、出站信号机，防护信号机以及分界点信号机等。

（2）行车凭证。准移动闭塞对后续列车采用连续性定位，行车距离和运行速度由车载计算机根据追踪目标实时计算更新，所以准移动闭塞的行车凭证为车载信号相对应的目标速度曲线值，并且不再依赖地面信号机的点灯信息。

（3）追踪目标点。与固定闭塞一致，仍然是先行列车所在闭塞分区的始端。

（三）准移动闭塞的优缺点

准移动闭塞的主要优点：准移动闭塞在控制列车安全间隔方面比固定闭塞更进一步，可以告知后续列车继续前行的距离，后续列车也可以通过这一距离合理地采取减速或者制动，从而可以改善列车控制、缩短时间间隔，提高线路使用效率。

准移动闭塞的主要缺点：准移动闭塞中后续列车的追踪目标和最大目标制动点仍为先行列车所占用闭塞分区的始端，没有完全突破固定闭塞需要有明确闭塞分区的限制，难以进一步压缩行车间隔、提高行车效率。

五、移动闭塞认知

移动闭塞是目前最先进的闭塞方式，采用移动闭塞行车理论上能将行车间隔缩短到 90 s 以内，大大提高了行车效率和安全性，成为高密度城市轨道交通系统的主流制式。

移动闭塞认知

（一）移动闭塞原理

移动闭塞对前后列车都采用精确的连续式定位，然后基于先进的车地双向、大容量通信技术，将地面计算机计算的移动授权信息发送给车载设备，再由车载计算机实时计算出最大允许速度曲线，并按此曲线对列车实际速度进行监控，进行实时不间断的超速自动防护。因此，移动闭塞可解释为"列车安全追踪间隔距离不预先设定，而随列车的移动不断移动并变化的闭塞方式"，不再需要设置明确的闭塞分区。

（二）移动闭塞的行车特征

固定闭塞的行车特征如图 6-38 所示。

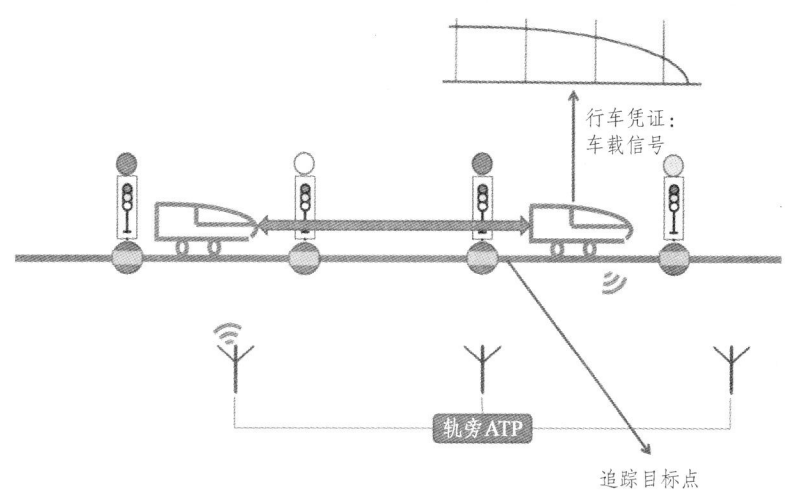

图 6-38　移动闭塞行车特征示意图

（1）行车分界线。移动闭塞取消了闭塞分区的限制，行车分界线由列车移动授权的终点进行划分。

（2）行车凭证。与准移动闭塞一样，行车距离和运行速度由车载计算机根据移动授权信息实时计算更新，所以移动闭塞的行车凭证同样为车载信号相对应的目标速度曲线值，并且不再依赖地面信号机显示。

（3）追踪目标点。移动闭塞追踪目标点是先行列车的尾部，再加上一定的安全距离。

（三）移动闭塞的特点

移动闭塞相比固定闭塞和准移动闭塞有了实质性的发展，主要体现在已经没有将线路分成若干个闭塞分区的概念。列车监督运行间隔是随列车移动而动态变化的，依靠强大的车地通信能力，使得地面和车载计算机能实时地计算和控制安全间隔，确保不会发生追尾。列车制动时机、制动起点和终点均是动态变化的，其目的就是最大限度地利用车辆特性全速运行，尽可能压缩行车间隔，并提高乘车舒适度。

总而言之，移动闭塞是一种采用先进的通信、计算机、控制技术相结合的行车闭塞方式，基于移动闭塞的信号系统正广泛地应用在各大城市轨道交通线路上。

任务四　城市轨道交通联锁基础

联锁在轨道交通信号控制中具有非常重要的意义。联锁设备可视为轨道交通行车最基础的安全防护设备。城市轨道交通中，在车站（有岔站）和车辆段（场）均需要构成逻辑严密的联锁关系来控制道岔转换和信号机的开放，以及进路的建立和解锁，确保行车安全。

一、进路的基本知识

城市轨道交通列车都是按照特定的行进线路进行运行的，行驶的路径不能发生错误，否则就可能引发行车事故。由道岔开通方向所决定的不同行进路径是整个联锁防护的前提。

进路的基本知识

（一）进路的概念和种类

1. 进路的概念

列车或调车车列在站内运行时所经由的路径称为进路。

2. 进路的种类

按作业性质，进路可分为列车进路和调车进路两类。其中，列车进路又可分为接车进路、发车进路和通过进路；调车进路按方向可分为调车接车方向的进路和调车发车方向的进路。

（二）进路的划分原则

进路的划分是指确定各种进路的始端和终端。进路的始端处，应设置信号机加以防护；而其终端处，也多以同方向的信号机为界，在进路的终端处无信号机时，以车挡、站界标或警冲标为界。

总结进路的划分原则有以下几点：

（1）进路的始端应设信号机；

（2）进路范围内包括道岔和道岔区段；

（3）一架信号机同时可防护几条进路，即它可作为几条进路的始端；

（4）发车进路的终端可以是信号机、站界标以及警冲标；

（5）调车进路和列车进路一样，也要有一定的范围，才能对它进行防护。调车进路的始端是防护该调车进路的调车信号机或出站兼调车信号机，终端则视具体情况而定。

（三）道岔与进路之间的关系

根据线路开通的方向而定，道岔有定位和反位两个工作位置，进路则有锁闭和解锁两个状态。当道岔的位置正确且表示正常时，进路才能锁闭；而进路解锁后，道岔才能被允许改变其工作位置。以下利用图 6-39 来表达这种关系：根据图中 1#道岔的不同位置，可以形成不同的接车轨道，即 1#道岔的反位建立 I 道下行接车进路，1#道岔的定位则建立 II 道下行接车进路。

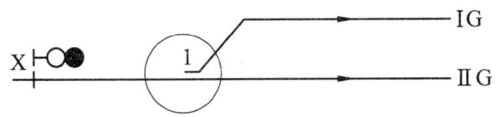

进路号	进路名称	道岔
1	I 道下行接车进路	（1）
2	II 道下行接车进路	1

图 6-39 不同道岔位置所决定的进路示例

（四）进路与进路之间的关系

进路与进路之间存在着两种不同性质的进路关系：一是抵触进路，二是敌对进路。以下通过图 6-40 来解释这两种进路的关系和区别：以图中下行方向 1 道接车进路为例，它的敌对进路是 6，抵触进路有 2 和 3；从具体路径来看，它们都是与接车进路能重叠的进路，区别在于抵触进路可以通过道岔的位置加以区分和改变，但敌对进路则不能。因此，敌对进路的占用与否是列车能否安全行进的重要条件。

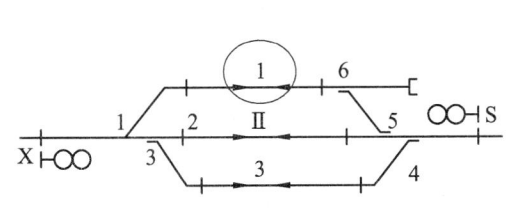

进路号	进路名称	敌对进路	抵触进路
1	下行 1 道接车进路	6	2，3
2	下行 II 道接车进路	5	1，3
3	下行 3 道接车进路	4	1，2
4	上行 3 道接车进路	3	5，6
5	上行 II 道接车进路	2	4，6
6	上行 1 道接车进路	1	4，5

图 6-40 不同性质的进路关系示例

二、联锁的概念及内容

联锁是城市轨道交通信号系统保证行车安全最基本的技术举措，主要用于列车在有岔车站进行折返和出入车辆段（场）的安全防护。

联锁的概念及内容

（一）联锁的概念

在城市轨道交通中，如果进路上的道岔位置不正确，或已经有车占用，或敌对进路已建立，与其进路相关的信号机是禁止开放的；另一方面，一旦信号开放后，其防护的进路状态则不能变动，即该进路上的道岔禁止再转换。以上信号、道岔、进路之间的相互制约关系称为联锁关系，简称联锁。广义的联锁甚至可以泛指各种信号设备所存在的互相制约关系。

（二）联锁的基本内容

（1）防止建立会导致列车冲突的进路；
（2）必须使列车或调车车列经过的所有道岔均锁闭在与进路开通方向相符合的位置上；
（3）必须使信号机的显示与进路的开通状态相符合。

(三)联锁的基本技术条件

(1)进路上各区段空闲时才能开放信号。如果进路上有车占用时还开放信号,则会引起后续列车与原停留列车冲撞。

(2)进路上有关道岔在规定位置才能开放信号。如果进路上有关道岔开通位置不对却还开放信号,则会导致列车进入异线,一旦线路上有车占用,则很可能导致行车事故。

(3)敌对信号未关闭,防护进路信号机不能开放。若防护进路信号机开放,则可能造成列车的正面冲突。信号开放后,与其敌对的信号也必须处于关闭状态。

这里尤其需要指出的是:联锁关系和条件是绝对不能擅自更改的。"荣家湾4·29特大铁路事故"(现场如图6-41所示)就是一起人为违规使用电气封连线破坏联锁关系和条件而导致的悲剧。

图6-41 荣家湾4·29特大铁路事故现场

三、联锁设备的基本功能和要求

由于联锁是城市轨道交通信号系统最基础的安全条件和关系,因此任何破坏联锁的行为都可能导致行车事故发生,这就意味着用于实现联锁制约关系和条件的设备必须满足一定的功能要求。

联锁设备的基本功能和要求

(一)联锁设备的概念

联锁设备是指用以控制有岔车站和车辆段(场)的进路、道岔和信号机,并检验相互制约的联锁条件以实现联锁关系的信号设备。联锁设备能响应来自控制中心的命令,在满足安全的前提下,控制进路、道岔和信号机,并将进路、轨道电路或计轴、道岔及信号机的状态信息提供给信号系统。

(二)联锁设备的主要功能

(1)联锁逻辑运算。联锁设备结合接收到的列车控制命令和设备状态信息,进行联锁逻辑运算,检验和确认联锁关系,为道岔和信号机的控制提供安全条件。

(2)列车占用信息处理。联锁设备接收和处理轨道区段的"空闲、占用"状态信息,并把该状态信息转给其他信号系统设备。

（3）进路控制。在联锁控制台或车站人机接口界面进行进路排列、锁闭和解锁操作。

（4）道岔及信号机控制。联锁设备接收信号系统的指令或者在人工操作驱使下，通过控制道岔继电器组合动作来启动道岔转换并给出信号，同时采集、记录和监测设备状态。

（三）联锁设备应符合的基本要求

（1）确保进路上的联锁关系和条件正确。当联锁关系和条件不相符时，禁止进路开通；敌对进路必须相互照查，不得同时开通。

（2）装设引导信号，实现列车的引导作用。

（3）应能办理列车通过和调车进路，并可按需设置防护进路。

（4）联锁设备宜采用分段解锁方式。锁闭的进路应能随列车正常运行自动解锁，人工办理取消进路时应防止错误解锁。

（5）联锁道岔应能单独操纵和进路选动。影响行车效率的联动道岔宜采用同时启动的单动处理。

（6）车站站台及车控室应设站台紧急关闭按钮，其控制电路应符合故障导向安全原则。

（7）联锁设备应设有专门的控制台。控制台的主要操作项目应包括进路办理和取消、信号机关闭和开放、道岔操纵及锁闭、站台紧急关闭和取消等，同时具备信息监督功能。

四、联锁具体设备认知

在城市轨道交通现场，联锁可采用机械、电气、电子计算机的方法来实现，可进行分散控制，也可以集中控制。目前已成熟或者主流的联锁设备有电气集中联锁设备和计算机联锁设备。

联锁具体设备认知

（一）电气集中联锁设备

1. 电气集中联锁设备的概念

电气集中联锁设备是指以信号安全继电器为基础，用电气的方法集中控制和监督全站道岔、进路和信号机，并实现它们之间联锁关系的设备。电气集中联锁通常也被称为"继电式电气集中联锁"。我国研制生产的 6502 联锁设备是现场最常用的继电式电气集中联锁设备，图 6-42、图 6-43 分别展示了 6502 电气集中联锁控制室和机械室相应情况。

图 6-42　6502 电气集中联锁控制室

图 6-43　6502 电气集中联锁机械室

2. 电气集中联锁设备的控制特点

电气集中联锁设备把全部道岔、进路和信号集中起来控制和监督，采用地面色灯信号机作为行车组织信号，在一定程度上实现了站内行车指挥的自动控制，能及时准确地反映现场行车状况，不再需要分散控制时所需的联系时间，而且可有效避免因联系错误而引起的事故；电气集中联锁设备具有操作逻辑性强、表示完善、安全可靠等优点。

电气集中联锁虽然安全可靠，但办理速度、自动化程度仍有待提升，功能性也有待加强。随着计算机技术、自动化技术的迅速发展，尤其是对安全苛求技术和容错技术的深入研究，促使了计算机联锁的诞生。

（二）计算机联锁设备的概念

1. 计算机联锁设备的概念

计算机联锁设备是指利用计算机对车站以及车辆段（场）作业人员的操作命令及现场表示的信息进行逻辑运算，从而实现对信号机及道岔等设备进行集中控制，使其达到联锁关系相互制约的联锁设备。计算机联锁设备也被称为"微机集中联锁设备"，图 6-44、图 6-45 分别展示了微机联锁的计算机和机械室相应情况。

图 6-44　微机集中联锁控制计算机

图 6-45　微机集中联锁机械室

2. 计算机联锁的控制特点

相比电气集中联锁，计算机联锁在逻辑运算、信息处理、人机交互等方面表现出了优越性。主要有以下几方面的特点：

（1）利用计算机对现场监控设备的表示信息和车站值班员的操作命令进行逻辑运算和安全校验后，完成对信号机、道岔及进路的联锁条件检验和控制。

（2）计算机通过专用的信息传输通道（电、光缆）给现场设备发出控制信息或者接收现场设备发回的表示信息，快速且安全。

(3)利用普遍的显像管显示器和主机、键盘作为控显设备代替以往的控制操作盘,大大缩小了设备体积、简化了结构、方便了使用,且增强了可扩展性。

(4)计算机联锁设备软硬件采用模块化设计,便于维护和更换,容易实现故障分析、排查和处置,提高了系统的可靠性。

正因为有如上优势,城市轨道交通不管是在正线集中站还是车辆段场,目前基本上都应用了计算机联锁设备。国内外常见的计算机联锁设备有 TYJL 型计算机联锁、DS6-K5B 型计算机联锁、卡斯柯的 iLOCK 型计算机联锁等。

五、城市轨道交通联锁系统进路控制特点

城轨联锁系统控制特点

城市轨道交通联锁系统相比传统铁路的联锁系统在进路控制层级和功能上存在一些不同之处,主要特点是采用了三级控制原则,即控制中心控制、远程控制终端控制和车站工作站控制,分别实行不同行车情形下的进路控制;这种层级设置能更好地满足城市轨道交通高效率和安全性兼顾的行车要求。

(一)第一层级——中心级控制

中心级控制是由控制中心集中控制全线正线的列车运行。中心级控制为全自动的列车监控模式,在该模式下,列车进路设置命令由列控系统中自动进路设定子系统发送至联锁设备,再由联锁设备驱动相应动作继电器完成控制。当然,控制中心调度员也可以进行人工调整干预,排列或取消进路。图 6-46 为轨道交通列车运行控制中心工作场景。

图 6-46 列车运行控制中心工作场景

(二)第二层级——远程控制终端控制

在控制中心设备故障或者通信线路故障时,控制中心将无法实现全自动进路控制,这时系统进入列车自动控制的降级模式。在降级模式下,由司机在车上输入目的地码,通过列车

上的车次号发送系统发出带有列车去向的车次号信息,由远程控制终端自动产生进路控制命令,再由联锁设备根据来自远程控制终端的进路号排列进路。图 6-47 为人工车设置目的地号示意图。人工车的 ID 主要由 3 位数字的车组号和 2 位字母表示的目的地号构成,通常从左到右排列。

人工车:车组号(3位数字)+目的地号00(2位字母)

```
         ┌────→ 列车车组号
GGG   00 ────→ 目的地号
```

图 6-47　人工车设置目的地号示意图

(三)第三层级——车站设备控制

在车站级控制模式下,列车运行的进路控制在车站值班员工作站执行,进路的设定取决于值班员的意图,由值班员选择通过联锁区的预期进路。联锁机对联锁条件进行逻辑检查,确认是否满足联锁关系,然后自动排列通过联锁区的进路、锁闭进路。站级联锁控制通常在天窗点检修以及区域故障应急情况下使用。图 6-48 为车站人工设置进路示例,在车站人机接口工作站上找到目标进路的防护信号机,然后右击选择需要设置的进路路径,确认即可办理;整个操作过程简单、快捷,体现了计算机联锁交互友好的特点。

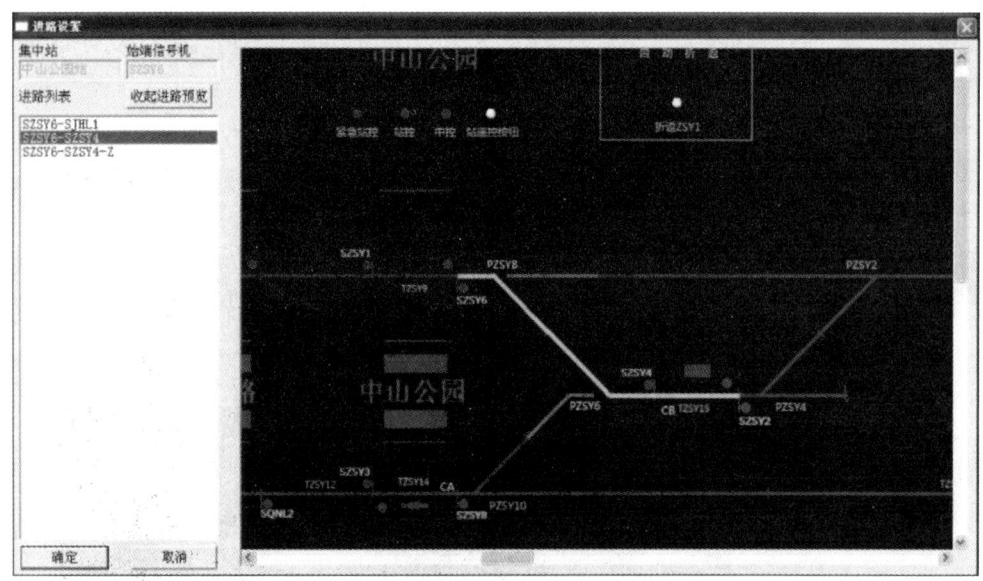

图 6-48　车站人工设置进路示例

任务五　城市轨道交通列车运行控制系统

"频繁发车""安稳运行""准时到站""精确停车",这些城市轨道交通给人们带来的乘车体验,都是由信号设备的核心组成部分——列车运行控制系统来实现的,它堪称城市轨道交通行车控制的"最强大脑"。

一、列车运行控制系统的概念及作用

列车运行控制系统简称"列控系统",是城市轨交通信号系统最核心的组成设备,具有高集成化、自动化、智能化等特点。在一些情景下,信号系统也被狭义地称为列控系统。

城轨列车运行控制系统的概念及作用

(一)列车运行控制系统的概念及特点

列车运行控制系统是将自动控制技术、通信技术、计算机技术与轨道交通信号技术融为一体,用于控制、监督城市轨道交通列车运行,执行、保障其运行安全的自动化系统。综合来说,列车运行控制系统是一个由多功能子系统构成的设备体系。

列车运行控制系统集成了行车指挥、自动运行、自动停/发车、自动监控、设备状态监测以及信息管理等核心功能于一身。在当前城市轨道交通大运量、高速度的需求背景下,列车运行控制系统能够为短间隔、大密度的行车运营提供安全基础。

(二)列车运行控制系统的作用

(1)确保列车运行安全。安全是任何轨道交通行车的最基本要求,也是最终目标。高速运行的列车既要与前方列车保持合适安全的距离,同时也要防护自身,使后续列车与之保持一定的安全间隔,这靠司机人工驾驶显然是无法做到的。而列车运行控制系统可以充分获取轨旁信号基础设备的信息,执行严密的联锁关系和条件,保证最基本的行车安全。

(2)追求更高运营效率。在城市轨道交通中,列车运行控制系统对提高列车行车效率有着极其重要的作用。随着列车运行控制方式的进步,行车速度在不断提高,行车间隔却不断缩短,这有效提高了线路的通过能力,也获得了更大的运能。

(3)提升乘客服务质量。先进的列车运行控制系统能利用列车与地面设备的信息交换,计算出合适的速度控制曲线来模拟人为驾驶习惯,从而实现平稳运行、准点到站、精确停车等技术功能,可在满足乘客基本乘车需求的前提下有效提升乘客乘车的舒适程度。

(三)列车运行控制系统的未来

从服务层面来看,城市轨道交通列车运行控制系统将继续为实现更安全、更高效、更便捷、更舒适的行车需求而不断发展,更好地服务乘客出行、缓解交通压力、助力城市运转。

从技术层面来看,城市轨道交通的列车驾驶模式已经逐渐从 ATO(有司机驾驶的列车自动运行)发展到 UTO(全自动无人驾驶运行),我国将会有越来越多的城市轨道交通线路采用全自动无人驾驶模式。在未来,列车运行控制系统也会朝着控制智能化、设备一体化进一步发展,这是降低运维成本的必然趋势。

二、列控关键设备之查询应答器

在城市轨道交通列车运行的轨道中间,每隔一段距离就能看到一个方块状设备安装在地面上,这个设备就是应答器,也称之

查询应答器

为"信标"。应答器看起来虽不起眼,但却在列车运行控制系统中起着重要作用,列车精确定位、精准停车等关键过程都少不了它的支持。

(一)查询应答器的概念及作用

查询应答器是一种基于电磁耦合原理的高速点式数据传输设备,由地面应答器(见图 6-49)和车载查询器(见图 6-50)两部分组成,主要用于实现车载设备和地面设备之间的点式数据交换,给列车提供自动防护所需要的各类点式信息,确保列车在高速运行状态下的安全。

图 6-49 地面应答器

图 6-50 车载查询器

(二)查询应答器的工作原理

"激发"状态(工作条件):当列车上的车载查询器通过设置于地面上的应答器时,在其周围空间产生电场与磁场,形成辐射场,使车载查询主机传送的高频信号经过发射天线能够充分向空间辐射。地面应答器以接收到的高频信号作为电源被激活工作,产生另一高频信号和感应电动势,形成高频工作电流,将应答器存储的各种可供列车自动控制和地面指挥用的数据向运行中的列车连续发送。

"休眠"状态(非工作条件):数据传输只有在车载查询器与地面应答器的有效作用范围之内进行。当车载查询器随列车运行到有效作用范围之外时,地面应答器将不再工作,直至被下一趟列车车载查询器的高频信号再次激活时使用。

(三)应答器的分类

从地面应答器规格来看,应答器分为无源应答器和有源应答器两种类型。

(1)无源应答器(见图 6-51)是指存储着固定信息,没有任何外界信息源接入的地面应答器。无源应答器的数据在其安装的时候一次性写入,数据一般不可改变,故又被称为"固定信标"。

(2)有源应答器(见图 6-52)通过接口电缆与轨旁电子单元相连,再通过轨旁电子单元连接信号机或联锁设备接收进路状态、临时限速等动态数据进行传输。有源应答器可以接收并发送可变的状态信息，因此也被称为"动态信标"。

需要说明的是，不论是有源应答器还是无源应答器，本质上工作原理都是一致的，其工作电源均是由车载查询器和地面应答器产生的电磁辐射场激发而来的；所谓"有源"和"无源"的区别主要在于是否有可动态变化的外界信息源接入。一般情况下，当有源应答器接口出现故障时，也可切换为"无源应答器"进行工作，传输固定存储的数据信息。

图 6-51　无源应答器　　　　　　　　　图 6-52　有源应答器

（四）查询应答器的功能

查询应答器属于点式轨旁车地通信设备，通信容量较有限，地面信标每隔一段距离离散地分布在轨道线路当中。因其特点，查询应答器在列车运行控制中的主要功能有以下几个方面。

（1）作为绝对位置点辅助列车进行精确定位和停车。由于应答器在轨道线路上的位置是固定的，因此可以作为一个个离散的信息点来定位列车的实时绝对位置；同时，也可以有目的性地安排应答器的位置，将其作为停车的参考标识。

（2）用于线路地理固定信息的存储及传输。对于无源应答器而言，其内部信息是固定存在的，因此可以将线路坡度、设计速度、位置里程等确定信息一次性写入，持续地进行数据传输。

（3）用于临时限速等临时变化信息的接收及传输。对于有源应答器而言，可以通过接口电缆和轨旁电子单元与轨旁信号机、联锁机等设备相连，接收进路、临时限速等动态信息并进行实时传输。

三、列控关键设备之列车测速装置

在高速运行的过程中，列车运行控制系统需要通过控制列车的运行速度来保障行车安全和效率。因此，实时、准确地对列车运行速度进行测定具有重要意义。城市轨道交通列车测速装置有

列车测速装置

多种类型，按照测定方式可分为利用轮轴旋转传感换算和利用无线感应设备直接检测两大类。

（一）基于测速发电机的列车测速装置

1. 设备安装组成

基于测速发电机的列车测速设置（见图 6-53）通常安装在列车两端车轮外侧，主要由固定在车辆轮轴上的齿轮和固定在轴箱上带有永久磁铁的线圈组成。

图 6-53 基于测速发电机的测速装置

2. 工作原理

依据电磁感应原理,当车轮转动时,轮轴会带动齿轮切割磁力线,从而在线圈上产生感应电动势,其频率和列车速度成正比,这样列车速度信息就包含在感应电动势的频率特征里;经过频率-电压换算后,把列车实际运行的速度变换为电压值,通过测量电压的幅度得到速度值。

3. 实际应用状况

对于基于测速发电机的列车测速装置而言,发电机线圈故障或列车运行速度为零时,发电机的电压频率也降为零,这样可能由于零速原因不明而导致行车故障。为了确保发电机线圈故障遵守信号故障导向安全原则,通常规定:频率变换电路中,车速为零时也产生一定的频率值。

(二)基于轮轴脉冲传感器的列车测速装置

1. 设备安装组成

基于轮轴脉冲传感器的列车测速装置(见图 6-54)通常安装在列车两端的车轮轴承外侧,主要由传感器模块、外壳、传动轴、连接导线等部分组成。其中,传感器通常采用基于霍尔效应的脉冲速度传感器或者基于旋转式光栅的光电传感器。

图 6-54 基于轮轴脉冲传感器的测速装置

2. 工作原理

由于传感器模块安装在车轮轴承上,因此车轮每旋转一周,传感器装置就会输出一定数量的脉冲信号;通过对脉冲信号进行计数,测出脉冲信号的频率即可得出列车的运行速度。

3. 实际应用状况

基于轮轴脉冲传感器的列车测速装置与基于测速发电机的列车测速装置一样,都是凭借车轮轴旋转的方式得到测速信息,因此所得结果和车轮轮径值密切相关。当列车车轮出现磨损、空转以及滑行等情况时,就会导致所测得的速度值出现较大误差,影响列车安全运行;这个时候通常需要配置一个轮径补偿电路,以减少测量误差。此外,基于轮轴脉冲传感器的列车测速装置不能判断列车行进方向,其对传感模块的抗冲击性也有较高要求;但是这种列车测速装置简单易行、成本较低,因此在城市轨道交通中应用得较为广泛。

(三)基于多普勒雷达的列车测速装置

1. 设备安装组成

基于多普勒雷达的列车测速装置(见图 6-55)通常安装在列车两端的底部,其核心设备为多普勒雷达发射装置,是一种利用无线感应原理直接检测列车速度的方式。

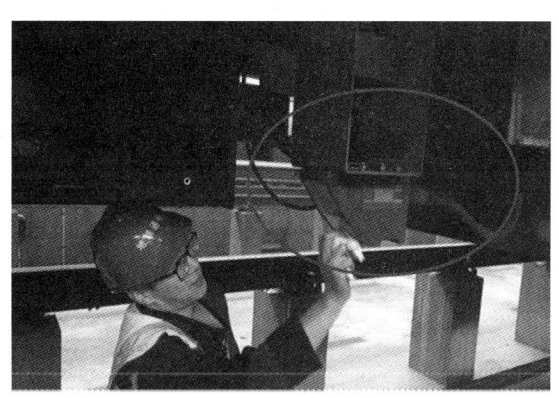

图 6-55　基于多普勒雷达的测速装置

2. 工作原理

列车运行时,车底部的多普勒雷达始终会向轨面发射电磁波;由于列车和轨面之间有相对运行,该波到达地面后又反射回来,来回两次都产生频率变化。这时根据多普勒效应原理,通过比较反射和发射频率大小,并测量频移就可以获得列车运行方向和运行即时速度。

3. 实际应用状况

利用多普勒雷达测速的方法和装置比较复杂,易受地面条件限制,如果地面或轨面不够光滑,就会影响测量的准确性。但基于多普勒雷达的列车测速装置能够规避轮轴脉冲测速装置受车轮磨损、空转、打滑等问题而造成的误差,而且可以判断列车运行方向,作为轮轴脉冲传感器测速装置的功能补充。

四、列控关键技术之列车定位技术

为了保证行车安全,列车运行控制系统需要实时了解列车在线路中的位置,从而对其施加监督、控制和防护。这就决定了列车定位技术在列车运行控制系统甚至整个信号系统中占有很重要的地位。可以说,列车的定位精度和可靠性直接关系到列车的安全防护距离和行车间隔的确定。

列车定位技术

（一）基于轨道区段占用检测的列车定位

基于轨道区段占用检测的列车定位主要利用常见的区段占用检测设备（轨道电路和计轴器）来实现,即以所占用区段为单位来判断列车在线路中的位置。其中:

（1）基于轨道电路的列车定位可以检测断轨和轨道占用情况,也可以作为速度码、距离码等特定车地信息传输的通道。但无法实现列车运行方向的判断和精确定位,轨旁设备维护量较大。

（2）基于计轴的列车定位可以检测轨道占用情况,并可判断列车运行方向,轨旁设备适应性强,维护量较小。但无法实现精确定位,也不能作为车地信息传输通道。

综上所述,利用轨道电路或计轴器进行列车定位各有各的优缺点,但这一类仅通过区段占用检测来进行列车定位的方法存在有很大的局限性,即只能够判断出列车当前所在的轨道区段,并不能进一步确定列车在区段里的具体位置,属于粗定位,无法实现移动闭塞。这决定了利用轨道电路或计轴器进行区段占用检测的定位技术无法适应当前城市轨道交通对行车安全和效率的要求,只能作为次级定位设备,而主级定位就需要采用实时精确的列车定位技术。

（二）用于列车精确定位的相关技术

目前可用于支持城市轨道交通列车精确定位的技术有多种,最常见的有基于查询应答器的列车点式定位技术和基于测速装置的列车相对定位技术等。

（1）基于查询应答器的列车点式定位技术是将地面应答器作为定位信标,列车经过时,利用车载查询器读取相应位置点信标的地理信息,用于列车定位和方向确定。例如,列车从车辆段进入正线运营时,读取第一个应答器信息作为初始位置,经过第二个应答器时便可以确定列车的运行方向。基于查询应答器可以实现精确的点式定位,但由于地面信标是呈间隔性设置的,因此无法实现连续的实时定位,主要用于绝对位置的测定以及误差校正。

（2）基于测速装置的列车相对定位技术是通过不断测量列车的即时运行速度,对列车的即时速度进行时域积分来获得列车的运行位移。此方法可以实现实时不间断的位移计算,但缺点在于容易累积误差,且只能实现相对定位,无法获取列车的初始位置及绝对位置。

（三）组合式列车精确定位方法

不论是应答器定位还是测速定位,仅使用一种技术难以实现实时精确的列车连续定位,因此现场通常将具有互补优势的多项技术组合起来使用。例如,基于应答器和测速装置的列车精确定位就是最常见的组合式精确定位方法,其工作原理简述如下:

首先利用前两个信标来确定列车的初始位置和运行方向；然后利用测速定位实时确定列

车的移动距离,实现列车在运行当中的连续定位;接下来列车每经过一个地面信标时就读取一次应答器的信息进行位置更新校正,以缓解测速定位带来的累积误差。

五、列控关键技术之车地无线通信技术

列车运行控制系统依靠列车和地面设备之间的数据交换来控制、监督列车的安全运行。像轨道电路、查询应答器这些设备都能作为车地信息传输的通道,但因为信息量较小而无法适应当前城市轨道交通高密度、短间隔的行车要求。

车地无线通信技术

随着无线通信技术的发展,其设备性能、安全性得到了飞速提升,这让无线通信技术广泛应用在了列车运行控制系统当中,成为当前车地通信的主流方式。按照传输媒介(可视为无线通信的天线)的不同,城市轨道交通目前常用的车地无线通信技术有基于无线自由波(WLAN)、基于漏泄波导管和基于漏泄同轴电缆三种。

(一)基于无线自由波的车地无线通信技术

无线自由波是由天线把传输线上传播的导行波,变换成在自由空间中传播的电磁波。城市轨道交通中,在轨道沿线布置一定间隔的无线接入点(AP)并带有定向天线作为传输媒介,与此同时,列车上也设置带有定向天线的无线终端作为通信设备。当列车进入无线接入点(AP)覆盖区域时,就可利用轨旁定向天线和车载天线进行无线网络通信,如图6-56所示。

图6-56 基于无线自由波的车地通信

基于无线自由波的车地通信结构简单、成本低,但是容易受到附近开阔空间同频及邻频信号的干扰,影响通信性能。因此这种方式通常应用在地下隧道相对封闭的环境里,必要时需要开辟专用的车地通信频段才能保证通信质量。

(二)基于漏泄波导管的车地无线通信技术

基于漏泄波导管的车地无线通信技术是通过在轨道沿线敷设漏泄波导管(见图6-57),以漏泄波导管作为无线通信的传输媒介充当天线,实现轨旁无线接入点(AP)和车载无线接入

点（AP）之间的列车状态和控制信息等数据交换。

波导管传输性能和抗干扰能力强于无线自由波，在城市轨道交通中不管是地面站还是地下站都有广泛的应用。其缺点是安装时需要占用较大的轨旁位置，容易影响到其他轨旁设备的维护，且安装、拆卸较为费时费力；同时漏泄波导管属于金属材质，在隧道弯道处敷设起来比较麻烦，需要使用小规格的波导管拼接而成，可能影响通信效果。

图 6-57 轨旁敷设的波导管

（三）基于漏泄电缆的车地无线通信技术

基于漏泄同轴电缆的车地无线通信是通过在轨旁沿线敷设漏泄电缆，以漏缆作为无线通信的传输媒介，实现轨旁基站和车载无线接入点（AP）之间车地双向、大容量的即时通信，如图 6-58 所示。

图 6-58 基于漏泄电缆的车地通信

漏泄电缆的设计和漏泄波导管类似，只不过材质从金属管道变成了同轴电缆。漏缆传输具有大容量、高性能的特点，其安装可不占轨道地面空间，多设置在隧道壁或者隧道顶部，适用于各种场景和环境，因此已逐渐成为车地无线通信的主流传输方式。

六、列控关键技术之速度控制方式

对于列车的运行控制不仅需要依靠行车闭塞法根本上从空间将列车运行的线路间隔开来，还需要针对不同闭塞制式采用不同的速

速度控制方式

度控制方式，科学合理地控制列车速度，确保在安全的前提下实现最小列车追踪间隔。

在城市轨道交通中，列车速度控制方式主要有分级控制和速度-目标距离控制两大类。其中，分级控制又包括阶梯式分级控制和曲线式分级控制。

（一）阶梯式分级速度控制

分级速度控制是以闭塞分区为单位，无论列车在闭塞分区的哪个位置均按照规定的速度码进行超速防护，主要用于固定闭塞行车。阶梯式分级速度控制不需要考虑距离信息，每个闭塞分区设计一个目标速度，只要在停车信号和最高速度信号间增加若干稳定的中间速度信号即可实现。它又可分为超前式和滞后式两种。

图 6-59 表示的是超前速度控制方式，即事先给出各闭塞分区列车的出口速度值，控制列车在驶出该闭塞分区出口前不得超过该出口速度。

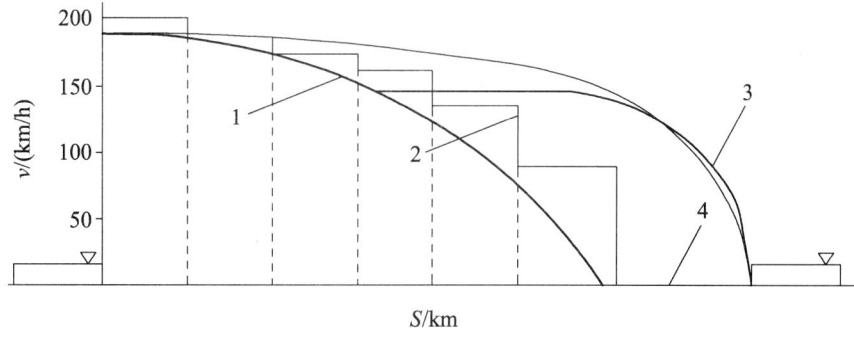

1—司机操作常用制动曲线；　　　　　3—超速后设备动作的最大常用制动曲线；
2—基于常用制动的台阶式限制速度曲线；　4—保护区段。

图 6-59　超前速度控制方式示意图

图 6-60 表示的是滞后速度控制方式，即事先给出列车进入各闭塞分区入口的速度值，监控列车在本闭塞分区运行的速度不得超过给定的入口速度值。

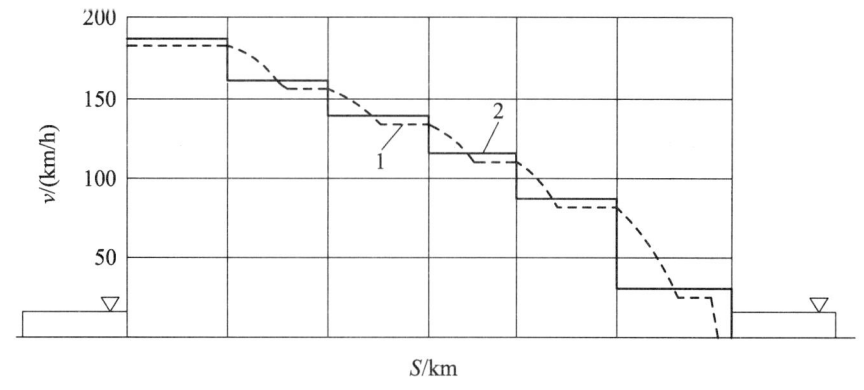

1—设备自动制动速度曲线；2—台阶式入口检查速度曲线。

图 6-60　滞后速度控制方式示意图

（二）曲线式分级速度控制

曲线式分级速度控制要求每个闭塞分区入口速度和出口速度用曲线连接起来，形成连续的控制曲线，用于准移动闭塞行车。

如图 6-61 所示，曲线式分级速度控制从最高速至零速的列车控制减速线为一条不连贯的分段曲线组合，紧急制动停车点不会冒进，可不需要增加闭塞分区作为安全防护区段，有利于缩短行车间隔。

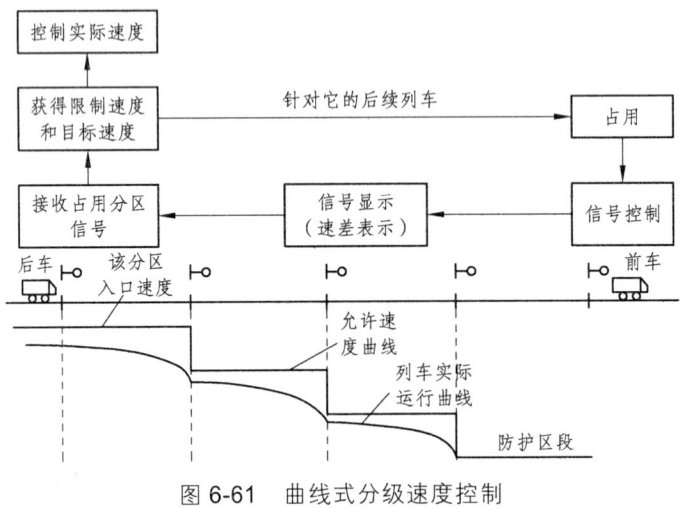

图 6-61 曲线式分级速度控制

（三）速度-目标距离曲线控制

如图 6-62 所示，速度-目标距离曲线控制采取的制动模式为连续式一次制动速度控制方式。根据目标距离、目标速度及列车本身的性能确定列车制动曲线，不设置每个闭塞分区的速度等级，追踪目标点可以为先行列车的尾部。

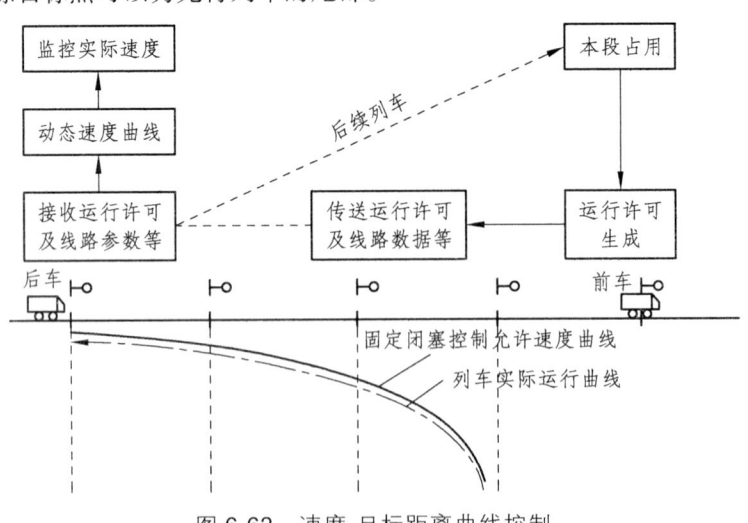

图 6-62 速度-目标距离曲线控制

这种速度控制方式追踪间隔明显比分级式速度控制要小，适用于移动闭塞行车，能最大化地提升行车效率。

七、列控自动控制系统功能组成及设备分布

列车的安全运行防控包括列车进路控制和列车速度控制两个核心方面。其中,列车进路控制主要由联锁设备实现,列车速度控制则由列车自动控制系统实现。在城市轨道交通中,联锁约束下的列车速度自动控制是实现移动闭塞的关键。

ATC 系统功能组成及设备分布

(一)列车自动控制系统的概念及功能组成

狭义上的列车自动控制系统(Automatic Train Control,ATC),是城市轨道交通列车运行控制系统的核心组成部分。按照所执行的功能划分,列车自动控制系统通常包括三个子功能系统:列车自动防护系统(Automatic Train Protection,ATP)、列车自动运行系统(Automatic Train Operation,ATO)、列车自动监督系统(Automatic Train Supervision,ATS)。

ATP 主要起到列车运行超速防护和列车速度监督的作用,保证列车间的安全间隔,保证列车在安全的速度下运行,符合"故障-安全"原则。

ATO 主要对列车进行制动控制,同时给出各项自动行车功能驱动使能,使得列车处于最佳运行状态。

ATS 则是在 ATP 和 ATO 的支持下,建立运行时刻表完成对列车的自动运行状况监督和基本的进路排列。

(二)ATC 系统设备分布和功能原理

从具体设备分布和构成情况来看,ATC 系统通常在行车调度控制中心设置中央 ATS 设备,在轨旁车站设置区域控制器、线路控制器等 ATP/ATO 设备以及车站 ATS 人机接口设备,在轨道沿线布置应答器等点式 ATP/ATO 传输设备,在列车上设置车载控制器等列车 ATP/ATO 设备,整体分布构成如图 6-63 所示(注:根据实际功能把车站联锁作为安全防护设备也纳入系统)。

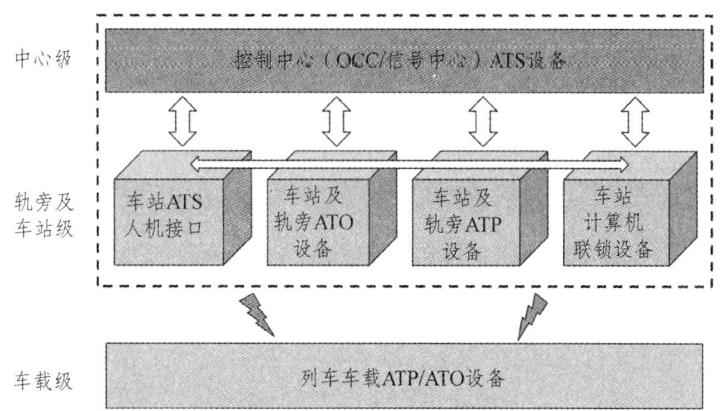

图 6-63 ATC 系统设备分布

ATC 系统功能原理:各地域 ATC 设备通过数据网络连接,进行安全信息交换,同时地面 ATC 设备还通过无线网络和车载 ATC 设备进行安全信息交换,以此来实现全方位的 ATC 功能。

（三）ATC 系统的意义

ATC 系统改变了传统的信号控制方式，可以连续、实时地监督列车的运行速度，自动控制列车的制动系统，进行列车的超速防护，既可以实现实时自动的列车运行，也可以降级为人工驾驶，使列车根据自身条件和线路状况自动调整追踪间隔，在保证安全的基础上提高线路的通过能力。

八、ATC 子功能系统之 ATS 认知

城市轨道交通列车在正线自动运行的过程中，需要实时不间断地对运营过程进行安全监督，并将监督信息反馈给行车调度人员，用于行车指挥控制。而 ATC 子系统——ATS 就是实现这一功能的"行车管家"。

（一）ATS 子系统的基本概念

作为城市轨道交通 ATC 系统的子功能系统，ATS 是用于自动监督和控制列车按照运行计划运行，使列车运行有序化、稳定化的监督控制系统。

ATS 的概念及功能

ATS 子系统主要实现对列车运行及所控制的道岔、信号机等基础设备运行状态的监督和控制，并向行车调度员和外部系统提供工作接口和信息。在列车因故偏离运行图时，辅助行车调度人员及时做出调整，完成对全线列车运行的管控。

（二）ATS 子系统的设备组成

（1）中央 ATS 显示大屏。设置于线路控制中心，为调度人员显示出全线列车的运行状况及告警信息。

（2）ATS 中心工作站。设置于各线路控制中心/信号控制中心，主要为各级控制中心工作人员提供人机操作接口。

（3）ATS 车站工作站。设置于各车站控制室，主要为车站值班员以及轨旁信号设备维护人员提供人机操作接口。

（4）ATS 车辆段工作站。设置于各车辆段（场），主要为段（场）调度人员以及信号设备维护人员提供人机操作接口。

（5）ATS 各类服务器。设置于各控制中心、车站信号机房、车辆段（场）信号机房等，主要承载 ATS 基本业务的运行。

（三）ATS 系统的基本功能

（1）列车跟踪及设备状态显示，如图 6-64 所示。对全线列车的运行情况进行集中监视、跟踪和显示，并将道岔位置、信号机状态、区段占用情况等设备信息在大屏上进行显示。

（2）列车信息描述，如图 6-65 所示。为每辆列车设置唯一的识别号，同时提供识别号查询、记录和删除功能。

（3）联锁基础命令操作，如图 6-66 所示。主要包括通过进路、目的地触发进路、接近进路三类自动进路的设置，以及人工排列各类进路、道岔操动、信号开放等基本功能。

（4）运行图调整与管理，如图 6-67 所示。不断地对计划时刻表与实际时刻表进行比较，通过调整停站时间或站间运行时间等方式让列车按计划时刻表运行，在此基础上自动生成列车发车时间；同时具备离线建立运行图及在线加车、减车和扣车等操作。

（5）设备告警报送，如图 6-68 所示。一旦线路或车站有设备发生故障，可通过 ATS 界面弹出告警信息。

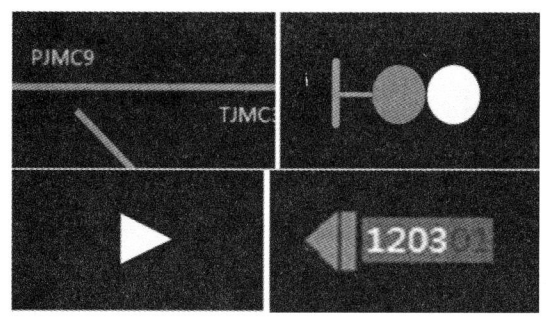

图 6-64　列车跟踪及设备状态显示

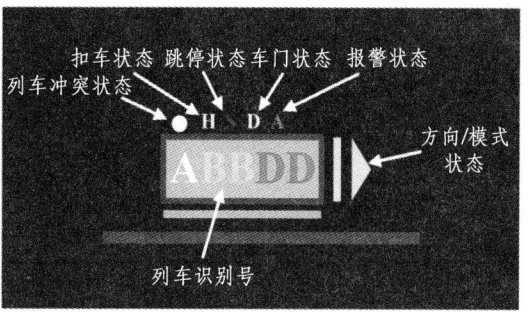

图 6-65　列车信息描述

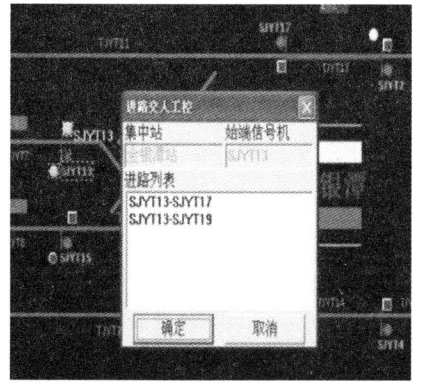

图 6-66　联锁基础命令操作界面

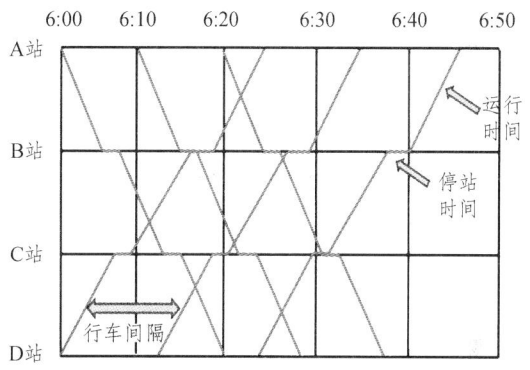

图 6-67　运行图调整与管理

报警

类型	级别	状态	时间
级别：A级告警			
列车信息	A级告警	未确认	2009-07-02 13:33:0
级别：B级告警			
操作命令	B级告警	未确认	2009-07-02 13:32:3
列车信息	B级告警	未确认	2009-07-02 13:32:3
级别：C级告警			
信号状态	C级告警	未确认	2009-07-02 13:32:0
信号状态	C级告警	未确认	2009-07-02 13:31:4
信号状态	C级告警	未确认	2009-07-02 03:14:1
信号状态	C级告警	未确认	2009-07-02 03:14:1

图 6-68　设备告警报送实例

九、ATC 子功能系统之 ATP 认知

安全是轨道交通行车永恒的基础目标。在当前自动化程度较高的城市轨道交通中，列车运行控制的安全防护主要由“行车安全员”ATP 子系统设备来完成。

（一）ATP 子系统的基本概念

列车自动防护系统（ATP）是列车运行超速防护核心安全系统。ATP 子系统不断结合来自联锁设备和操作层面上的信息、线路信息、前方目标点的距离和限速信息等内容计算出移动授权，并从地面传输给列车，从而由车载设备计算得到当前允许的速度，以此来对列车速度进行实时监督和控制，使之始终在安全速度下运行，保持合适车距。

ATP 的概念及功能

总结 ATP 子系统安全控车的核心过程：地面 ATP 设备计算移动授权给列车，由车载 ATP 设备计算速度控制曲线进行超速防护，如图 6-69 所示。

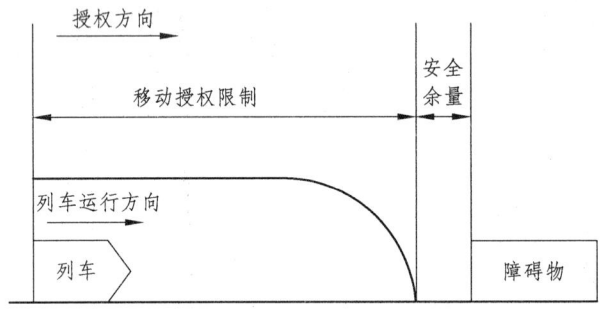

图 6-69　ATP 安全防护原理示意图

（二）ATP 子系统的设备组成

ATP 系统主要由放置在重要车站的区域控制器 ZC（见图 6-70）、设置在列车上的车载 ATP 控制器（见图 6-71）和测速装置，以及安装在轨旁沿线的点式 ATP 传输设备（信标）组成。其中，区域控制器 ZC 主要用于为列车计算移动授权；车载 ATP 控制器主要用于根据移动授权计算速度超限防护曲线；信标则主要用于给列车传送线路信息，并和测速系统一起进行列车精确定位。

图 6-70　区域控制器 ZC

图 6-71　车载 ATP 控制器

（三）ATP 子系统的基本功能

（1）测速与测距。测速和测距的准确性会影响列车的定位精度，从而影响速度控制效果。

（2）速度监督与超速防护。主要依据固定限速和临时限速两种方式进行速度监督与防护。

（3）停车点防护和停稳监督。停车点即危险点，ATP 应保证列车在危险点前停住，同时监督列车停稳。

（4）车门及站台屏蔽门控制。通过 ATP 来检查车门及站台屏蔽门是否满足开闭条件，并给出控制命令。

（5）给出发车命令。由车载 ATP 设备检查列车起动条件，确认符合安全要求后，才允许列车发车。

（6）列车间隔控制。固定闭塞下，列车的间隔根据闭塞分区来保证；准移动闭塞和移动闭塞条件下，则由 ATP 设备根据目标点的位置和后续列车的实际速度及线路参数计算移动授权来保证合适的追踪间隔。

（7）紧急停车功能，按下车站的紧急停车按钮后，就可通过车载 ATP 设备启动紧急制动。

十、ATC 子功能系统之 ATO 认知

能实现自动驾驶，减轻司机的工作量，是城市轨道交通列车自动控制系统的特点。列车正线运行，是靠着 ATC 的子功能系统 ATO 设备来给出自动运行使能。

（一）ATO 子系统的基本概念

列车自动运行系统（ATO）主要用于实现"地面对车的控制"，根据地面控制中心的指令自动完成对列车的起动、牵引、惰行、制动，送出车门及站台屏蔽门的开关使能信号，使列车以最佳工况安全、正点、平稳地运行。

ATO 的概念及功能

ATO 在超速防护限制下，通过计算列车实际运行速度曲线来控制列车自动运行，主要目的是模拟司机人工驾驶，实现正常情况下高质量的自动驾驶。

（二）ATO 子系统的设备组成

ATO 子系统主要由车载 ATO 设备和地面 ATO 设备构成。ATO 设备必须在 ATP 设备安全监督下进行工作，执行超速防护要求，在制动范围内计算列车实际的速度曲线控制列车运行，按照缓急程度可以分为紧急制动和常规制动两类。

（三）ATO 子系统的基本功能

（1）自动调整列车运行速度。列车起动、停止或速度调节按司机指令或 ATS 子系统输入，在 ATP 子系统的监督防护下，通过 ATO 子系统设备执行。

（2）列车的精确停车。ATO 子系统设备配合应答器、测试系统等定位及测试方法实现列车到站定点精确停车。

（3）列车区间运行时分的控制。列车在 ATO 子系统设备自动驾驶模式下，可根据 ATS 子系统调整指令改变列车在区间的走行时间。

（4）车门及站台屏蔽门使能。在 ATP 子系统监督控制下，接收车门及站台屏蔽门动作命令并发出使能，自动开启或关闭车门及站台屏蔽门。

（5）与 ATS、ATP 等子功能系统进行通信，共同实现列车无人自动折返甚至无人驾驶。

（6）向车载 PIS（乘客信息系统）设备提供下一站、到站时间等信息。

十一、基于点式 ATC 的列车运行控制系统

ATC 系统是城市轨道交通列车运行控制的核心技术，也是整个信号系统最重要的一部分，它实现了行车指挥和列车自动驾驶。从车地信息传输的形式上来说，ATC 系统分为点式 ATC 系统和连续式 ATC 系统两类。

基于点式 ATC 的列车运行控制系统

（一）点式 ATC 系统的概念

点式 ATC 系统因其主要功能是进行车速防护，所以又称为点式 ATP 系统，它采用信标应答器等点式传输设备传送信息，用车载计算机进行信息处理。

（二）点式 ATC 系统的结构组成

点式 ATC 系统由车载设备和地面设备组成。车载部分包括车载查询器、速度传感器、车载中央处理器（计算机）、司机操作单元等设备。地面部分包括地面应答器，然后通过轨旁电子单元与联锁或信号机等设备相连，构成了整个列车运行控制系统的设备体系，如图 6-72 所示。

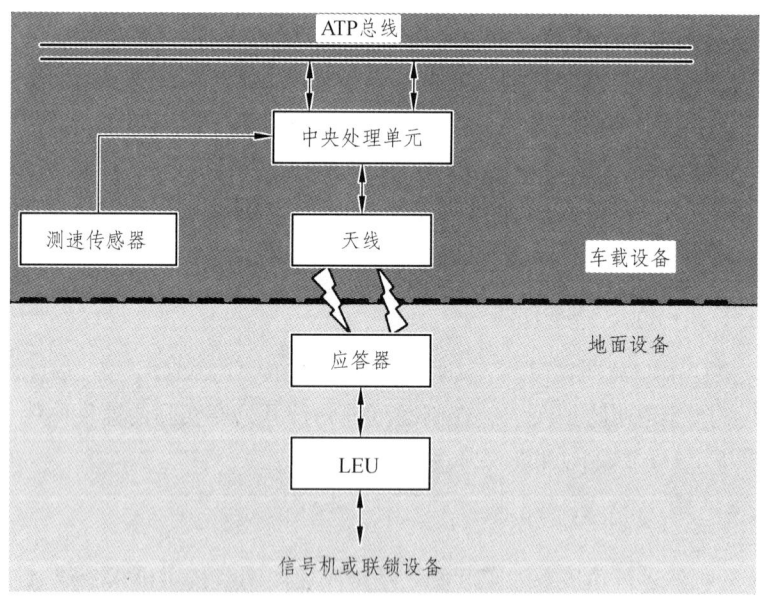

图 6-72　点式 ATC 系统结构示意图

（三）点式 ATC 系统的工作原理

点式 ATC 系统以地面应答器作为主要的信息传输设备，向运行中的列车传输每一个信号点或标志点的允许速度、目标速度、目标距离、线路坡度、信号机显示等信息。车载设备接

收到信号点或标志点的应答器信息后,结合实时测速和制动率等列车数据计算出点式移动授权限制和速度控制曲线。

（四）点式 ATC 系统的优缺点

点式 ATC 系统的主要优点是结构简单,设备安装灵活,可靠性较高,尤其是造价低于连续式 ATC 系统。

点式 ATC 系统的主要缺点是车地信息传输不连续,这样使得点式 ATC 无法实现移动闭塞,难以胜任短间隔、高密度的行车需要。例如,后续列车驶过地面应答器时,因前方区段有车,它算出的速度曲线是一条制动曲线。后续列车驶过后,尽管前行列车已驶离,但后续列车已驶过地面应答器,得不到新的信息只能减速运行,直到抵达下一个地面应答器,才能加速。

综合优缺点来看,对于综合运量较小、成本控制要求较高的城市轨道交通而言,采用基于点式 ATC 的列车运行控制系统是比较好的选择;而对于地铁等中大运量,追求行车效率、服务质量而非营利性的城市轨道交通而言,基于点式 ATC 的列车运行控制系统很难承受运营的高要求,因此通常作为连续式 ATC 系统的后备模式使用。

十二、基于 CBTC 的列车运行控制系统

相比点式 ATC 系统的局限性,连续式 ATC 系统则是城轨列车运行控制系统的主流。其中基于 CBTC 的列车运行控制系统是目前应用最广泛也是技术最先进的连续式 ATC 系统。

基于 CBTC 的列车运行控制系统

（一）CBTC 列控系统的概念

CBTC 意为 Communication Based Train Control System,即基于通信的列车自动运行控制系统,是信号控制和通信技术融合发展的产物。CBTC 最大的特点就是可以依托先进的通信技术实现实时的车-地双向大容量信息通信,这给加强列车和地面设备的数据交换效率和质量提供了通道,使得列车运行更安全、更具效率。

（二）CBTC 列控系统的结构组成

如图 6-73 所示,基于 CBTC 的列车运行控制系统通常由中央及车站 ATS 设备、轨旁 ATP/ATO 设备、车载 ATP/ATO 设备、数据存储单元、计算机联锁、数据通信设备组成。其中,数据通信设备包括控制中心主干网、车站接入交换机、轨旁无线接入设备、车载通信设备等。

（三）CBTC 系统的基本原理

如图 6-74 所示,列车运行过程中,由车载定位设备和轨旁应答器共同确定列车的实时位置,形成列车位置报告,以报文的形式通过无线通信系统传给地面设备。地面 ATP 设备（区域控制 ZC）根据列车位置报告、联锁设备提供的进路状况、ATS 创建的临时限速、数据存储单元提供的轨道数据库等信息为列车实时不间断地计算移动授权限制,并通过无线通信系统发送给列车,进而由车载 ATP 及 ATO 设备计算出速度-目标距离控制曲线,并对运行中的列车进行速度控制,实现移动闭塞。

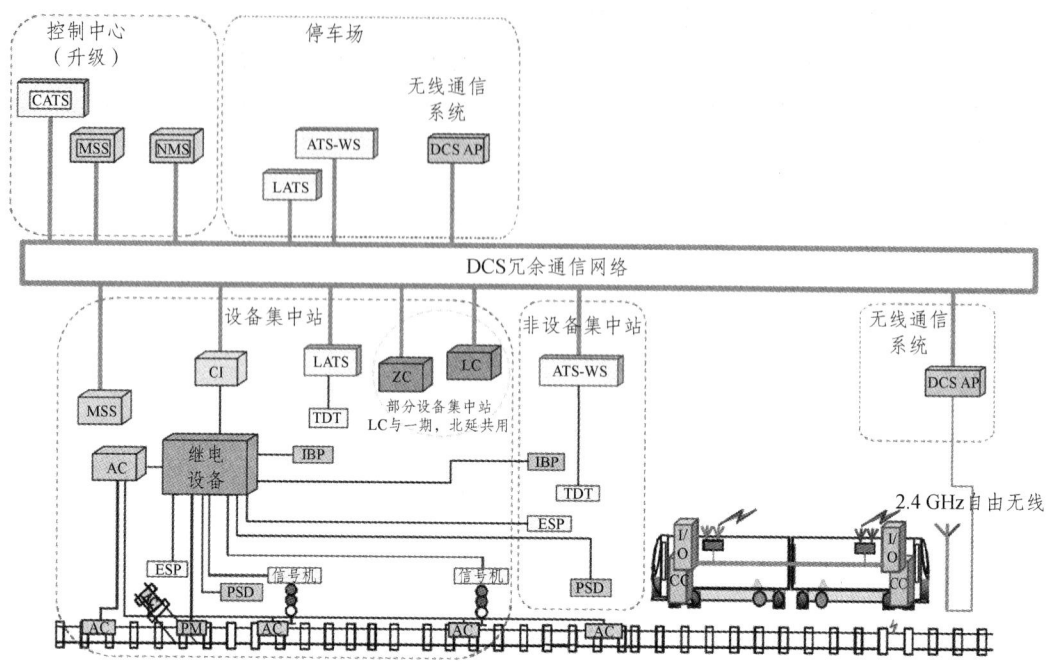

图 6-73 CBTC 列控系统的结构组成示意图

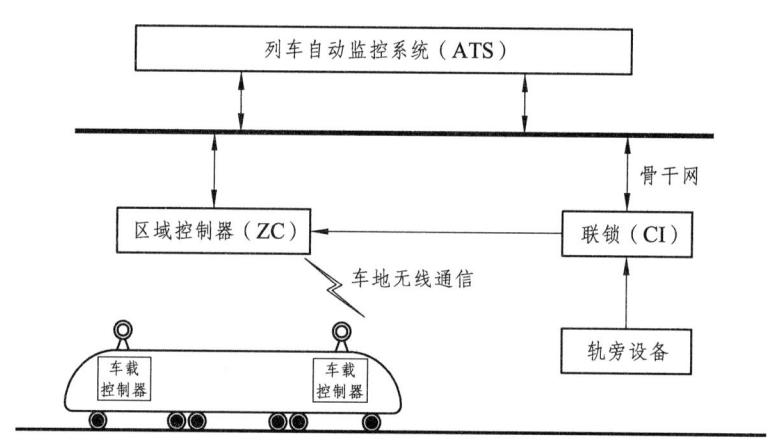

图 6-74 CBTC 系统的基本原理

（四）常见的 CBTC 系统类型及特点

根据车地通信技术的不同，常见的 CBTC 系统类型有以下几种。

（1）基于交叉感应环线承载 CBTC 的列车运行控制系统。感应环线是一种敷设于轨道中间的通信传输线缆，其特点是每隔一段距离进行一次交叉，然后利用这种交叉配置来实现列车的定位和车地信息传送。传统的基于交叉感应环线的列控系统设备组成复杂，不易维护，故障率较高，且数据通信容量有待提升，因此目前逐步面临更新换代。

（2）基于漏泄波导管承载 CBTC 的列车运行控制系统。即通过敷设波导管作为传输媒介来实现实时、不间断的车地通信。利用波导管进行通信可靠性高、容量较大、设备易维护，缺点是波导管的敷设会占用较大的轨旁地面空间，容易影响轨旁道岔等其他信号设备的维护。总体而言，因其安全性和易维护的特点在城市轨道交通中得到了广泛应用。

（3）基于 LTE（长期演进技术）漏缆承载 CBTC 的列车运行控制系统。采用 LTE 技术作为通信制式并以漏泄同轴电缆作为传输媒介，通信性能较波导技术更优，同时不占用轨旁地面空间；缺点是设备成本相对较高。由于城市轨道交通信号系统对车地无线通信性能的要求越来越高，因此基于 LTE 漏缆承载 CBTC 的列车运行控制系统拥有巨大的应用潜力。

思考与练习

1. 城市轨道交通信号系统的组成设备有哪些？它们通常分布在哪里？
2. 城市轨道交通正线防护信号机有哪些常用的显示灯位？分别表示什么意义？
3. 描述道岔转换设备的组成，并解释道岔转换设备的主要作用。
4. 什么是闭塞？什么叫空间间隔闭塞法？
5. 简述城市轨道交通联锁的基本内容和基本技术条件。
6. 城市轨道交通联锁系统进路控制有哪些层级？每个控制层级的主要意义是什么？
7. 城市轨道交通常用的车地无线通信有哪几种方式？哪种方式最具优势？
8. 简述城市轨道交通列控 ATC 系统的功能组成及设备分布。

项目七　城市轨道交通通信系统

城市轨道交通通信系统的任务是建立一个视听链路网，确保提供传输服务，给旅客提供信息，并且保证对车站进行高层次控制。

通信系统允许运营、管理及维修人员或其他系统设备通过传输诸如语音、数据、图像等电信号，在一定的距离进行通信。这些通信的服务范围包括运营控制中心、车站、车辆段、隧道及列车。

通信系统不是单一的子系统，而是多个独立的子系统的组合。这些子系统在设计上能协调工作，在不同的运营环境下正确地相互作用。各子系统可以对各自子系统内的故障进行检测和告警，从而确保整个通信系统的可靠性。

任务一　城市轨道交通通信系统概述

一、城市轨道交通通信系统的组成部分

通信系统主要包括传输系统、无线系统、公务电话、调度电话、站内及轨旁电话、闭路电视、有线广播、时钟、不间断电源等子系统。传输系统、时钟系统除了为各通信（子）系统提供服务外，还能为其他系统提供传输服务。典型城市轨道交通通信系统如图7-1所示。

通信系统的定义及作用

通信系统的分类

（一）传输系统

城市轨道交通线路的各个站点，分布于城市的各个地点，每个站点（包括车站、车辆段、变电站、供冷站等）均不是一个独立的信息及业务孤岛，城市轨道交通的各站点与中心之间，各个站点之间的各个系统均是一个统一的整体，它们之间需要进行经常的信息交换，因此，必须构建通信传输网来满足各个系统各站点与中心之间及各个站点之间的信息及业务传输要求。同时，城市轨道交通的不同线路之间的信息交换，也必须借助传输系统来实现。

通信网的主干是一个基于光纤的传输系统。它是最重要的子系统，因此它应是可靠的、冗余的、可扩展的、可重构的和灵活的系统。传输系统为各城市轨道交通各系统提供丰富的

接口类型，如 10/100 Mb/s 以太网接口、2 Mb/s 接口、RS422/RS232/RS485 接口、语音接口（具有 2 线/4 线、模拟/数字、带信令/无信令）、高质量音频接口（15 kHz 带宽）等。除了传输通信系统所需的语音、数据、图像等各种信息外，还可以传输电力监控（SCADA）、自动售检票（AFC）、自动列车监控（ATS）、防灾报警（FAS）、机电设备监控系统（EMCS）、门禁（ACS）、办公自动化（OA）等其他系统的信息。此外，它还与其他线路的传输系统交换信息。

当然，传输系统只是一个提供传输通道的系统，它根据轨道交通的业务需求、功能定位等来选择传输制式或配置相关的接口，以满足所承载的业务需求。同时，根据业务的不同需要，在一条线路上同时构建多个传输系统也是一种可行的方案，该方案在国内外城市轨道交通领域也已经有了应用的先例。

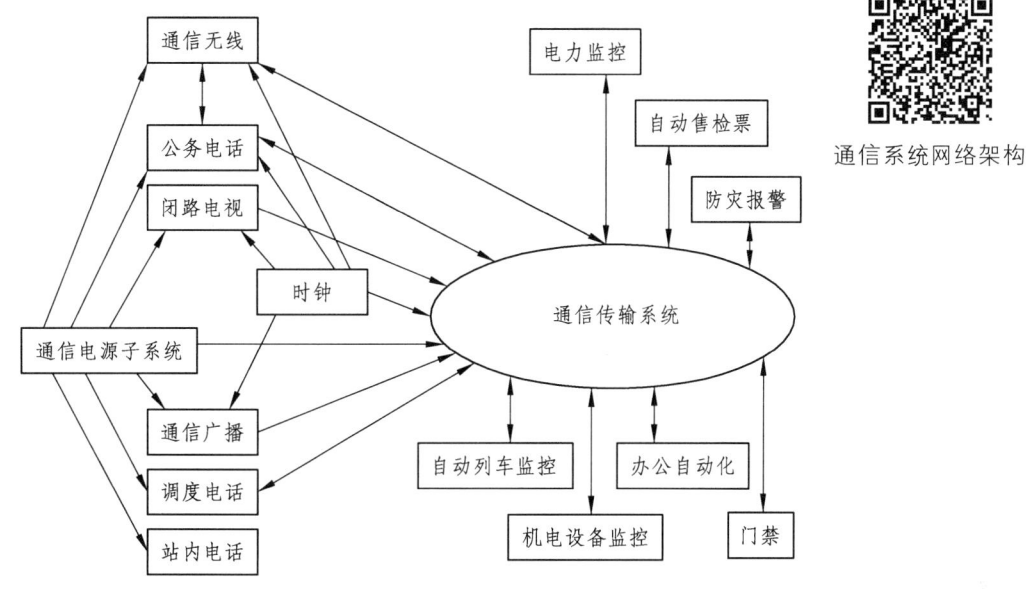

通信系统网络架构

图 7-1 典型城市轨道交通通信系统

（二）无线集群调度系统

无线集群调度系统（简称无线系统）在城市轨道交通通信系统中是调度与司机通信的唯一手段，同时也是移动中的作业人员、抢险人员实现通信的重要手段。如果采用公众移动通信网络，例如中国移动通信及中国联通的网络来作为调度与司机的通信手段，则在可靠性、实时性及功能上均不能满足城市轨道交通运营要求，因此，为了确保调度与司机通话的确实可靠及多种功能需求，必须构建城市轨道交通专用的无线调度通信网。

无线系统为运营控制中心的行车调度员、环控调度员、公安值班员、维修调度员及车辆段内的车场调度员对诸如列车司机、运营人员、维护人员和现场人员等无线用户分别实现无线通信；车辆段值班员对车辆段内的无线用户实现无线通信；相应的无线用户之间必要的无线通信，同时，还具有相应的单呼、群呼、降级模式通信、对列车广播、通话录音、呼叫信息存储、显示、检测和优先权等功能。

目前在国内城市轨道交通领域，无线调度通信系统主要经历了专用无线通信、模拟集群、数字集群三个阶段，而按工作频道的使用方式可分为专用频道方式和共用频道方式两大类。

（三）公务电话系统

城市轨道交通企业的各个业务部门之间经常要进行电话联络，但这些电话联络一般仅限于公司内部，对外的电话联系相对较少。因此，构建城市轨道交通公司专门的公务电话系统是必要的，同时，可以通过中继线或其他方式与市话网相连接，通过拨特殊号码出局，实现与市话网的连接。

公务电话系统主要由程控交换机等设备组成。与程控交换机相连的电话分机分布在运营控制中心、办公室、车站、设备室、车辆段及所需电话的其他区域。通常程控交换机设置在用户较集中的站点，如控制中心和车辆段在主要地点应装有自己的程控交换机，这些程控交换机之间用 2 Mb/s 接口或其他通信接口方式相连，形成一个公务电话网。系统具有交换、计费功能，可实现国内、国际长途直拨，同时还具有识别非话业务能力和 2B+D 交换接续、与分组交换网连接、会议电话、自我诊断、维护管理、新业务等功能，并能与其他线路的公务电话系统及当地公用电话网相连。

（四）调度电话系统

调度电话系统是调度员和车站（车辆段）值班员指挥列车运行、调度指挥、设备维护等的重要工具，行车调度直接关系到行车安全，需要设备高度可靠和操作方便。在调度员发布调度命令时，对实时性有着很高的要求。

调度电话系统可为控制中心指挥人员，如行调、电调、环调、维调等提供与各站、车辆段、变电所等地专用直达通信，并具有双重热备用功能、数字环自愈功能。调度总机可对单个用户、一组用户或具有接收选叫信号能力的全体用户分别进行单呼、组呼或全呼三种不同的操作，并在任何情况下不发生阻塞现象。同时，总机侧可对通话进行自动或人工控制录音。所有具有呼出能力的用户均可对总机进行一般呼叫和紧急呼叫，总机能显示呼出（呼入）分机的号码、呼叫类别，紧急呼叫应具有能引起调度员听、视觉注意的功能。各调度员之间可互相呼叫。分机摘机即直接呼叫总机，分机之间不能直接进行通话。分机呼叫总机遇忙时有忙音，并具有紧急呼叫手段。总机可对分机间的通话进行监听、插话、强拆等功能。

（五）站内及轨旁电话系统

站内及轨旁电话系统可为站内各有关部门提供与车站值班员之间的直达通话，并且车站值班员可以呼叫其他相关车站的车站值班员。其中，轨旁电话可选择相邻站或接入公务电话系统，为在轨道线路上维修作业人员提供便利的通信手段，同时作为列车在区间故障停车时司机和车站值班员的辅助通话手段。轨旁电话机一般每 150～200 m 设置一部。

（六）闭路电视系统

闭路电视监视系统（简称闭路电视系统）是城市轨道交通运营管理现代化的配套设备，系统可为车站值班员提供对车站的站厅、站台等主要区域进行监视；为列车司机提供对相应站台的旅客上、下车等情况进行监视；为中心调度员提供对各车站的集中监视。三方监视员是相互独立的，其中车站值班员、中心调度员具有人工和自动选择显示画面的功能，中心还具有录像功能。

闭路电视系统采用两级监视方式，即车站一级监视和中心一级监视。根据视频信号的传输方式的不同，可以有两个方案：一是用光纤直接传输模拟视频信号方案，二是利用传输网络以数字信号方式传输视频信号方案。

在模拟视频传输方案中，每站需要占用 1~2 根光纤，另设视频传输设备（光端机），控制指挥中心需设大容量的视频切换设备。

在数字视频传输方案中，可以利用传输网络的信道传输视频信号，不单独占用光纤，在控制指挥中心不需设大容量的视频切换设备。

（七）有线广播系统

有线广播系统（简称广播系统）可为中心调度员、车站值班员提供对车站相应区域进行有线广播的功能；系统还具有自动和人工广播，以及相应的选择功能和优先级功能。在车辆段内的广播系统允许车场调度员对车辆段内的部分重要区域进行广播。

广播系统由正线广播、车辆段广播两个独立的系统组成，其中正线广播又分为中心广播和车站广播两部分。

1. 正线广播系统

正线广播系统由控制中心各调度员和各车站的值班员使用，为旅客播放列车信息、向导及紧急状态的安全等服务音讯，并为工作人员播放作业命令及管理音讯。平时以车站广播为主，发生灾情时强制转为防灾广播，发生紧急情况时按优先级顺序（根据需要可调整）广播。

第一级：控制中心环（防灾）调、行调、维调、总调；

第二级：车站值班员；

第三级：站务员。

2. 车辆段（综合基地）广播系统

车辆段（综合基地）广播系统由各自信号楼值班员、车场值班员向现场工作人员播放车辆调度、列车编组等有关作业音讯。其优先级顺序如下：

第一级：车场值班员、信号楼值班员；

第二级：车场外勤人员。

（八）时钟系统

时钟系统是为保证轨道交通运营准时、服务乘客、统一全线设备标准时间而设置的。时钟系统由 GPS（全球定位系统）时钟信号接收单元、一级母钟、监控设备、二级母钟和子钟组成。

GPS 标准时钟信号接收单元设于控制中心，接收卫星时间，分别向一级母钟的主、备母钟提供同步时钟源信号；一级母钟设于控制中心，由时钟系统主机、转换单元等组成，时钟系统主机包括显示单元、主用母钟、备用母钟、输出接口等。转换单元检测主母钟的工作状态，实现母钟主、备的自动转换；在控制中心设置时钟系统的监控设备，与一级母钟相连，能够实时监控时间系统主要设备的运行状态。

一级母钟具有接收标准时间信号的功能，如接收 GPS 或 CCTV 时间信息。时钟系统为各通信子系统、信号系统、电力监控系统、自动售检票系统、防灾报警系统、门禁系统、计算机系统等各有关系统的设备及中心调度员、车站值班员等客运管理的主要工作场所提供统一的标准时间信号，并且为广大乘客提供标准的时间信息。

二级母钟系统设于各车站、车辆段（综合基地）的通信设备机房内。二级母钟由时钟系统主机、转换单元等组成。二级母钟是一个独立的系统，可以接收一级母钟发来的标准时间信息和命令信息并控制子钟的运行，也可以独立于中心母钟单独运行。

子钟安装于各车站站厅、站台、车站（场）值班室、车辆段值班室、控制中心调度室等需要显示时间信息的场所。子钟分两种类型：数字式子钟和指针式子钟。

（九）电源系统

为保证通信系统正常工作，一个安全可靠的通信电源及接地系统是必不可少的。该通信电源系统能够安全、可靠地向各通信设备不间断地供电，以保证在市电中断时，各通信子系统仍可正常工作一段时间。其中，传输系统、公务电话系统、调度电话系统、站内及轨旁电话系统、无线通信系统等需供电 4 h，其他子系统需供电 1 h。

通信电源系统

各车站、车辆段（综合基地）、控制中心的通信电源系统分别由各处变电所引入的两路独立的三相五线制交流电源至各通信电源室的交流配电柜，其中一路为主用，另一路为备用。

当外电停电时，不间断电源设备则通过配备的一组蓄电池经逆变器向负载连续供电一段时间。不间断电源设备具有手/自动旁路功能。在负载端发生过载或者温度过高以及逆变器发生损坏的情况下，不间断电源设备将自动无间断地切换到电子旁路继续供应负载；当不间断电源设备内部的电子部件损坏维修时，为了不影响对负载的供电，可人为将不间断电源设备切换到手动旁路。不间断电源设备能显示工作状态和报警状态，并提供本地和远端监控功能的通信接口。

二、城市轨道交通通信系统的发展

随着国内各大城市地铁及轻轨项目的建设以及通信技术的发展，各种可应用于城市轨道交通运营的通信技术和应用方式也在不断发展，出现了很多适合及满足各种不同应用需求的新技术、新模式。下面简要介绍城市轨道交通通信传输系统、无线系统、电话系统（包括公务电话、调度电话、站内及轨旁电话）、闭路电视等主要系统的技术发展方向。

（一）传输系统

在通信系统的各个子系统中，传输系统是最为重要的子系统。它是指挥列车运行、进行运营管理、公务联络和传递各种信息的独立、完整的内部通信网，也是构成快速轨道交通各部门之间有机联系、实现运输统一指挥、行车调度自动化、列车运行自动化、提高运输效率的必备工具和手段。

传输系统

从实现快速轨道交通综合自动化的角度出发，传输系统应以数字化、综合化和智能化为目标，具有可靠性高、功能齐全、扩展方便、组网灵活以及集中监测监控和维护管理等特点。它不仅为通信系统的其他子系统提供语音、音频、数据、图像传输通道，还为信号 AIS、电力 SCADA、车站设备监控 EMCS、FAS 和 AFC 等系统提供可靠、灵活的组网方式及通信通道，是快速轨道交通系统运营所必需的信息传输骨干网。

根据当前通信技术的发展，比较适合城市轨道交通的通信传输技术有 SDH（同步数字传输模式）、ATM（异步传输模式）及 OTN（开放式传输网络）三种制式，并在轨道交通的建设中均已有应用的先例，三种制式比较如下：

1. OTN 传输网方案

开放式传输网络（OTN）是 SIMENS 公司开发生产的面向专网应用的开放式传输设备，它基于 TDM 传输体制（但结构是非标准的），具有丰富的接口，适用于城市轨道交通专网，可以把话音、

OTN 技术

数据、视频、宽带数据和音频等集中综合传输，目前在国内城市轨道交通应用较多。OTN 主要有以下特点：

（1）在国内外城市轨道交通工程中有较为成功的应用。

（2）各种语音、2.4~19.2 kb/s 低速数据传输。

（3）OTN 在联网、技术支持、运营维护等方面有局限性。

（4）产品选择范围单一，应用环境相对固定，适用于城市轨道交通或企业小专网系统；适合新建线，对既有线改造或多条线联网时有一定难度。

2. SDH 综合业务传输网方案

SDH 传输技术是 20 世纪 90 年代初走向商用的同步数字传输体制标准，它基于 TDM 原理，有非常成熟的 ITU-T 标准和产品，其可用性、可靠性、通用性都很强，是现代电信传输网的基础，广泛应用于公用电信网和铁路、电力、高速公路、石油等专用网络。该方案具有以下优点：

（1）符合现行国际标准，可提供统一的光接口，实现不同传输设备间互通连接。信息结构等级 STM-1、STM-4、STM-16 间具有平滑升级能力。

（2）网络结构简单，传输与接入一体化使得设备简单，配置灵活，电路调度方便。

（3）具有丰富的开销，提供强大的网络管理功能。

（4）克服了 PDII 网络可靠性低、设备冗余和故障点较多等缺点，具有简单的复用过程，能对既有的 PDH 网络实现兼容，降低联网成本。

（5）大量采用软件进行网络配置和管理。

SDH 网方案的局限性在于其基于电话的点对点固定速率传输，不利于计算机数据、图像等随时变化的业务数据的传输。当前专网领域技术和设备发展已解决了在 SDH 中传输计算机网络数据和图像压缩编码数据的共通道传输问题。

目前，符合 SDH 标准的成熟产品的厂家较多，国际、国内均有著名的厂商进行开发生产。SDH 产品在国内外已得到广泛应用，技术发展已经十分成熟，设备可扩展性较强，设备选型时也有较大的选择余地，可通过竞争选用性能价格比更优的产品，从而降低工程投资。

3. ATM 传输网方案

ATM（异步传输模式）是 ITU-T 提出的实现宽带综合业务数字网的核心技术，它是在总结、分析传统电话网的电路交换和数据网的分组交换的基础上发展起来的兼具面向连接和数

据包交换特点的一种比较成熟的技术。ATM 异步传递方式作为宽带综合业务数字网（B-ISDN）的标准传送方式，具有以下特点：

（1）信元长度固定。

（2）采用异步时分复用方式。

（3）动态分配带宽，网络资源利用率高。

（4）支持多业务、多媒体应用，提供端到端的接入解决方案。

（5）窄带和宽带业务基于同一网络平台上，具有宽带音频接口和窄、宽带视频接口，尤其适用于图像的传送。

（6）系统具有较强的网络管理能力，可靠性高。

ATM 技术

MSTP 技术

目前，国内 ATM 设备的开发生产尚处于起步阶段，技术复杂，网络升级扩容能力有限（目前使用速率最高为 622 Mb/s），话音、数据业务综合应用的经验比较少，高端 ATM 产品的价格也比较高。

随着通信技术的发展，对数据业务需求的增长，由 RPR（弹性分组环）、IP（国际互联协议）方式构成轨道交通的传输网络方案也将会在轨道交通通信传输网中得到应用。

（二）无线系统

在目前国内的城市轨道交通领域，专用无线调度通信系统主要经历了常规无线通信、模拟集群、数字集群和 GSM-R（铁路综合数字移动通信系统）等阶段，而按工作频道的使用方式可分为专用频道方式和共用频道方式两大类。

专用频道方式是根据用途来配置频率；共用频道方式是根据需要和使用情况临时分配频道。专用频道方式在铁路上有着广泛的应用。采用常规的专用信道方式可组成城市轨道交通专用无线通信系统，其通话功能、呼叫功能、录音功能、显示功能、检测功能等方面可以满足使用要求。各个系统占用各自的专用信道，设备简单，初期投资比较低。两种方式的主要技术比较如下：

（1）在呼叫方式上，专用频道方式采用通话频道兼作呼叫用，呼叫信号采用亚音频或语音，因此呼叫建立时间长，实现也比较困难，而共用频道方式呼叫建立时间小于 500 ms，可以提供极为快速、稳定的呼叫发起连接。

（2）在数传应用上，专用信道方式在数传上实现较为困难，而共用频道方式可提供多种业务服务，可以传输用户数字、图像信息等，并与综合数字业务网（ISDN）、局域网（LAN）等互联。

（3）在频道利用率上，专用频道方式频道利用率不好。而共用频道方式可实现频率复用，从而提高频谱利用率。

（4）在网络管理上，专用频道方式采用通话频道兼作检测用，检测功能较弱，而共用频道方式管理与控制依靠网内所传输的各种信令来实现，能够实现高质量的网络管理与控制。

（5）在冗余方式上，专用频道方式每个频道固定其用途，不互为备用，而共用频道方式可以在链路失效后具有故障弱化及直通工作模式。

共用频道方式包括模拟集群、数字集群和 GSM-R，是一种高级专用的移动指挥调度系统，能克服常规移动通信所存在的缺点，具有明显的优势。

虽然模拟集群通信系统技术上已相当成熟，但根据通信技术及目前集群设备生产厂家的发展趋势，模拟集群在国外一些重要的生产厂家已逐步停产，模拟集群系统应用前景不大。

数字集群和 GMS-R 同属于数字系统，数字集群是专门开发应用的专用移动通信系统，而 GMS-R 是国际铁路联盟（UIC）和欧洲电信标准协会（ETSI）专门为欧洲新一代铁路无线移动通信开发的数字制铁路指挥调度通信系统，它以一个单一平台代替目前所有与铁路有关的通信与控制系统。首先，它是一种用于列车调度员与列车司机通信的通用列车无线电系统。其次，所有其他独立和并行的无线电系统（如平面调车通信系统、隧道无线电系统以及供维护与修理工使用的无线电系统）都可集成于 GSM-R 中，从而形成一个功能完备的单一系统。GSM-R 由无线网络、交换网络及与其他通信网络的接口组成。

数字集群系统是在模拟系统中发展起来的数字集群系统。它具有模拟系统的各种功能、用途，并且采用数字技术，具有更好的性能。模拟集群移动通信网的主要问题是频率利用率比数字集群低；所能提供的业务种类受限，不能提供高速率的数据服务；保密性差，容易被窃听；移动设备成本高，体积大，网络管理控制存在一定问题等。而数字集群具有以下特点：

（1）抗干扰能力强；

（2）进一步提高频谱的利用率；

（3）改善的话音质量；

（4）信令的控制能力得到进一步增强。

（5）适于集成化等。

数字集群系统

数字集群系统（TETRA）是国际上先进的专用数字调度通信系统，也是我国推荐采用的数字集群通信制式之一，符合未来专用调度系统的发展方向。目前，TETRA 系统已经在广州地铁 2、3、4 号线，深圳地铁，上海明珠线等项目中得到应用。

TETRA 系统的优点：

（1）具有极强的调度功能；

（2）采用了时分多址技术，可以极大地节省频率资源；

（3）可以提供话音通信以外的许多非话业务（数据传输业务）；

（4）采用公开的空中信令和通信协议，可提供高质量的设备，给用户提供广阔的选择空间。

根据调查情况，目前国外数字集群系统已应用于城市交通包括城市轨道交通、公安警察等部门的专用调度通信，并制定了相应的标准，国内厂家也在积极准备开发和引进先进的数字集群系统。有鉴于此，基于 TETRA 标准的数字集群通信制式在城市轨道交通领域将会有更加广阔的应用前景。

（三）电话系统

根据目前国内城市轨道交通的运营模式，公务电话系统是为城市轨道交通的管理部门、运营部门、维修部门提供公务联络的一种基本工具，主要是电话业务，其次是非话业务，如传真等。通过该系统，城市轨道交通各部门之间、城市轨道交通各部门与城市轨道交通之外的其他单位之间进行相互联络。

电话交换技术先后经历了人工交换、机电制交换、步进控制交换及程控制交换几个阶段，这些交换技术都属于电路交换。进入 20 世纪 90 年代后，全球数据业务的年增长率大大高于传统电话业务的年增长率，电信网正在从以电话业务为主的话音网络迅速向集语音、数据及图像为一体的综合业务数据网络（ISDN）发展。

数据业务具有突发性，其峰值比特率和平均比特率的差异可能很大，对实时性要求相对话音业务较低，且数据流的速率相差很大。传统的电路交换网只能提供有限种类的标准带宽的电路，对数据业务而言，很难做到带宽的合理利用，因此，基于数据业务的以上特点，产生了分组交换技术。分组交换采用长度受限、结构统一的分组作为传输及交换的基本单元，每个分组都包含了地址、序号、校验码等信息，信息的终点由分组中的地址码确定，每个分组采用了存储转发机制进行传送。

IP技术是以TCP/IP作为核心协议的网络技术，它具有高度的统一性和开放性，接入简单。由于IP网络对所有业务透明，信息的加工处理全部由终端完成，因而所有业务，包括语音、数据及图像等，都能在IP网络上传输和交换。基于IP的语音传输技术（VoIP）在IP网上的成功应用，使得IP技术不但成为数据业务的主导技术，也成为实时语音通信的挑战性技术。

基于IP技术的软交换机是一种功能实体，为下一代网络提供具有实时性要求的业务呼叫控制和连接功能，是下一代网络呼叫与控制的控制核心。它具有开放的业务生成接口和综合接入能力，并采用基于策略的实现方式来支持系统的功能。虽然软交换具有很多优点，也代表了通信技术的发展方向，但就城市轨道交通的实际业务应用及目前软交换技术的发展水平来说，采用成熟、可靠的数字程控交换机进行组网仍是目前的首选方案。

（四）闭路电视系统

城市轨道交通闭路电视系统为两级控制，即中心级和车站级。整个系统由控制中心远程监视系统、车站本地监视系统、远程多路信号传输系统以及多媒体网络管理终端等部分组成。各车站摄像机与车站控制室的距离均能满足视频电缆衰耗要求，其视频信号采用基带视频电缆传送。车站与OCC距离较远，超出了基带视频电缆传送极限，可以采用模拟和数字两种方式传送。

1. 模拟方式

模拟视频信号传输方式是直接对视频信号的光强度进行调制，采用频分复用视频光端机，一根光纤可传输16、32路视频信号或更多。模拟视频信号传输为点对点传输，控制中心光端机与每个车站光端机一对一的方式，将一个车站的所有摄像机的视频信号通过光模拟调制后经一根光纤点对点传送至OCC。每个车站与OCC之间需一根光纤，传送设备由视频调制设备、光端机等组成，视频信号的调制采用射频模拟方式，类似于电视信号的邻频调制。这种方式经济实用，构成简单，图像质量也能得到保证。

模拟视频传输的特点：

（1）单路设备成本较低，复用度越高，成本越高；

（2）技术上相当成熟，光纤接辅助设备复杂，使用环境相对固定。

模拟视频传输不足之处在于：

（1）传输的距离、质量和路数都受到光强度随触发电流变化的线性范围的限制；

（2）需要单独设置光端机，对光纤的需求量大；

（3）其传输通道和其他信号的传输是相对独立的，可靠性较低。

2. 数字方式

数字视频信号传输方式是最近几年发展起来的，这种方式是先将模拟视频信号转换成数字信号，由于数字视频信号比特率太高，无法直接传输，需压缩后进行传输。

数字视频传输的优点：

（1）不需要单独的光纤，减少了光缆的芯数，系统扩容灵活；

（2）不需单独设置光端机，简化了系统结构，降低了设备的维护量；

（3）采用数字通道共线传输方式，节省带宽，利用光纤自愈环进行通道保护，提高了通道的可靠性。

将车站摄像机的视频信号进行 A/D 变换，编码、打包调整成适合通信系统传输的数字码流通过传输系统传输；在 OCC 端采用 D/A 变换，也可保留数字模式直接显示和记录。数字式图像传输的优点是统一利用传输系统进行传输，省去了专用于视频传输的设备和光纤，减少了设备种类，提高了图像传输环节的可靠性，有利于统一的网络管理。当前视频信号的数字化传输和系统控制正蓬勃发展。电视广播的长距离传输已经基本上实现了数字化，会议电视系统和专用闭路电视监视系统的数字化传输和系统控制产品也已经成熟。采用数字化形式传输视频信号，将会在城市轨道交通闭路电视系统中得到广泛应用。同时，随着无线宽带传输技术的发展及安全监控的实际需要，列车车厢视频监控及实时下传控制中心也已成为闭路电视系统的一部分，为调度及地铁公安人员实时掌握列车车厢状况提供直接、有效的手段。这样，与既有闭路电视系统一起，形成了对城市轨道交通各车站、各列车全方位的视频监控。

为适应近几年国内城市轨道交通迅速发展的需要，各种以往主要应用于公众电信网的传输、交换和网络技术都逐渐应用于城市轨道交通建设工程中，包括弹性分组网（IEEE 802.17 RPR）、无线局域网技术，如 IEEE 802.11 a/b/g、MESH（无线网格网络）技术等都在城市轨道交通工程中得到成功应用。这些新技术的应用，不仅提高了城市轨道交通的运营服务水平，而且也极大地促进了城市轨道交通通信技术的发展。

任务二　传输系统

典型的城市轨道交通系统由多条线、一个或多个控制中心以及多个车辆段和停车场组成，每条线大约长 20 km，通常有十多个车站。大部分通信是在车站/车辆段和控制中心进行的。各种类型的语音通信（公务电话、调度电话）、广播系统、无线系统、信号系统、电力监控系统、自动售检票系统、环控系统以及防灾报警系统等组成了一个个通信和控制网络。通信传输系统可以将这些系统的信息传输统一在一个单一的、综合的网络中。选择何种传输系统取决于应用的需求。城市轨道交通系统的线路具有延展性，因此采用双环路运行方式的传输系统在城市轨道交通中得到较广泛的应用。

应用于城市轨道交通系统中的传输网络应具备开放、透明、良好的地域扩展性及较长的生命周期等特点。开放指该系统可以提供各种接口，以适应几乎所有的现有物理接口标准以及各种特定的通信协议；透明指该系统能高速、可靠地实现各种不同类型的信息（如语音、数据、数字视频和计算机网络）的传输，网络协议对高层协议应完全透明；良好的地域扩展性，应可提供远程传输。

传输网络可以提供较好的适应性与可替代性，具有较长的生命周期。在当今信息时代，各种新技术、新产品不断涌现，用户的需求也会随着时代的发展不断地变化和增加，为避免网络的重复建设，通过在现有传输网络上添加相应的接口模块来满足用户的各种需求。

相对于单一地传送语音、数据和视频信息的网络，计算机局域网（LAN）以及传统的数字传输网络，综合的传输网络具有许多明显的优势，如更高的经济性，不同的业务可以共享设备与传输介质，如光纤；更易适应各种环境，充分保护已有的设备投资；能充分利用带宽；透明地传输信息，不受高层协议的影响；更轻松简易的通信配线，能轻松地实现维护和管理工作。

一、传输系统的组成及拓扑结构

（一）系统的网络结构

传输网络一般包括 4 个基本组成部件：构成系统骨干的光纤、网络节点、供用户访问系统的各种类型的用户接口卡、网络管理系统，如图 7-2 所示。

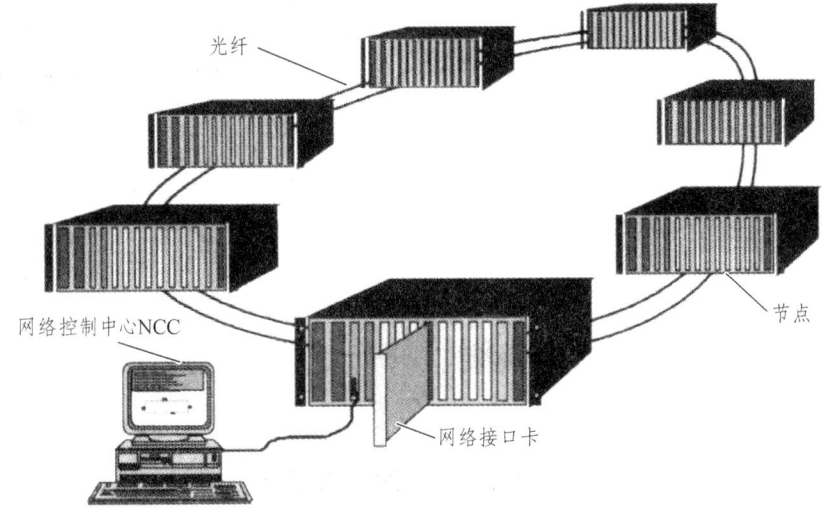

图 7-2 传输网的基本组成

1. 光纤骨干网

传输网络一个最重要的基本构成单元就是贯穿整个网络的传输介质，包括光纤和电缆。采用何种网络节点，取决于节点间的连接介质、节点间的距离及网络拓扑。

1）节点间的连接介质

节点间的连接可采用电缆或光纤，电缆一般用于短距离的连接。光纤的类型一般选用多模 50/125 光纤、多模 62.5/125 光纤及单模 9/125 光纤等几类，还可根据用户的实际需求另行选取。

2）节点间的距离

在短距离的连接中，可使用多模光纤以及成本较便宜的 LED 光源。这样，在满足系统需求的同时可节省大量的成本，避免造成浪费。在长距离的连接中，只能选用单模光纤，这样能为系统的信息传送提供可靠保障。

传输系统一般可提供 820 nm、1 300 nm 及 1 550 nm 等波长的光发送接收器,光源则根据具体需求可选用 LED 光源或激光光源。

3)网络的拓扑

网络的拓扑对最终决定网络的构造有非常重要的影响,这将在下面重点介绍。

2. 网络节点

网络节点是用户得以访问网络、使用网络资源的必需途径。各种类型的用户接口卡都是安装在节点上。节点不但为各用户接口卡提供工作用电源,还负责接收各用户接口卡的信息,经复用、打包后发送到光纤网络上;同时,来自光纤网络的信息由节点接收并确认后,再经相应的处理后传送到相应的用户接口卡上,实现用户和网络间的信息交换工作。

3. 供用户使用的接口卡

供用户使用的接口卡是为方便用户接入系统而专门设计的硬件及软件的集合。通过这些用户接口卡,用户得以将自身系统借助于传输网络在地理上无限地延伸。城市轨道交通系统中的各种通信和控制系统应用的一大特点是系统网络结构和拓扑多样,接口类型多。综合的通信传输系统为满足用户在数据、语音、视频以及 LAN 等各种类型应用上的要求,可以提供 RS422 接口卡、RS485 接口卡、语音卡、以太网卡、E1/T1 接口卡等各种类型的接口卡,用户仅需根据自身的运行参数,选择相应的用户接口卡,并做好相应的设置即可使用。

用户接口卡的设置一般分两部分,即硬件及软件。硬件的设置是通过板卡自身的跳线或微动开关实现;软件的设置则通过网络管理中心软件实现。

4. 网络管理系统

传输设备的网络管理系统一般是基于主流的、成熟的操作系统,具备强大的功能及友好的操作界面。通过该系统,用户可以轻松地对传输网络实现配置、扩展、管理及维护等功能。

(二)网络的拓扑结构

网络的拓扑结构分为两方面的内容:逻辑拓扑和物理拓扑。网络的逻辑拓扑描述的是信息流在网络中流通的路径,网络的物理拓扑描述的是传输网络节点和连接节点的光纤介质的实际分布及连接方式。

1. 网络的逻辑拓扑

传输网络的逻辑拓扑一般可分为双环和菊花链两种。图 7-3 是城市轨道交通中应用较普遍的双环结构。

城市轨道交通系统的传输网络的首选逻辑拓扑是双环结构,因为这种拓扑结构在故障情况下可提供更好的系统恢复能力。当然,根据用户的实际应用需求,传输网络也可以设置为菊花链结构。

当传输网络设置为双环结构时,系统的光纤环路是闭合的,一旦闭合的光纤环路在某种情况下出现开路状态,如光纤破损或光纤连接头松脱等,系统可以采取回环(Loopback)的方式对此事件做出反应,使信息流避开故障点,并自动向系统提交故障信息报告。

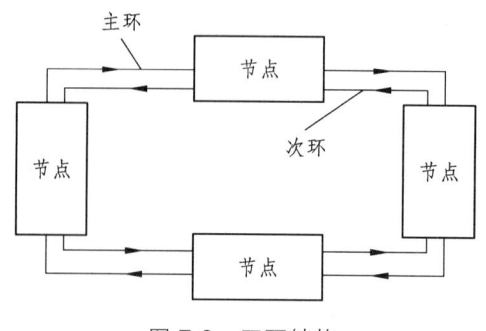

图 7-3 双环结构

双环路的逻辑拓扑能保证高质量的服务,可为用户提供高度可靠、有效的网络。采用双环路逻辑拓扑的系统能自动地修复网络多种故障。

2. 网络的物理拓扑结构

一种形式的逻辑拓扑结构能够由多种形式的物理拓扑结构来实现,如点对点型、星型、环型及总线型(也称菊花链型)等,如图 7-4 所示。这些拓扑结构是简单的,它们遵循标准的安装惯例并且可以根据需要灵活地搭配使用。

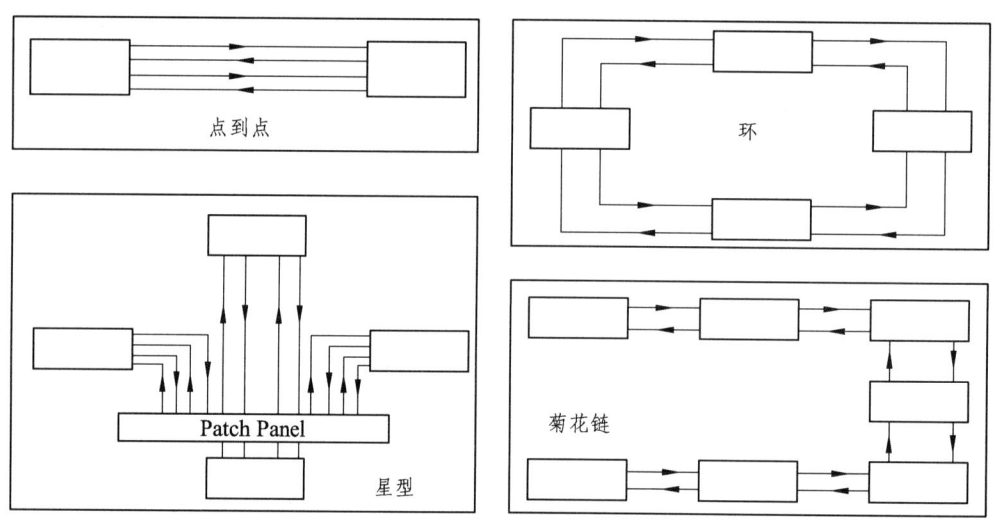

图 7-4 传输网络的四种物理拓扑结构

采取何种形式的物理拓扑结构由整个网络的实用性及所需成本决定。以下分别介绍这四种物理拓扑结构。

1)星型拓扑结构

星型拓扑结构是非常象形的,以中心节点为中心,其他节点用电/光缆以放射状与中心节点相连。在中心节点处常常会配置一个光缆配线架,在这个光缆配线架上,任一节点的接收光纤总是连接到另一节点的发送光纤。与环型的拓扑结构相比,星型的拓扑结构需要更多的设备和光电缆来组成,由此带来较高的成本,而且这种结构受地理环境的影响较大。

2)环型拓扑结构

环型拓扑结构的安装所需光电缆较星型拓扑结构要少,同时,采用双环路结构的环型网络在故障发生时会自动地在两个环路中选择路由完整的路径传送信息流。环型网应用得较广泛，如校园、铁路和机场等。

3）点对点型拓扑结构

当点对点型拓扑结构采用两个环路连接，并且其中任一环路是作为备用环路存在时，这种拓扑结构具有与物理的环型拓扑结构相同的容错能力。

4）菊花链型拓扑结构或总线型拓扑结构

采用物理的菊花链型拓扑结构或总线型拓扑结构的网络对光纤破损等光开路情况不具备自动路由能力。当光纤破损等造成光开路情况发生时，可采用光旁路的方式应对。这样，故障节点（例如由节点电源故障、系统自检时发生内部故障引致时）将会从网络中被旁路掉。当网络采用菊花链型拓扑结构或总线型拓扑结构时，为确保旁路情况下系统信息的正常传送，在光开销预算时要以三个连续的节点为一组考虑。采用菊花链型拓扑结构或总线型拓扑结构组网会受地理条件的限制。而且，由于必须在网络中配置光旁路开关，用户不得不采用较昂贵的光学收发装置。

3. 网络的拓扑结构及设置之间的关系

网络的拓扑结构对最终的网络配置有着决定性的影响。如果在较短的距离内使用较多的连接器（如物理星型网络），或使用损耗较大的连接器，都要求系统配置较大功率的光收发器，以确保系统信息的正常传送。

网络的拓扑结构还决定了是否需要在系统中配置光旁路开关以确保系统有较强的容错能力。

二、传输系统的运行方式

集中告警系统

传输系统采用双环路运作方式时，在正常情况下只有其中一个环路运作，负责传送系统信息，另一环路则处于备用状态。两个环路在功能上完全一致，但在默认情况下系统加电启动时将启用主环路传送系统信息。主环路的信息流向一般设为顺时针方向，次环与主环相反，即为逆时针方向。系统运行时，应不断地监测处于备用的环路状态，以确保备用环路随时能够被启用。

在主用环路发生故障时，备用环路可以立即激活，取代主用环路传送系统信息。除非有特别的事件发生，要求改变系统的配置，否则，启用的备用环路能够一直运作下去。

为确保系统运作高效、可靠及用户友好，传输系统一般应具备以下功能。

1. 确保最大网络可利用性

无论是环路故障还是系统节点故障，或者两种情况同时发生，系统都可以自动恢复并工作。因此由系统故障而导致的信息（数据、语音、视频等）传送时延的扩大被限制到了尽可能小。例如：有人正通过传输网络通话，这个通话不应该因环路重组而中断。

在系统扩充、整改或修理期间，网络可以维持其所有的运作，不应该因上述动作导致系统在相当长一段时间无法使用。系统应具备以下几点功能，以保证系统的抗干扰能力。

1）系统自动重组

在故障情况下，传输系统采取何种方式的反应来应对，一般由网络的拓扑结构和系统所使用的网卡决定。

2）采用通用的节点

系统应采用通用的节点以实现分布式管理。每一个节点都应是一个潜在的主节点，这就是说每一节点都能够作为主节点产生使网络同步的帧。例如：当前运行的主节点发生故障，其他任一节点会立即取代主节点，执行主节点的功能。即使多个故障同时出现，也会导致两个相互独立的网络出现，并在每一个网络都会产生一个主节点，同时该主节点还可执行主节点的所有功能。

3）自动启动程序

已经设置好的系统的网络拓扑（双环或菊花链结构）可以被存储起来。当系统发生电源故障、环路重组或一个节点重新安装返回环内等情况时，网络会根据事先存储的设置自动启动网络开始工作。

4）系统老化自动告警

系统的光学部分易于老化。因此，可能发生系统在投入运行一段时间后，因光学部分老化而导致节点不能收到有效的信息帧。传输系统为避免因系统光学部分老化而导致的系统信息传送故障，应在节点上设置老化状态告警功能，以便系统可通过采取重组等手段避免此类故障。

5）用户接口卡的设计

传输系统的用户接口卡在设计上支持热插拔，以便在系统不中断电源的情况下更换用户接口卡。用户接口卡设置有本卡的工作开关，插拔用户接口卡时只需关闭本接口卡上的工作开关即可。插拔用户接口卡时影响的仅仅是通过这些用户接口卡连接的本地用户，网络的其余部分可以保持正常工作。

2. 简易的网络访问

在任何时候，传输系统可以保证任一用户可直接访问网络。例如采用时分复用的方式来传送用户的数据信息，即使出现本地多个用户同时向系统发送数据信息的情况，传输系统也能应付自如，不会使任一用户等待。在时分复用的运作方式下，个别用户长期占用传送信道的情况被避免了，数据信息实时应用成为可能。

在某一采用时分复用方式的传输网络中，连续的信息帧以固定的速率在环上传播，在每一帧中固定的比特被分配给某一确定的连接。这些比特构成了传输系统的传输信道，连接到传输网络的用户在设置好连接的情况下，会分配到某些固定的比特，并可长期占有这些传输信道。通过这种方式，保证了用户任何时候都可直接访问网络而无须等待。在连接到传输系统的子网上（如令牌环网、以太网等），同样的传输信道被固定地分配在每一帧中，因此已设置连接的设备同样可长期占有传输信道。但是，在不经传输网连接的以太网或令牌环网上，在同一时间只允许一个用户发送数据，因此，任一时候只有一个用户可访问网络，而其他用户则不得不等待。

3. 可靠的信息传输

传输系统可以做到无论是在办公室、车站还是移动的环境中，都具有可靠的信息传输能力，由于系统部件老化或光学器件的损坏而导致的信息传输故障，可以被系统实时检测到并生成报告，进而提请系统采取相应的故障回避机制。

1）采用光纤作为传输介质

传输推荐使用光导纤维作为传输介质，相对普通的铜导体来说具有不受电磁干扰（雷达信号的传输、大电流电机的开关、邻近的电缆、高压电缆等的影响）的优点，保证了在各种环境下非常可靠的信息传输；光纤相对于普通电缆具有更低的比特误码率，保证了非常可靠的信息传输。

2）光传输错误检测

当光收发器接收的光功率降到系统设定的临界值时，光收发器可以产生告警，但信息传输在此时应仍然正常。告警表示光学器件老化或光纤、熔接点、连接头质量下降。所有的光收发器都可检测到传输错误（编码错误），如果该告警在接收光功率充足时发生，说明是前一节点的发送故障或本节点的接收故障。

4. 各种类型的用户接口卡

为适应各种协议的应用，传输系统应提供各种类型的用户接口卡，使传输系统的用户节约了各种各样的传输设备，如协议转换器和转换设备。

传输系统可以为数据、语音、视频及局域网用户提供相关的用户接口卡。

5. 网络的地域扩展

对使用传输系统的用户而言，传输网络的地域扩展功能意味着用户拥有了一个经济的信号调制解调器和一个信号放大器。由于噪声信令的衰减和光纤的无故障传输，可使信息以很高的速率传送，即使原有的采用铜导体为传输介质的设备在不加任何辅助设施的情况下，传输距离仍可从几十米扩展到几千米。

6. 灵活的系统配置

1）灵活的带宽分配

系统具有各种类型的可选带宽，允许多个低速链路复用，满足不同的用户需求。

系统中用于传送用户数据信息的有效传输信道，可单独应用于数据、语音或局域网的信息传送，或根据用户需要将数据信道按需分配给数据、语音或局域网。传输信道的分配工作由网络管理中心软件实现。

在系统中如需建立新的连接链路，只需要在系统带宽允许的情况下，添加相应的用户接口卡，并由传输信道中为连接链路分配相应的带宽。

2）简单的网络调整

由于传输系统一般采用的是模块化的结构，系统的扩展变得非常容易。无论是在地理上（添加节点数目）还是用户数量（添加连接数量）的扩展上，都没有必要再另外敷设长途光、电缆。

节点数目的扩展：系统的扩展可通过在网络中添加新节点的方式实现。系统扩展时只需将原网络闭合光环断开，将新节点接入网络，构成新的闭合环路。传输系统自身应具有自动恢复功能，这样，在执行断开原有环路的操作时，事前已接入传输系统并处于运行状态的设备间的信息传输仍然能够保持正常运作。

扩展或改变连接：在用户进行扩展时，假如在现有设备上没有多余的连接可用，扩展时只需在系统中加装相应用户接口卡即可。在执行网络的扩展或改编工作时，网络上已存在的所有的运作都不应因此而受到影响。

网络控制中心：可以监控网络上节点和用户接口卡的分布情况及网络的配置。所有网络配置的改变，如节点扩展、节点重置、添加或移除用户接口卡等各种涉及网络的操作，都应处于监测下。在网络控制中心可以设置网络中的连接，系统应能自动为新建立的传输信道分配所需的带宽。在网络控制中心进行连接编程操作时，网络的其他部分不会因此而受到影响，可保持正常运作。

7. 快速的故障检测和简单的网络恢复

任何可能出现的故障，不论是环路运作故障或用户接口卡故障，都可以在网络控制中心上显示详细的告警信息，并在本地以 LED 形式作简单显示。

1）网络控制中心

系统的中央级告警由网络控制中心负责。它起到实时监控整个网络，并通过光环路获得各个节点和用户接口卡的运行数据的作用。网络控制中心的告警信息可以指明可能的故障类别和故障位置，实现快速的故障定位，提高系统维护人员的故障反应能力。

网络节点在连续执行了一定次数的自检后，如果仍不通过，将自动退出服务。显然，这种情况下网络控制中心不能监测到该节点的信息。这时自检的结果将会在该节点的管理模块以特定的代码显示。如果用网络控制中心在本地连接上该节点，则可看到更详细的信息。

2）可视化的信息指示

网络节点如发生故障，可以在本地生成故障报告，并以 LED 指示灯等方式指示节点和环路运作的情况。

3）模块化结构

模块化结构的好处在于，一旦确认用户接口卡故障，则可通过更换发生故障的用户接口卡来迅速地将故障排除。更换发生故障的用户接口卡后，传输系统可以自动地恢复发生故障的链路而完全不需要人工干涉。

8. 眼保护机制

使用激光管作为光发送器的情况下，因为光纤端头处连续的强烈激光有可能对人眼造成伤害。为避免这种事情发生，使用激光管作为光发送模块上的眼保护机制。

如在某城市轨道交通工程实例中，传输系统两节点间光纤链路断开，节点会将相关的光发送器停用。为检测链路是否修复，节点会周期性地发一短脉冲。由于脉冲能量小，即使这时有人往光发送器或光纤中看，也不会对眼睛产生危害。如果下一节点未接收到光脉冲，说明链路仍未修复。光发送器再次停用（脉冲频率为 6~7 Hz）。链路修复后，对维护人员眼睛可能造成的伤害不再存在，脉冲模式自动停止，光环自动恢复正常运作。眼保护机制在特殊情况下应可禁止。

任务三　电话系统

电话系统主要为城市轨道交通管理、运营及维修人员提供语音通信。从运用和功能上电

话系统可分为三个子系统:

(1)公务电话子系统。该子系统是以数字程控交换机设备为核心,与程控交换机相连的电话分机分布在城市轨道交通各办公管理部门、运营控制中心(OCC)、车站、设备室、车辆段及所需电话的其他区域。

(2)调度电话子系统。该子系统可为控制中心(OCC)指挥人员,如行调、电调、环调、维调等提供专用直达通信,并且具有单呼、组呼、全呼、紧急呼叫和录音等功能。

(3)站内及轨旁电话子系统。该子系统可为车站站内各有关部门提供与车站值班员之间的直达通话,并且车站值班员可以呼叫其他相关车站的车站值班员。其中,轨旁电话可选择相邻站或接入公务电话系统。

下面对三个子系统的功能和应用作具体描述。

一、公务电话子系统

公务电话子系统

在城市轨道交通系统中,公务电话子系统作为专网进行网络构建,以满足对内和对外的语音通信的需求。由于公务电话子系统为城市轨道交通人员的信息沟通、运营组织管理、维修组织管理提供高效、便捷的电话语音通信,因此在城市轨道交通系统应用中占有较重要的位置。

(一)系统构成

图 7-5 是以三台交换机为例介绍城市轨道交通系统公务电话的网络拓扑。

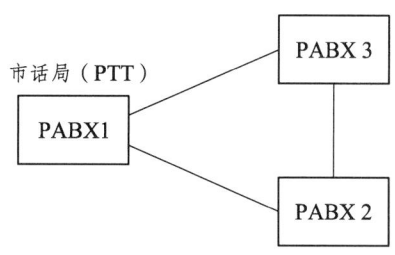

图 7-5 城市轨道交通系统公务电话网络拓扑实例

从图 7-5 中可以看出,该公务电话网是由三台用户程控数字交换机通过传输系统以环型网络结构构成,其优点是当任意两台交换机间的传输线路出现中断,可以通过迂回传输线路保证链路的畅通,从而保证网络较高的可靠性。用同一厂家设备组网称同类网,它的最大特点是终端之间的连接是采用相同方式。

通常以办公集中地并兼顾沿线用户的原则设置交换机的位置和容量,一般在车辆段、控制中心和沿线用户集中的某站。车辆段的电话用户通过直埋通信电缆线路进行连接,控制中心及其办公集中点通过楼内敷设通信电缆方式实现。各车站一般分配 30~40 部,通过传输系统的节点实现在各站的话路集中分配,再通过电缆线路连接到站内用户和隧道电话。

两个交换机间一般采用 2M 数字中继。本网和市话局(PTT)间采用全自动呼出呼入方式,通过 2M 数字中继电路工作。本网出局一般直接进入 PTT 程控交换机的选组级(DODI),入局由 PTT 程控交换机的选组级直接接出并以 DID(直接向内拨叫)方式拨入城市轨道交通用户。

通信机房内所有与公务电话系统相关的设备，都由通信系统公用的不间断电源（UPS）提供 220 V、50 Hz 的供电。如果不间断电源（UPS）发生故障，电池一般能保证交换机 4 h。

（二）公务电话系统的功能

（1）电话交换功能。

（2）计费功能。

（3）非话业务功能。实现识别用户数据、用户传真等非话业务的能力，并提供 2B+D 等数字用户多种接口与分组交换网连接。

（4）复原控制方式功能。实现系统普通用户之间的呼叫设置为互不控制，本局用户呼叫市话特种业务时，可根据市话局要求确定复原控制方式。

（5）号码的存储和译码功能。

（6）电路的选择和释放功能。

（7）新业务功能。系统可提供缩位拨号、热线服务、出局呼叫限制、免打扰、转移呼叫、三方通话、60 方会议、叫醒服务、缺席用户服务、遇忙回叫、恶意呼叫追查、呼叫等待、强插/强拆等功能。

（8）维护管理功能。配有维护终端，实现维护管理人员对交换设备、数据的维护管理。

（9）传输功能。

（10）过压和过流保护与抗干扰功能。

① 系统过压和过流保护符合相关标准；

② 对交换系统的保护措施有设备防雷击和高压保护（二级保护）；

③ 具有抗电磁干扰能力。

（三）信号方式和接口

为了保证通信网的正常运行，完成网络各部分之间信息正确传输和交换，以实现任意两个用户之间的通信，必须要有完善的信号方式。信号方式是通信网中各个交换局在完成各种呼叫接续时所采用的一种通信语言。下面结合某城市轨道交通系统公务电话设备介绍其信号方式和接口。

1. 模拟用户信号及接口

本系统具有 DP/DTMF 兼容的用户信号方式，其用户接口的技术指标和传输特性符合国家标准《电话自动交换网用户信号方式》（GB 3378—82）的有关规定。

2. 数字用户信号及接口

系统的数字用户接口符合 ITU-T 的 I、V 和 X 的有关规定和要求。

3. 局间信号方式及接口

本网络内局间采用 CORNET 共路信令，系统的接口特性符合 ITU-T 和 GB/T 7611—2016 的有关规定。

系统与市话局的信号方式采用中国 1 号信号方式或 CCITT 7 号信号系统，应符合市话局有关要求,并满足《自动用户交换机进网要求》(YD 344—90)的有关规定。

4. 铃流和信号音

符合国家标准《电话自动交换网铃流和信号音》(GB 3380—82)的有关规定。

(四)网同步

1. 数字系统中的同步

数字程控交换机组成一个数字网,它们通过数字传输系统互相连接。为提高数字信号传输的完整性,必须对这些数字设备中的时钟速率进行同步。对一个数字网则要进行网同步。网同步指的是通过适当的措施使全网中的数字交换系统和数字传输系统工作于相同的时钟速率。

2. 数字网的网同步方式

在数字通信网中采用的网同步方式有主从同步法、相互同步法、分级的主从同步法、独立时钟法、水库法。

程控交换机同步设备应具有监视、控制和告警功能,当同步的中继链路发生故障时,同步单元可以自动转换或再同步。

二、调度电话子系统

调度电话子系统在城市轨道交通系统中发挥着重要作用,为运营组织、电力供应、设备维修和防灾救护提供有效的通信手段。该系统为控制中心调度人员,如行调、电调、环调、维调等提供

调度电话子系统

专用直达通信,并且具有单呼、组呼、全呼、紧急呼叫和录音等功能。下面结合工程实例介绍调度电话子系统在城市轨道交通系统中的应用。

(一)系统构成

城市轨道交通调度电话子系统主要有调度总机、调度台、调度分机三部分,并通过传输系统或相应的通信线缆连接而成,其系统构成如图7-6所示。

1. 调度总机

调度总机是调度电话子系统的核心部分,由具有交换功能的交换机或交换模块组成,可组成7个以上的独立调度系统(如行调、电调、环调、维调等)。其用户线配置一般不少于200端口;用户板与传输系统一般以模拟接口对接;配维护终端一套(含打印机),完成各类维护管理任务。此外,调度总机还配数字录音设备一套,以完成各类调度业务的实时录音及话音文件的存档。

2. 调度台

调度台设在中央运营控制中心(OCC)。它是调度业务的操作控制台,一般为按键式,并配置手柄式话机。

3. 调度分机

调度分机为普通电话机,总机与分机通过传输系统提供的点对点式专用音频话路连接。

调度台呼叫分机，按热线功能方式，无须拨号，举机即通。分机对调度台的呼叫可区分为一般呼叫和紧急呼叫。紧急呼叫时，调度台上发出相应信号，以示发生紧急呼叫。

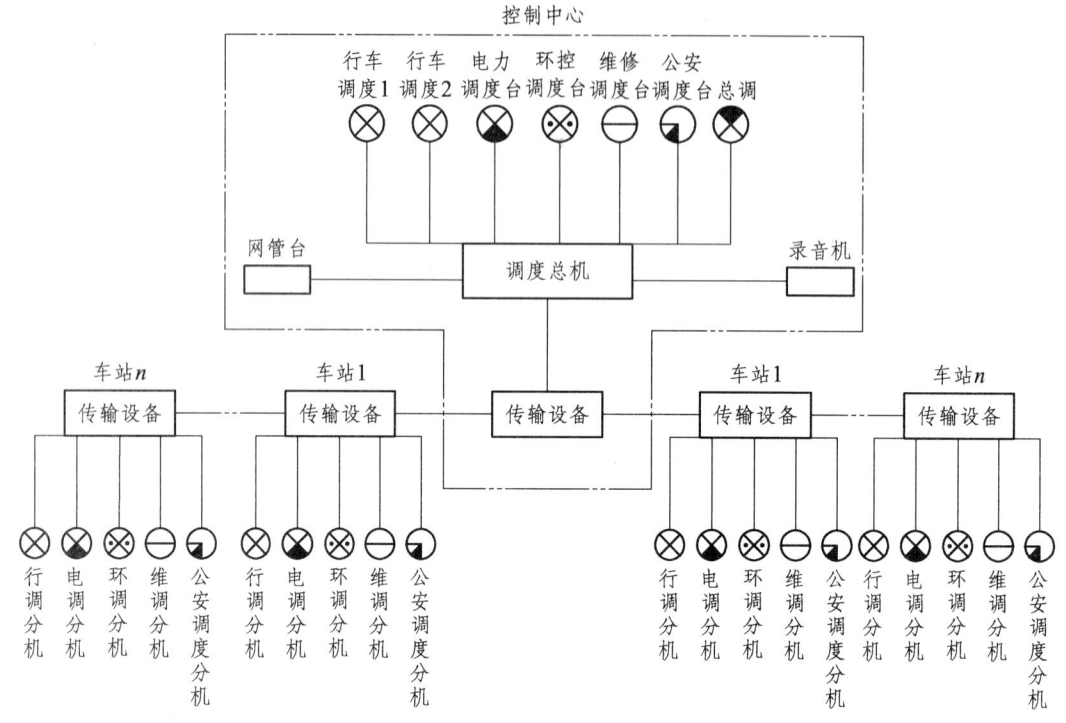

图7-6 调度电话子系统系统构成图

调度总机可以采用在公务电话子系统交换机内镶入硬件模块的方式或设置独立数字交换机的方式实现其功能。采用镶入硬件模块的方式，其优点是设备紧凑，可以有效共享硬件和软件资源；其缺点是一旦交换机出现系统故障，势必对有线调度系统的正常运行造成影响，甚至中断。因此，系统的可靠性与公务电话子系统交换机的可靠性有直接联系；而采用独立设置数字交换机克服了它的缺点，可靠性得到了有效保障。

（二）实际应用中的系统功能

1. 通话功能

OCC各调度系统的中心调度员与各站（段）相应系统的分机用户、OCC各调度员之间可直接呼叫通话，各分机之间不允许通话。

2. 选叫功能

调度台呼叫分机时可单呼、组呼、全呼，分机呼叫调度台时可区分为一般呼叫和紧急呼叫。

3. 会议功能

调度台可以方便地召集电话会议，会议参加方由调度台灵活设置；系统一般支持 31+48（60）方会议电话；调度员可指定会议成员发言，会议成员也可向调度员提出发言请求。

4. 录音功能

调度员与分机的通话及各调度员之间的通话能以数字方式自动记录在多信道录音设备上,平均每信道记录时长不小于规定小时;录音设备记录的通话文件一般保存在计算机硬盘上,通话文件包括用户名、分机号码、通话时长及起止时间等信息,录音设备具有删除、保留、提取和放音功能;录音设备记录的话音信息可转录长期保存。

5. 维护管理功能

调度总机应具有较强的维护管理功能,能进行一般性管理(显示系统拓扑结构、实时反映所有通道和设备的连接及运行状态)、故障管理(设定告警等级及报警方式、清除告警、生成告警信息的统计报表等)、配置管理(系统设定等)、安全管理(设置管理权限,进行分级管理等)。

故障发生时,控制中心有可听、可视告警信号(灯光、铃响),告警信号也能引至有关的值班室或上一级集中告警终端。

调度总机的重要工作板发生故障,系统发出告警显示,以便维护人员能迅速判定故障,进行处理。

三、站内和轨旁电话子系统

站内和轨旁电话子系统为站内各有关部门提供与车站值班员之间的直达通话,并且车站值班员可以呼叫其他相关车站的车站值班员。其中,轨旁电话可选择相邻站或接入公务电话系统。下面以一实例介绍车站及轨旁电话子系统在城市轨道交通系统的应用。

站内电话子系统

(一)组成和功能

1. 站内电话子系统的功能

站内电话是为了适应一个车站内部各岗位之间频繁的内部联系而建立的相对独立的电话系统。

在一个车站内有站厅、站台、售票亭、值班室、站控室等各个不同的岗位,这些岗位之间通常需要大量而频繁的联系,为使这些内部联系能够快速而不受干扰地准确建立,需要每一个车站内部设立一套相对独立的电话系统。建立独立的车站电话系统也可以减少车站内部通信对城市轨道交通整体电话系统资源的占用,从经济上较为节省和实用。

站内电话系统的主要功能是满足车站内部通话及与相邻车站、联锁站之间的直达联系,另外也可根据实际情况的需要通过中继线路与城市轨道交通公务电话网联系。

内部通话的建立方式可根据需要设置成普通的拨号方式;也可设置成分机与站控室主机的热线方式,这时分机之间的通话由主机转接建立。

2. 站内电话子系统的组成

由车站电话交换机、车站值班台(值班员电话机)、电话分机共同组成站内电话系统,实现站(段)内重要部门有关人员的点对点的直接通话、相邻车站值班人员之间及轨旁作业人员的直接通话。

1）车站电话交换机

站内电话是一个相对独立的内部电话系统，车站电话交换机一般可以用小型程控交换机来实现，也可用大型交换系统的远端模块来实现。

2）车站值班台

站内电话系统一般包括一部车站值班台（主机），设置在车站控制室，供车站值班员使用。车站值班台可用功能比较强的数字话机来实现，具有话务转接台的作用，还可起到维护控制终端的作用。

3）电话分机

分机与普通的电话分机并无任何区别，一般一个车站有几十门分机。

车站内部用户可用普通电话线相连接，站间的中继一般可用隧道电缆连接，如需和城市轨道交通系统内部公务电话建立中继，可用光缆传输系统实现，但一般站内电话系统作为独立的车站内部电话，是不需要和外部建立中继互连的。根据列车运行的需要，在相邻的车站之间，以及大区间闭塞区两端的车站之间，建立中继互连即可。

站间和轨旁电话子系统

4）轨旁电话子系统

在轨道两旁以及地铁隧道里，列车司机和维修人员，在紧急情况下，可及时地建立和车站以及有关部门的联系。

轨旁电话一般通过轨旁（隧道）电缆与站内电话交换机相连，同时也可以通过轨旁（隧道）电缆安装一部公务电话，用插座或开关在站内电话和公务电话之间进行转换。在区间内每 150~200 m 安装一部，通常使用同线并接一个车站的电话号码，一般以区间中心为分隔，分别使用本站或邻站的号码。

（二）站内电话和轨旁电话的配置

1. 站内电话的配置

作为一个车站内部的电话系统，用户数量一般在几十门以内，

电话录音系统

但作为车站内部通信的最后保障，可靠性要求较高，所以站内电话子系统一般可使用独立的小型程控交换机，也可用大型交换机的远端模块来实现。但出于可靠性的考虑，一般使用独立的小型交换机来实现。

由于站内电话要求热线功能，所以在交换机的选型时要充分考虑热线功能的可实现性。站内电话的中继主要是用来连接相邻车站和大区间值班台之间的直达通信，可用 E&M 中继，也可用环路中继。站内电话的主值班台一般用数字话机实现，所用的数字话机必须有足够的直选按键，用来设定相邻车站和大区间站的值班台号码。用户线路使用普通的室内电话线布线即可。

2. 轨旁电话的配置

轨旁电话的功能与普通电话并没有太大区别，但因为轨旁电话安装在轨道两旁或隧道里，所以要求轨旁电话机要具有抗冲击性和防潮湿、防鼠噬等特性。因为轨旁电话的使用率较低，从经济的角度考虑，一般 3~4 部轨旁话机同线并接使用一个号码。为了便于维修人员对外联系，一部轨旁电话一般可同时接站内电话和公务电话两个号码，可用不同的插座或转换开关。

任务四 时钟系统

为保证轨道交通运营准时服务乘客、统一全线设备标准时间，设置了时钟系统。该系统一般采用 GPS 标准时间信息。下面简要介绍该系统的设备运行、维护及故障处理。

时钟系统

一、时钟系统的基础设备

时钟系统由 GPS 标准时钟信号接收单元、一级母钟、监控设备、二级母钟及子钟组成。

GPS 标准时钟信号接收单元一般设于控制中心，接收卫星时间，分别向一级母钟的主、备母钟提供同步时钟源信号。

一级母钟一般设于控制中心，由时钟系统主机、转换单元等组成。时钟系统主机包括显示单元、主用母钟、备用母钟，输出接口等。转换单元检测主母钟的工作状态，实现母钟主、备的自动转换。

监控设备也设在控制中心，与一级母钟相连，能够实时监控时钟系统主要设备的运行状态。

二级母钟系统设于各车站、车辆段（综合基地）的通信设备机房内。二级母钟由时钟系统主机、转换单元等组成。它是一个独立的系统，可以接收一级母钟发来的标准时间信息和命令信息并控制子钟的运行，也可以独立于中心母钟单独运行。

子钟安装于各车站站厅、站台、车站（场）值班室、车辆段值班室、控制中心调度室等需要显示时间信息的场所。子钟有数字式和指针式两种类型。

二、时钟系统网络的组成

（一）时钟系统的设备分类

时钟系统的设备可分为中央级设备（归属于一级母钟系统）和车站级设备（归属于二级母钟系统）。

（二）一级母钟系统的组成

一级母钟系统由机柜设备和外围设备组成。机柜设备包括电源模块、GPS 接收模块、中继/告警模块、时间信息输出模块及子钟驱动模块。外围设备包括 GPS 信号接收天线、防雷保护器、子钟及信号电缆。

如一级母钟系统的机柜设备安装于控制中心通信设备室，GPS 信号接收天线则应就近安装于控制中心楼顶，便于接收 GPS 卫星信号的位置。防雷保护器应位于两者之间并靠近 GPS 天线处。子钟分布于控制中心楼层（包括 OCC 大厅等）内。

（三）二级母钟系统的组成

二级母钟系统与一级母钟系统类似，同样由机柜设备和外围设备组成。机柜设备包括电源模块、时间信息同步模块、子钟驱动模块及时间信息输出模块。外围设备主要是子钟，尺寸可根据需要选择，如某城市轨道交通系统中分别配备 300 mm、600 mm 及 800 mm 子钟若干。

在各车站及车辆段各设置一套二级母钟系统，通常办公区安装较小尺寸的子钟，站厅及站台等公共区安装较大尺寸的子钟，以方便乘客观看。

三、时钟系统的运行原理

（一）一级母钟系统的运行原理

1. 一级母钟系统简介

一级母钟系统能够自动接收 GPS 的标准时间信号，将自身的时间精度校准，并分配精确时间信号给各个站点的二级母钟系统和其他需要标准时间的设备。

一级母钟系统一般应包含用于满足 GPS 标准时间信号的接收及同步其他系统需要的 GPS 信号接收模块和信号输出模块，有的系统除以上基本模块外，还增加了中继模块、子钟驱动模块及 GPS 信号模拟输出模块，以满足系统的应用需求。

GPS 标准信号接收模块设计上应具有 4~8 个并行的信道，即可于同一时间最多接收 4~8 个 GPS 卫星的信号。

2. 一级母钟系统的运行原理

一级母钟系统的主要功能是接收 GPS 的标准时间信息，再通过机柜内各模块的一系列处理，将时间信息传送给各站的二级母钟系统及有需要的其他系统，为各系统提供一个统一的标准时间。一级母钟系统还可根据具体的需求加装子钟驱动模块，用于驱动控制中心的子钟运作。下面简要介绍某工程实例中应用的各种模块，以供参考。

1）GPS 信号接收模块

GPS 信号接收模块主要用于接收 GPS 信号，将其转换为系统可辨认的时间信息，再将此信息通过系统总线传送给其他模块。当该模块无法正常接收 GPS 信号时，可通过内置高稳定晶振的运作提供时间信号给其他模块。

2）中继模块

中继模块主要用于传送报警信息给通信综合网络管理系统，当一级母钟系统超过设定的时间没有接收到 GPS 时间信号时，将会产生报警信息。中继模块设计有独立的微处理器，保证该模块与系统的同步，一般通过跳线来进行功能设置。

3）信号输出模块

系统应能提供各种接口的信号输出模块以满足用户需求，例如 RS232（V.24）、RS422（V.11）或 TFY 接口。各信号输出模块的传输模式和数据输出格式一般通过板上的跳线开关来进行设置。

4）GPS 信号模拟输出模块

GPS 信号模拟输出模块用于模拟 GPS 天线输出信号，一个模块可设计多个 GPS 信号输出端，直接输出 GPS 时间信息给特殊要求的系统。

5）一级母钟系统显示屏及控制键盘

一级母钟系统应能提供显示屏，并能按时、分、秒格式提供时间显示及全时标的日期显示（格式为年、月、日、星期、时、分、秒）。

一级母钟系统应能通过控制键盘或维护终端实现各种运行参数的设置。控制键盘或维护终端应具有友好的人机界面，易于操作，方便维护人员进行各种功能设置和进行设备维护工作。

（二）二级母钟系统的运行原理

二级母钟系统一般应包含一级母钟信号同步模块及子钟驱动模块，用于满足与一级母钟系统保持同步及子钟驱动的需要。

二级母钟系统应能自主产生时间信息，驱动子钟运作。与一级母钟系统的关系应为"校对"关系，而不是绝对地服从。在无法接收一级母钟系统发送过来的 GPS 时间信息时，仍能正常驱动子钟运作，为其他系统提供标准时间信息。下面简要介绍某实例中二级母钟系统应用的各种模块，以供参考。

1. 一级母钟信号同步模块

一级母钟信号同步模块主要用于接收一级母钟系统发送的标准时间信号。该模块应内建高稳定晶振，能自主运作产生时间信息，定期与一级母钟系统"校对"，以保持与 GPS 标准时间信息的同步。

2. 子钟驱动模块

子钟驱动模块主要用于驱动子钟运作。指针式子钟应提供时针和分针的驱动，数显子钟应提供时、分、秒的驱动。在某实例中，子钟驱动模块可以同时驱动两条同步的时钟信号线，每条信号线最大可连接 50 个子钟。

3. 信号输出模块

信号输出模块主要为有需要的系统提供标准时间信号。根据具体的系统应用，信号输出模块应能提供相匹配的接口类型及数据通信协议。具体的模块数量结合实际的用户需求决定。

（三）外围设备简介

时钟系统的外围设备包括 GPS 天线、雷电保护器和子钟三大类，其中子钟可选指针式。

1. GPS 天线

GPS 天线一般采用全向天线，并采用全天候的保护措施。天线架设的位置应确保其能同时接收到 4 颗卫星的信号。

由于城市地形及周边环境限制，GPS 天线不可能实现真正意义上的"全向"，天线机械形状的改变并不能改善它的接收性能，如采用抛物面天线。输入天线的信号强度约为 1×10^{-6} W，低于常规的噪声信号电平。为了保证有用信号的正常传输，在天线的后部设置了一个低噪声前置放大器。天线电缆的长度受到高接收频率以及低信号强度的限制，利用普通电缆（在 1.5 GHz 下，信号衰减为 52 dB/100 m），天线电缆最大距离为 25 m，利用特殊电缆（在 1.5 GHz 下，信号衰减为 28 dB/100 m），天线电缆最大距离为 50 m。

2. 雷电保护器

为了保证良好的信号接收，GPS 天线通常安装在露天环境中，为保护设备，在线路上加装雷电保护器是必要的。

3. 子钟

子钟一般安装在车站站台、站厅及办公区域内。在站台及站厅一般采用直径为 800 mm 或 600 mm、双面显示带背光照明的子钟，为站台、站厅候车的乘客以及工作人员提供标准时间信息；在站厅办公设备四区安装直径 300 mm 的单面无照明子钟，为站内工作人员提供标准的时间信息。

（四）接口类型

在某实例中，时钟系统可提供的接口有 TTY、RS-232、RS-422 三种接口。表 7-1 列出了各接口的技术参数，以供参考。

表 7-1　各接口技术参数

规　定	RS-232	RS-422	TTY
工作方式	单端	差分	
节点数	1 收、1 发	1 发、10 收	
最大传输电缆长度	15 m	600 m	
最大传输速率	20 kb/s	10 Mb/s	
最大驱动输出电压	±25 V	−0.25～6 V	
驱动器输出信号电平（负载最小值）	±（5～15）V	±2.0 V	
驱动器输出信号电平（空载最大值）	±25 V	±6 V	
驱动器负载阻抗	3～7 kH	100 H	
摆率（最大值）	30 V/pis	—	
接收器输入电压范围	±15 V	−10～10 V	
接收器输入门限	±3 V	±200 mV	
接收器输入电阻	3～7 kΩ	4 kΩ（最小）	
驱动器共模电压	—	−3～3 V	
接收器共模电压	—	−7～7 V	

（五）系统的运作模式

1. 中央控制运作模式

系统正常工作状态下，使用中央控制运作模式，此时一级母钟可正常接收 GPS 信号，并将此信号转换成标准时间信号传送给二级母钟及其他需要接收时间信号的系统，从而使各终端用户的时间与 GPS 时间保持同步。

当一级母钟不能正常接收 GPS 信号时，一级母钟将会通过自身的高稳晶振的运作提供时间信号，此时各终端用户仍然接收来自一级母钟的时间信号，不过这个时间信号并不是来自 GPS 系统，而是由一级母钟自身产生的。一般一级母钟系统自身的晶振精度可达到 10^{-6}，所提供的时间仍能满足运营的要求。

2. 车站降级控制运作模式

当一级母钟不能正常接收 GPS 信号，同时一级母钟因故障不能向二级母钟传送时间信号时，系统进入车站降级控制运作模式。此时二级母钟依靠其自身高稳定晶振为分布于各站点的子钟提供时间信号，但不能给其他系统提供时间信号。

当二级母钟因故障无法向子钟提供时间信号时，子钟应能自行运作，继续向乘客提供时间信息显示，提高时钟系统的可用性。

任务五 闭路电视系统

一、闭路电视系统的组成

闭路电视系统是城市轨道交通运营管理现代化的配套设备，供控制中心调度管理人员、车站值班员、站台工作人员以及司机实时监控车站客流、列车出入站及旅客上下车等情况，借以提高运行组织管理效率，保证列车安全、正点地运送乘客。

闭路电视系统

闭路电视系统可为车站值班员提供对车站站厅的售票亭、售票机和闸机出入口以及站台边缘等重点区域的监视；为列车司机或站台工作人员提供对相应站台旅客上、下车等情况的监视；为中心调度员提供对各车站的监视。三方监视员是相互独立的，其中车站值班员、中心调度员具有人工和自动选择的功能，出于安全及事故取证等方面的考虑，车站和中心还应具有录像功能。

闭路电视系统采用模块化分布式体系结构，按照使用的范围和控制级别的不同，系统主要由车站级设备（车站本地监视系统）、中心级设备（控制中心远程监视系统）、远程多路信号传输系统以及多媒体网络管理终端组成。其中，多媒体网络管理终端（简称中心网络管理终端）也可以属于中心级设备。

（一）车站级系统的组成

安装在车站的本地监视系统（简称车站级设备）应能满足车站工作人员的使用要求，保证车站工作人员可以实时监视本车站的图像。车站级设备主要由摄像机、车站控制盘、监视器、视频交换矩阵和数字传输设备组成。其中，数字传输设备还应包括视频编码设备，可根据通信系统使用的传输网络设备的不同而选择不同的传输设备，如以太网交换机。另外，根据使用传输方式的不同还可采用 FM（调频）调制和光传输设备。根据需要也可以包括视频插入分割器、视频均衡放大器和数字硬盘录像机等设备。

（二）中心级设备的组成

安装在控制中心的近程监视系统设备（简称中心级设备）应能满足中心级功能，保证控制中心的调度人员能够实时地监控所管辖车站的图像。中心级设备主要由视频解码设备、数字硬盘录像机、中心网络管理终端、中心控制盘、监视器等设备组成，当系统采用数字传输方式传输视频图像时，需要使用视频解码设备，如果系统采用模拟光纤传输方式传输视频图像,则要使用光接收解调设备和大容量视频交换矩阵来取代视频解码设备。中心级设备的设置应保证每个使用人员单独具有一套控制盘和监视器设备,使每个使用人员的操作互不干扰,不影响车站使用人员的操作控制。

(三)远程多路信号传输系统的组成

实际上,当闭路电视系统采用数字传输方式传输视频图像时,车站与控制中心的视频和控制信号的传输采用传输网络提供的共享以太网传输通道,同一时刻同时上传至控制中心的数字视频信号路数仅与控制中心需同时显示路数有关,或者说与控制中心监视器数量有关,而与前端摄像机数量无关。所以在控制中心不需设置大容量的视频交换矩阵和大量的传输设备,系统结构简单。

如果采用模拟光纤传输方式,利用光端机传输非压缩数字视频信号,每个车站需要占用1~2根光纤,视频传输设备与传输网络分离,在控制中心需要设置大容量的视频交换矩阵和光端机等设备,系统结构较复杂,使用光纤较多,但显示图像效果更清晰。

二、闭路电视系统的功能

闭路电视系统从使用上应满足车站级和中心级的两级监视需求,监视范围包括车站的站厅和站台的主要区域,含售票机、闸机出入口和电动扶梯上下口等地方客流情况,站台要求能观看到每一个车门乘客出入的情况。

车站级与中心级的视频监视系统应该是相互独立的,中心级的使用在不影响车站级设备使用的前提下进行,并要求中心级能够随意观看所有车站的图像。对于设置了主控系统的轨道交通系统,闭路电视系统的车站级和中心级的使用功能可考虑由主控系统的车站级和中心级控制台实现,原系统的控制台可作为备用设备。

城市轨道交通闭路电视系统的功能可分为中心级功能和车站级功能,如下所述。

(一)车站级功能

车站级设备可以满足车站工作人员和列车司机的使用要求,包括以下功能:

1. 图像显示功能

车站工作人员应可以对本车站的所有图像进行选择显示,包括可以采用自动循环方式显示已设置的固定分组的图像;可以人工单选任一副本车站的图像显示在任一监视器上。

2. 录像功能

车站工作人员通过数字硬盘录像机,可录取车站的所有图像,并可通过车站工作人员的控制将录制的图像回放到监视器上,或通过网络接口远程调取图像观看。所录制图像可以保存一段时间并可以转存到外部存储设备中。

3. 图像汉字叠加功能

车站级设备应可以在各幅图像上叠加显示一些必要的信息,包括车站名称、摄像机位置及编号、日期和时间等信息,维护人员应可以更改以上信息。中心级设备如有需要,也可具备字符叠加功能,增加控制中心调度人员专用的信息。

4. 对三可变摄像机的遥控功能

为了最大限度地监视车站区域,设置了可变光圈、焦距和角度的三可变摄像机。通过控制台的操作,车站值班人员应可遥控设置这些摄像机的光圈、焦距和角度,满足使用要求。

5. 与中心网管终端的接口

车站级设备应有与中心网管终端的接口,通过传输网络,将本车站的故障信息等内容传送到中心网管终端,同时接收中心网管终端传送来的标准时间信息。

6. 司机的监控功能

为了保证乘客上下车的安全,必须为司机提供当前站台的监视图像,以便司机查看车门及屏蔽门的开关情况,防止夹伤乘客。

(二)中心级功能

中心级的设备应满足控制中心的行车管理人员的使用要求,包括行调、环调和维调等使用人员,可实现以下功能。

1. 监视功能

(1)控制中心的使用人员可以对全线所有车站的所有监视图像进行选择显示;
(2)可以采用自动循环方式显示已设置的固定分组的图像;
(3)可以人工单选任一车站的任一图像显示在任一监视器上。

2. 录像功能

在控制中心设置数字硬盘录像机,可录取调度切换到监视器上的图像,并可通过调度人员的控制将录制的图像回放到监视器上或通过网络远程调看,所录制图像可以保存一段时间并可以转存到外部存储设备中。

3. 中心网管功能

在控制中心设置中心网络管理终端,完成视频管理及维护功能。中心网管终端能够监测全线各站设备的运行状态,出现故障时能够自动报警,进行故障定位。

中心网管终端具有以下功能:

(1)设置编、解码设备,切换功能的设置;
(2)设置控制中心各使用人员的优先级别;
(3)将系统故障信息传送到通信综合网管终端;
(4)设置在调度监视器上显示图像插入的汉字字符;
(5)设置通信和控制盘的接口;
(6)接收时钟分配系统传送来的时间同步码,使整个视频监控系统统一时间;
(7)设置监视器数量。

4. 与时钟系统的同步

中心级设备可以接收时钟系统传送来的标准时间信息,使闭路电视系统的时间与标准时间同步。

三、车站级控制和视频设备

为了实现前面所提到的车站级功能，车站级设备大致包括有摄像部分、传输部分、控制部分及显示部分，其中每一部分又包括具体的设备或部件，如图 7-7 所示。

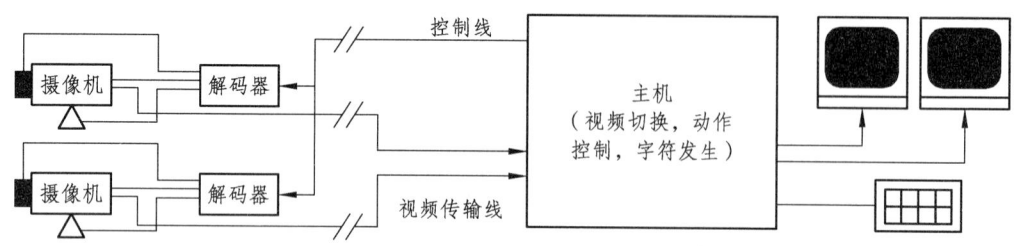

图 7-7 闭路电视系统车站级设备的典型组成

结合上面所述，摄像部分包括摄像机；显示部分包括监视器；传输部分包括视频编码设备或者光发送和接收设备以及光纤；其他设备属于控制部分。

(一) 摄像部分的组成及功能

根据车站的使用要求，车站的监视区域可以划分为站厅和站台区。根据站厅大小及监视要求可设置多个一体化三可变摄像机，用于监视售票亭、售票机、闸机出入口和自动扶梯的出入口附近的客流情况。在每个站台按照站台的长度设置 2~4 个固定焦距摄像机，实现对全站台区域的监视。只有通过合理的布置，才能使摄像机所监视的范围覆盖整个被监视的场所。

(二) 传输部分的组成及功能

闭路电视系统的图像信号通过传输部分来传输，同时还包括控制信号的传输。传输部分设备应保证图像信号无失真、无噪声地传输。要求传输系统在衰减方面、引入噪声方面、幅频特性和相频特性方面都具有良好的性能。在摄像机距离控制部分较近的情况下，宜采用视频基带传输方式；在摄像机距离控制部分较远的情况下，可采用射频传输方式或光纤传输方式。传输部分的性能好坏将直接影响到整个闭路电视系统的质量。

从车站到控制中心的视频信号传输可考虑采用数字传输方式或者模拟光纤传输方式。采用模拟光纤传输方式，视频传输设备与传输网络分离，不利于网络的扩展，系统结构复杂，需要耗费大量光纤资源，并且不利于网络的互联及容量的扩充。采用数字传输方式，车站与控制中心的视频和控制信号的传输采用传输网络提供的共享以太网传输通道，系统结构简单。目前数字图像压缩技术日趋成熟，实现数字传输有利于集中网络管理和日后系统的扩充及各线系统之间的互联；虽然投资较高，但随着城市轨道交通的发展，此方案的优越性会逐渐体现出来，所以倾向于使用数字传输方式传输视频图像。

(三) 控制部分的组成及功能

控制部分是整个系统的核心。摄像机传送来的图像信号，通过控制部分的放大、补偿、切换等作用后，输出到显示部分。通过摄像机传送来的图像信号，其幅频特性、相频特性无法保证符合系统的指标要求，所以要求对传送来的图像信号进行补偿，然后通过视频交换矩阵的控制切换，再送到不同的监视器。有的控制部分还包含有画面分割器，使得在同一个监视器上可以同时显示 2 个、4 个、9 个或 16 个摄像机送来的图像。控制部分还可包括录像设备，可设置一台或几台长延时录像机或数字硬盘录像机。以上设备可按实际使用需求决定是否使用，但是图像信号的补偿、放大及切换部分是必不可少的。

为了控制图像的切换，控制部分还应包括控制键盘，使用人员可以通过操作控制键盘实现将所需的图像切换到相应的监视器上的功能。显示部分由一台或多台监视器组成，功能就是将传送来的图像显示出来。一般的系统中，采用摄像机与监视器的数量 4∶1、8∶1 或者 16∶1 的比例配置监视器。监视器的选择应满足系统总的功能和总的技术指标的要求。

车站工作人员通过控制盘来控制视频交换矩阵选择图像，从摄像头传来的监视图像通过机柜中的视频交换矩阵被切换到车控室的监视器上。通过控制键盘操作，使用人员可在监视器上看到全站范围内的图像，包括每个摄像头传来的单幅图像及分屏单元输出的站台分屏图像。

图像的显示包括单幅切换显示和分组扫描显示，其中切换单幅的图像到监视器上显示，是一个基本的功能，必须具备。还有一种扫描方式，使用人员一经启用后，矩阵将会按照固定的顺序将固定的一组中的图像在监视器上循环显示出来，这种方式称为循环分组扫描方式，也叫循环扫描方式。通过这种扫描方式，并不需要每次不停地操作控制键盘就可实现对全站或者所需区域的图像的顺序查看，还可以将全站的图像进行分组，按不同的使用者的要求实现不同的循环扫描方式。

任务六　广播系统

一、广播系统的组成与功能

（一）系统概述

广播系统作为城市轨道交通运营行车组织的必要手段，具有快速响应的能力，它的主要作用有两方面：一方面对乘客进行广播，通知列车到站、离站、线路换乘、时间表的变更、列车的误点、安全状况等

广播系统

乘客信息系统

信息，或播放音乐改善候车环境；另一方面是出于安全考虑，在突发紧急情况时，作为事故抢险，组织指挥的防灾广播，对乘客进行及时有效的疏导和指引，提高应急响应能力。此外，广播系统还可以对运营人员进行广播，发布有关通知信息，便于协同配合工作，提高服务质量。

目前的广播系统可实现多音源选区的广播方式，即在不同区域可同时选择不同音源广播的平行广播功能，音源可选择人工、线路、预存语音等。对乘客的广播区域主要在全线各站的站厅、站台、列车车厢内；对运营人员的广播区域主要在办公区、站台、站厅、车辆段检修主厂房、运用库、段内道岔群附近，广播区域不覆盖站厅和站台以外的部分（如人行道和走廊连接处、地下街道、十字路口、入口等）。

控制中心和车站广播采用两级控制的工作方式，中心的广播信息通过传输网络提供的语音和数据通道传送到各站，实现中央调度员遥控选择或分组联系各车站的功能，车站只实现

本地信息的广播。车辆段和列车的广播则相互独立。此外，广播系统具有优先级，即控制中心调度人员的优先级高于车站值班员，根据运营防灾抢险的需要，控制中心的环控调度员具有最高优先级。

（二）系统组成

广播系统采用模块化设计、总线式结构，根据应用范围和控制级别的不同，广播系统由车站级广播设备（含车辆段）、中心级广播设备及列车广播设备组成，其中列车广播设备不在本任务描述。

1. 车站级广播设备的组成

车站级广播设备主要由站长广播台（车站）、站台广播台（车站）、桌面广播台（车辆段）、轨旁广播台（车辆段）、噪声传感器、扬声器、中央处理器、电子矩阵、监听设备、功放设备、数字传输设备等组成。数字传输设备包括网络存储器和接口模块，传输的信息包括语音信息和控制信息。

2. 中心级广播设备的组成

中心级广播设备主要由智能广播台、扬声器、中央处理器、电子矩阵、监听设备、功放设备、数字传输设备等组成。数字传输设备包括网络存储器和接口模块，传输的信息包括语音信息和控制信息。

（三）系统功能

广播系统的功能可分为中心广播功能、车站广播功能、站台广播功能、车辆段广播功能、预存广播信息功能、网管功能、自动音量调节功能、音频检测功能、远程控制功能、监听功能等。

1. 中心广播功能

控制中心值班人员可通过中心智能广播台对任意车站的任何区域进行单选、组选、全站或全线的远程广播，对控制中心的办公区进行本地广播。从中心发出的广播优先于任何车站的广播。

2. 车站广播功能

控制中心无广播时，车站值班员可通过站长广播台对本站站台、站厅、办公区进行单选、组选、全站广播。

3. 站台广播功能

控制中心和车站值班员都未对站台进行广播时，站台值班员对所在的站台进行定向广播。

4. 车辆段广播功能

轨旁广播台、桌面广播台均分布在车辆段范围内，但独立于车站和中心广播，对车场值班员和线路上的维修人员进行定向广播。

5. 预存广播信息功能

根据不同的广播需求，通过数字语音存储器可分别录制不同时长不同数量的预存信息，满足现场的使用。

6. 网管功能

中心级设备与集中网管监控终端相连，通过网管系统，可实时检测各车站设备的运行状态，故障时会自动报警，便于设备维护及故障快速定位。

7. 自动音量调节功能

装在车站站台和站厅的噪感探头，可对所在站台、站厅的噪声电平进行检测，并通过自动音量调节器，控制信噪比，调整放大器的增益，实现广播音量的自动调节。

8. 自动音频测试功能

中央处理器具有音频控制功能，可对系统各类放大器、信号发生器的音频电平进行调节，在线音频测试时（导频音为 1 kHz，0 dB），可对预定的放大器音量失真度进行校准与调节，且不影响设备正常使用。

9. 远程控制功能

远程控制功能适用于广播系统中的任何一个站点，通过此站点可对其他站点进行远程控制，实现远控站点的所有功能，此功能与本地控制功能无法同时实现。

二、广播系统设备与运行控制方式

（一）广播系统设备

广播系统设备主要分为控制设备、输入设备、输出设备几部分。典型的系统设备组成与工作原理框图如图 7-8 所示。

1. 控制设备组成与功能

控制设备包括中央控制处理器、电子矩阵、输入/输出模块、数字传输模块等。

1）中央控制处理器（CPU）

中央控制处理器是系统的核心设备，通过 I^2C 总线可以控制系统所有设备，实现系统的监听、自检、音频控制、功放替换、远程控制、故障诊断等功能。

2）电子矩阵（MX）

电子矩阵模块是一种 8 输入/8 输出的路由模块，可对设定的路由及优先级进行控制处理，具有扩展功能，经级联后最大可扩展为 128 输入/128 输出。

3）输入/输出模块（I/O）

输入/输出模块是 48 条双向输入/输出询问控制设备（如中继灯等）。

4）数字传输模块

数字传输模块包括网络存储器和接口模块，通过 RS422 与传输系统的高品质语音卡提供 RS422 通道相连，形成广播系统环型网络，实现系统语音和控制信息的传递。

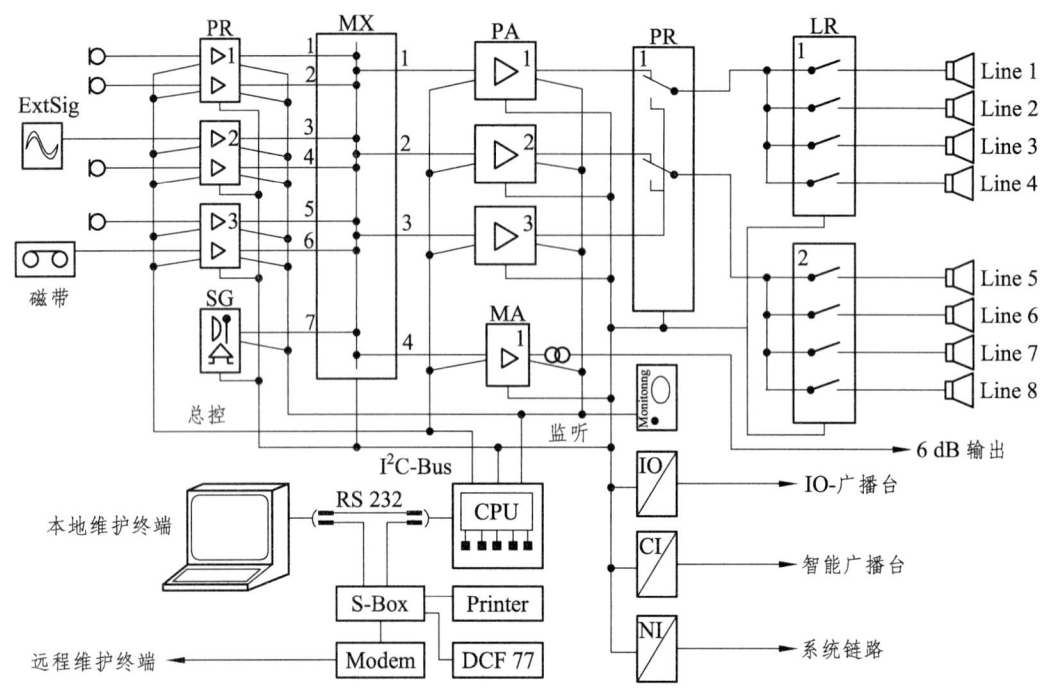

Ext Sig—外部信号输入；PR—前置放大器；MX—电子矩阵；PA—功率放大器；SG—"咚"音信号发生器；MA—混合放大器；RR—替换终端分配器；LR—线路终端分配器；CPU—中央处理器；Monitoring—音频监听设备；IO—输入/输出模块。

图 7-8　广播系统设备组成与工作原理框图

2. 输入设备

输入设备包括广播台、前置放大器、混合放大器、信号发生器等。

1）广播台

广播台根据使用地点的不同，对应的种类与数量也不同，通常分为智能（中心）广播台、站长广播台、站台（轨旁）广播台、桌面广播台。

2）前置放大器

前置放大器通过系统处理器控制高低音电平的均衡，实现话筒仿真功率输入。

3）混合放大器

混合放大器是供前置放大器、信号发生器和接收机群组信号放大用的混频放大器，可控制高低音电平的均衡。

3. 输出设备

输出设备包括功率放大器、功放控制模块、线路分配器、音频监听模块、扬声器等。

1）功率放大器

功率放大器具有过载和短路保护、开路保护、过热保护功能，可调节输入电平和监测输出电平，控制功放电源开关。故障情况下，备用功放和主用功放可在线进行替换，主用放大器恢复正常后，可自动返回主用状态。切换方式分自动和手动切换两种。

2）功放控制模块

功放控制模块是连接功率放大器用的接口模块，提供故障报告的功能。

3）线路分配器

线路分配器可按优先级别进行输出线路的切换。

4）音频监听模块

音频监听模块通过对系统各类放大器、信号发生器的监听，实现在线监听各广播区的广播内容。

5）扬声器

扬声器根据使用场地和环境的不同，通常在站台、站厅、办公区采用吸顶式扬声器，露天环境（如车辆段）则采用带匹配变压器的全天候号角扬声器。

（二）运行控制方式

广播系统的中心广播和车站广播采用两级控制的工作方式（以西门子的广播系统为例）。

1. 实现方法

控制中心的智能广播台输出的音频信号和控制信号，通过系统 RS422 接口与通信传输系统的高品质语音卡 RS422 通道相连，经光缆传输到各站传输系统的高品质语音卡，再连接到车站广播设备，控制相应广播信道状态，并将语音信号送达被选择的广播区域，实现控制中心的远程广播组织和指挥。

2. 组网连接方式

系统以中央主站组成环型或线型网络，通过 RS422 接口进行互联传输，当其中一个子站故障，系统可通过子站设备中的网络接口单元进行旁路控制，直接连通到下一个子站，从而保证网络畅通。组网构成如图 7-9 所示。

系统内站与站之间的连接，可采用 RS422 及音频总线通过电缆直接连接的方式，但传输距离最长不超过 600 m（总线最大传送距离），也可采用 PCM 光纤传输方式，通过通信传输系统的数据和音频接口连接组网。

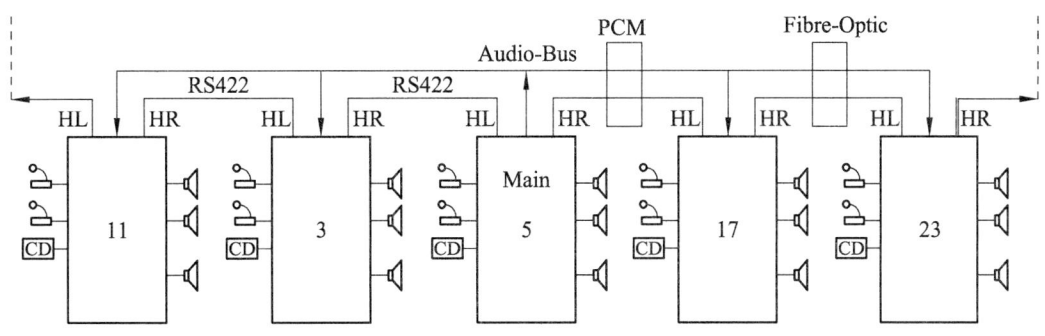

图 7-9　组网构成方式

三、中央智能广播台与车站控制广播台

1. 广播的优先级

广播系统的控制中心和车站采用两级控制的工作方式,通常情况下以车站广播为主,若出现在事故抢险、组织指挥、疏导乘客安全撤离时,则以控制中心防灾广播为主。因而广播系统应具有优先级,不仅广播台与广播台之间要有优先级,同一广播台的不同音源之间也应该具备,根据实际应用情况,优先等级的高低可进行修改设置。

根据运营防灾抢险的需要,控制中心的环控调度员具有最高优先级,通常情况下,按优先级由高到低顺序依次排列为环调、行调、维调。控制中心调度人员的优先级高于车站值班员,站长广播台的优先级高于站台广播台。

就同一广播台而言,预存语音信息的优先级高于人工广播,预存语音信息的数量多不根据实际使用的要求而定,依据信息内容的不同,通常预存信息中的防灾广播优先级最高。

当多个等级的信息相继被触发时,正在播放的低优先级广播被中断,自动进入按序等待状态。以西门子的智能广播台为例,预存信息 A1 通常设为灾情广播,具有最高优先级,不需选区直接按下,即可对全线所有车站的所有区域进行广播。

2. 智能广播台

智能广播台设置在控制中心(以西门子 PSC-D 型智能广播台为例),具有语音、信号及各种控制处理能力,分别提供给维调、环调、行调使用。在紧急情况下,调度人员既可对控制中心大楼,也可以对任何车站的任何区域进行人工广播。首次使用智能广播台时,可通过广播台上的 H 键,进行系统参数初始化。

智能广播台控制面板由 16 个自由编程键、报警和功能键、监听扬声器、麦克风、集成扬声器及导频音发生器组成。通过键盘或预编程键,智能广播台可对车站编号、音源安排、预存信息和优先等级进行编程,最多可同时处理 8 个路径的预存信号和优先级别,可加密保护。

3. 站长广播台

站长广播台设置在车站控制室,具有语音、信号及各种控制处理功能,可进行人工广播、线路广播和预存语音广播。车站值班员可通过站长广播台对本站站台、站厅、办公区进行分别广播或同时广播。

4. 站台(轨旁)广播台

站台广播台和轨旁广播台是一种全天候、有防护门的对讲台,外壳符合 IP65 防水标准,可以在恶劣的环境中使用。站台广播台设置在站台中部的墙上,每个站台设有一个,可对所在站台进行定向广播。轨旁广播台设在车辆段内及地面站的轨道沿线,对所在检修区域进行定向广播。

5. 桌面广播台

桌面广播台分布在车辆段范围内的通号楼、检修楼、运用库处,分别对车辆段道岔群、检修主厂房、运用库进行定向广播。

任务七　无线集群调度系统

一、无线集群调度系统集群方式

城市轨道交通无线集群调度系统在城市轨道交通通信系统中作用重要，它是调度与司机通信的唯一可靠手段，同时也是移动中的作业人员、抢险人员实现通信的重要手段。国内城市轨道交通的无线通信系统主要采用以下两种形式：专用频道方式和集群方式。

无线集群通信系统

（一）专用频道方式

专用频道方式就是根据用途来配置频道，有多少用途就有多少频道。具体地说，每种频道只作一种用途，不作他用，即使处于空闲状态也不作他用。专用频道方式基本上满足了城市轨道交通无线通信的要求。

1. 车站台方案

车站电台，通过功率分配器与沿隧道上、下行敷设的漏泄同轴电缆始端相接，漏泄同轴电缆的末端位于两站中间，这样，一个车站台就构成一个与站管区大致相同的无线管区，整个城市轨道交通移动通信的工作区域由各无线管区构成。车站台与中心控制设备通过电缆传输系统相接，分配相应的音频话路。因此，中心控制设备与移动台（列车台与手持电台）之间的通路由有线（车站台经过光缆传输系统至控制中心设备）和无线（车站台通过漏泄同轴电缆辐射无线电波至移动台）相结合的方式构成，主要有车站台转发方案和中心转接方案。

2. 中继器方案

沿隧道敷设漏泄同轴电缆，并使之贯通整个隧道。利用漏泄同轴电缆兼有传输线和天线两种功能的特性，实现移动台（车载和手持电台）与基地台之间的无线通信。

为了补偿漏缆的传输衰耗，使场强和接收电平均匀，漏泄同轴电缆每隔一定距离串接一个中继器将发射和接收信号放大到一定电平后输出。漏泄同轴电缆和中继器的带宽应能满足发射频率和接收频率均能通过的要求。中继器方案主要有单向中继器方案和双向中继器方案。

（二）集群方式

集群方式又称为共用频道方式，它不是根据用途来配置频道，而是所有用途共用几个频道，根据需要和使用情况临时分配频道。具体地说，设一个控制频道和若干通话频道，通话频道的数目可以少于用途数，平时所有移动台（列车台和手持电台）均处于控制频道，以便接收中心控制和向中心返回信息，通话时由中心根据情况分配一个通话频道，通话结束后自动返回控制频道。

集群通信系统，是一种高级移动调度系统，代表着通信体制之一的专用移动通信网发展方向。它的主要优点如下：

（1）共用频率：将原来分配给各部门专用的频率加以集中，供各家共用。

（2）共用设施：由于频率共用，就有可能将各家分建的控制中心和基站集中合建。

（3）共享覆盖区：可将各家邻近覆盖区的网络互联起来，从而获得更大的覆盖区。

（4）共享通信业务：可利用网络有组织地发送各种专业信息为大家服务。

（5）分担费用：共同建网可以大大降低机房、电源等建网投资，减少运营人员，并可分摊费用。

（6）改善服务：由于多信道共用，可调剂余缺；集中建网，可加强管理、维修，因此提高了服务等级，增加了系统功能。

（7）具有调度指挥功能。

（8）兼容有线通信。通过与有线交换机的连接，可以实现移动台与有线电话之间的通信。

（9）智能化、微机软件化，增加了系统功能。

（10）具有控制、交换、中继功能。

（11）其他一些功能。如在城市轨道交通运用中，通过与信号自动列车监控系统的接口，可以接收从信号系统传来的列车车身号、列车位置、列车车次、乘务员号等信息，并且在列车呼叫时在无线调度台上显示出来。

总之，集群通信系统是共享资源，分担费用，向用户提供优良服务的多用途、高效能而又廉价的先进无线调度通信系统。

集群通信系统主要有下述几种分类方式。

（1）按信令方式分：可分为共路信令方式和随路信令方式。共用信令方式是设定一个专门的控制信道来传送信令，这种方式的优点是信令速度快，电路容易实现；缺点是要占用信道，信道利用率较低。共路信令方式又可分为专用信令信道方式和非专用信令信道方式，专用与非专用的主要区别是在所有信道都忙时，控制信道能否作为语音信道来使用，如能，则为非专用信令信道方式，如不能，则为专用信令信道方式；随路信令是在一个信道中同时传送语音和信令，信令不单独占用信道，可节约信道；缺点是接续速度慢。

（2）按信令占用信道分：可分为固定式和搜索式。在固定式中，起呼占用固定信道。搜索式起呼占用随机信道，需不断搜索变化的信令信道，忙时信令信道可作为语音信道，新空出的语音信道可接替控制信道。固定式实施简单，搜索式实施起来较复杂。

（3）按占用信道分：可分为消息集群、传输集群和准传输集群。

（4）按控制方式分：可分为集中式控制方式和分散式控制方式。

（5）按呼叫处理方式分：可分为损失制和等待制系统。损失制系统中，当语音信道占满时，呼叫被示忙，要通话需重新呼叫，信道利用率低。在等待制系统中，信道被占满时，对新的呼叫采用呼叫排队方式处理，不必重新申请，信道利用率高。

（三）集群通信系统的发展前景

集群系统从制式上可分为数字集群和模拟集群两种。模拟集群通信系统由于发展时间较早，在技术上已相当成熟，但数字集群通信系统由于具有许多特点和优点，是在模拟系统中发展起来的，具有模拟系统的各种功能、用途，且和模拟系统相比数字集群系统又采用了一些新技术，具有更好的性能。模拟集群通信系统的主要问题是频率利用率低，所能提供的业务种类受限，也就是说不能提供高速率的数据服务，保密性差，容易被窃听，移动设备成本高，体积大，网的管理控制存在一定问题等；而数字集群具有抗干扰能力强，频谱的利用率高，信令的控制能力得到进一步的增强，适用于集群化。数字集群系统要以集群技术为基础，是集群系统的发展方向。国外数字集群已大量地应用于城市轨道交通以及公安警察等部门的专用调度通信。近年来在我国的城市轨道交通系统中也陆续采用或即将采用数字集群系统。

（四）专用频道方式与集群方式的主要区别

专用频道方式基本满足行调与司机双方的通话要求，实现行调对司机的群呼和选呼功能，同时系统也有紧急情况通话信道及在列车无线设备故障情况的紧急情况处理程序，但没有短信息收发功能。由于与信号无接口，所以也没有列车位置信息及车次等方面的信息及功能。另外，该系统移动用户通话时，双方使用的频率是固定的，故只能在此信道上工作。有鉴于此，虽然此种方式设备简单，但缺点较多，主要有无线信道不能达到平均话务负荷，某些过于繁忙信道经常处于阻塞状态，而某些使用率低的信道则处于空闲状态，忙闲不均；频谱利用率不高，保密性不好，冗余功能差等；而集群通信系统则刚好能弥补其不足，上述几个缺点都基本不存在，并且在系统功能方面，即通话功能、呼叫功能、广播功能、短信息收发功能、存储功能、录音功能、显示功能、检测功能等，具有明显的优点。

二、无线调度功能

无线集群通信系统是一种高级专业指挥调度系统，它必须在使用、系统入网、系统维护管理及多区联网上具有较齐全的功能，且要求操作方便、运行可靠、组网灵活。

（一）使用功能

（1）基本通话功能；

（2）调度与移动台用户之间的短信息传送功能；

（3）调度与移动台用户之间的紧急呼叫功能；

（4）列车在车场与正线之间组别自动及手动转换功能；

（5）动态构组功能；

（6）组呼及全呼功能；

（7）调度台与有线电话转接功能。

（二）系统入网基本功能

（1）入网时间短。任一用户按下按压对讲键（PTT）开关后，即可接入语音信道。

（2）呼叫申请自动重发。主呼移动台用户按下PTT开关呼叫发送。由于某些原因，未被系统控制器确认，则当移动台释放PTT开关后，移动台继续发出数次信道请求。

（3）遇忙排队自动回叫。当所有话务信道都在使用时，请求入网的用户进入排队等候。当有空闲信道时，中央控制器将自动依先来先服务的原则向排在队首的用户发接通提示音，让他通话。

（4）紧急呼叫。遇有紧急情况，用户按紧急呼叫键，系统将保证开放一条信道用于紧急呼叫。同时在监视终端显示紧急呼叫者的身份码，并发出特殊声光提示。开放紧急通话信道有以下两种方式。

①强拆式：紧急呼叫发出而又无空闲信道时，中央控制器将根据紧急呼叫需要提供话务信道，分配给紧急呼叫用户；紧急呼叫用户争用此信道，直到紧急用户释放发话键。

②队首式：紧急呼叫发出而又无空闲信道时，这个紧急用户将被排在队首，一旦有空闲就分配信道给紧急用户使用。

（5）限时通话。为了保证信道有效利用，缩短用户等待时间，对用户的通信时间进行限制，限时时间由系统控制中心设定。

（三）系统可任选功能

（1）新近用户优先。该功能是为了向那些刚刚脱离语音信道的用户提供信道，以便重返系统完成通话，以保证话务量忙时的通话完整性，而优先于其他有相同优先等级而未入网的用户得到信道。一般情况下，当用户释放信道 10 s 后不再使用，则此新近优先状态结束。另外，新近用户优先数应限制，以防止少数用户组（群）垄断系统。

（2）动态重组。组呼的设置是通过对用户台编程来实现的，因此，用户台配发后，就很难再对其重新进行编程。若需对某些用户进行重新编组，就需要动态重组技术。动态重组就是能够随时对用户动态地进行重新编组，可以把某些单个用户重新编成一个大组。动态重组一般是操作员通过管理终端输入指令，由中央控制器通过控制信道或语音信道发布指令，移动台用户收到指令后自动改变设置；也有的系统是通过动态重组终端来完成的。

（3）位置登记及漫游。多区网或区域网等联网工作时，用户可在大网内进行位置登记和漫游。

（4）连续信道指配更新。一旦一个语音信道分配给一个通话组使用，只要该组仍在使用该信道，控制信道就一直发送信道分配信息。个别成员（因正与别的用户通话，或因干扰未能接收到呼叫信令，或因刚刚开机）未能及时进入本组通话时，可在控制信道收到连续分配信令，而进入本组的通信。这就保证了移动台正确地直接进入正确的信道，以便加入本组其他成员的通话中。

（5）误导移动台保护。由于在分配的语音信道上转发器发出一串包含使用该信道的用户的识别码，因而可以保证使意外误导到该语音信道上的用户因收不到正确的识别码，而会自动退回到信令信道上去，从而保证了在该信道用户通话的私密性。

（6）遥毙。可消除由丢失或可能落入他人被窃的移动台所引起的潜在危险，并能防止非法用户进入系统工作。系统一般通过中央控制器定时或不定时地发送控制信令来"遥毙"某移动台；也可以在用户发起呼叫时，系统通过核对用户档案来"遥毙"该移动台。"遥毙"的方式一般分为两种。其中一种相当于"禁用"，只是对移动台的使用进行限制并不破坏移动台的程序；另一种可称为真正的"毙掉"，是把移动台的程序清除。

（7）系统容错。系统容错是为了保证系统高度可靠地运行而采用的技术。它包括中央控制器热备份、备用控制信道、分散控制和故障弱化等。

①中央控制器热备份。如果中央控制器出现故障，系统将不能正常工作，语音交换将不能进行。中央控制器热备份能够保证在中央控制器出现故障时，能自动切换到备用的中央控制器上工作，使得系统能正常运行，并且保持原有功能。

采用热备份的优点是可以保证在中央控制器出现故障时，能迅速地切换到备份控制器上，而冷备份须人工切换；热备份的备份控制器与主控器之间的数据在实时交换，使得备份控制器与主用控制器之间的系统数据、用户数据保持一致。主用控制器与备份控制器可以设置为定时轮流工作，如每个两周自动切换一次，或设置为在主用控制器出现故障时，自动切换到备份控制器。

② 备用控制信道。这是集中式控制方式系统普遍采用的技术。采用此项技术的系统所有或大部分的语音信道均可以作为控制信道。在控制信道出现故障时，系统会自动指定某一条语音信道作为控制信道。这样就可以避免因为某一控制信道的故障而造成整个系统的瘫痪，在更换控制信道后，移动台能够自动识别新的控制信道。控制信道的选用也可以实行定时轮换的方式，这样也可以保证信道不会因为长期作为控制信道，设备温度过高而老化。

③ 故障弱化。故障弱化是指当系统中央交换控制设备或中央交换控制设备与基站的连接中断时，系统将进入降级模式运营。在此情况下，将仍能保证调度的通话需求，但部分用户通话的私密性将不能实现，而且，这时无线调度台将都不能使用，只有降级模式备用调度台才能使用，承担所有的调度功能；或者通过移动台的设置，使得在降级模式下，该用户承担某一组的临时调度功能。

（四）系统维护管理的主要功能

（1）修改运行参数。可根据业务需要，修改运行参数，如增加或删除用户、用户分组、用户限时参数、优先级别和接续权限等。

（2）统计功能。主要统计每一信道的话务量、每条中继线话务量、系统内不同组（群）用户的话务量等。

（3）监视信道忙闲状态。可通过操作终端显示出系统内各信道的忙闲。

（4）基站无人值守。

（5）系统自我诊断。包括周期性地检验控制器的运行情况、周期性地检验基站收发信机及接口的运行情况和周期性地检验供电状况等。若有故障，则在系统管理终端上有声、光告警信号，同时还可把故障显示打印记录下来。

（五）系统维护管理可任选功能

（1）通话记录和计费。对于城市轨道交通公司来说，计费功能可不考虑。

（2）发射机故障关闭。当发射机输出功率降低到某一电平，系统将自动切断该信道，避免用户使用带有故障的发射机工作。

（3）接收机干扰关闭。当控制器检测到某信道接收的不是该系统成员发出的，载频超过一个特定时间后，该信道将被关闭以免受干扰，直到干扰消除。

（4）多区联网功能：

① 具有单区网扩展为多区网的能力。

② 具有自动搜索信令信道的能力。

③ 多区信令信道的管理。可采用多区同频信令信道，也可采用异频信令信道。

④ 多区动态使用信道。根据不同业务状况，可进行动态分配，调节后备信道的使用。

⑤ 多区业务管理，包括区间漫游话务量统计及计费等。

总之，无线集群通信系统的功能视不同公司生产的系统而定。集中控制式的系统功能比分散式控制方式的系统功能多一些，而有些功能也不一定都需具备，但是一些基本的功能则是每个集群通信系统一定要具备的。

三、集群和控制方式

（一）集群方式

集群通信系统的集群方式根据信道不同，分配方式分为消息集群、传输集群、准传输集群几种。

1. 消息集群

消息集群也称信息集群，是指在通话期间，控制系统始终给用户分配一条固定的无线信道。从移动用户最后一次讲话完毕松开 PTT 开关开始，系统将等待 6~10 s 的"信道保留时间"后"脱网"，才能完成消息集群，若在这段保留时间内，原来的通话用户再次按 PTT 开关要继续通话，则双方仍然在该信道上通话，即保持原来的信道分配；若超过 6~10 s 的"信道保留时间"，则可将该信道分配给别的通话对使用。

可见，消息集群在传输期间，若没有消息传输时，仍占用此信道，并在每个消息结束后 6~10 s 超时内，信道仍被原通话双方所占用。它和常规的多信道移动通信系统基本是一样的，只是最后有一个 6~10 s 的"信道保留时间"，这是由系统控制的。常规的移动通信系统则没有这个规定，只要双方通话完毕松开 PTT 开关挂机，信道就撤销并可分配给其他通话对使用。可见消息集群方式的无线信道未被充分利用，效率较低，"信道保留时间"的"停顿"时间是浪费的，而"信道保留时间"也不是一定需要那么长。从这点来看，目前许多大区制多信道系统都自称为集群通信系统，就是认为符合消息集群方式的，实际上和消息集群还是有一些区别的。所以消息集群不是信道动态分配方式，而是按需分配方式。

2. 传输集群

传输集群也称发射集群，是指甲乙双方用户在单工或半双工工作时，甲用户按下 PTT 开关，就占用一个空闲信道工作。当甲用户第一个消息发送完毕松开 PTT 开关时，就有一个"传输完毕"的信令送到基地台的控制器，这个信令可以用来指示该信道可以再分配给其他用户使用。因而，在这种方式集群的工作中，不会出现由于通话暂停而仍然暂时占用信道浪费信道的现象，从而提高了信道利用率。所以采用传输集群方式，信道是动态分配的。通话双方每次按下 PTT 开关所分配到的通话信道是随机的，没有一定的规律，这样每一次完整的通话双方都要分几次在几个不同的信道上完成，因此传输集群还具有一定的私密性。但传输集群在每次通话结束后，即 PTT 开关一松开，原分配的信道就丢失而被分配给其他用户占用。因此，若某一个完整通话未讲完，如需要补充或进一步表达意思，则需重新寻找新的信道，而不可能在原来信道上完成，导致通话不完整，这是它的缺点。

传输集群在与消息集群相同的消息传输的时间内，前者平均为 4 s，而后者为 20 s 左右。

所以传输集群是消息集群的 1/6 ~ 1/5，这样无效发射时间大大减少，因为它没有停顿和"信道保留时间"。

通常在集群通信系统中，有一条信道变成可再分配时，就按先来先服务的原则分配给排队的用户；而用户等待一条信道的平均时间，传输集群为消息集群的 1/6 ~ 1/5，显然效率也提高了。

3. 准传输集群

准传输集群也称准发射集群，是相对于传输集群而言的。它是为克服传输集群的缺点而改进的。准传输集群兼顾消息集群和传输集群的优点，它缩短了"信道保留时间"而增加了用户每次发话完毕松开 PTT 开关后的时间，具有短的"信道保留时间"（0.5 ~ 6 s），而不会使消息中断。这种准传输集群方式最早是由 MOTOROLA 公司使用的，后由美国大量使用。准传输集群通信系统的经验说明了它的实用性。当然准传输集群的信道利用率比传输集群要低一些，低多少要视允许信道保留时间来定，在 MOTOROLA 的 800 MHz 集群通信系统中的信道保留时间可根据用户需要在 0.5 ~ 6 s 内调整。

准传输集群是考虑到传输集群通信系统在"高峰"话务量时（即业务量大时），信道负荷相当大而提出的。传输集群方式存在用户消息延迟的可能性，因为每句话（松开 PTT 开关前）都需一个信道，在话务量大时就有可能说下一句话需获得信道而导致延迟一些时间。而这些时延会引起消息中断和不连续。如果双方继续按下 PTT 开关而仍可保持在原信道上通话，若超过保留时间（0.5 ~ 6 s）双方未按 PTT 开关，则此信道才真正释放，供别的用户使用。

（二）控制方式

集群通信系统的信道控制有集中式控制方式（也称专用信道控制方式）和分散式控制方式（也称分布式控制方式）。

不论什么控制方式，都能使集群的通话需要更换多次通话信道，但用户自己并无明显的感觉，这是系统内由负责控制任务的硬件和软件配合来实现这些功能的。

对于较小集群系统来讲，为提高信道利用率，一般采用分散式控制信道方式；对于较大系统来说，由于信令联络时间更显得重要，故采用专用信道控制方式。

1. 集中式控制信道方式

集中式控制信道方式是一种采用一条专用信道作控制信道，并由集群通信系统的中央控制器集中控制和管理系统内的所有信道的方式。

集中式控制信道方式的优点大致有下面几点：

（1）接续快。无须信道扫描，可采用快速信令（9 600 b/s），因而建立呼叫速度快，入网接续时间短。

（2）功能设置相对较多。除专用调度功能外，还可以完成紧急呼叫、短数据传输、动态重组、防盗选择和移动台禁用等。

（3）连续分配信息更新，提高通信的可靠性。

（4）遇忙排队，自动回叫等。

但采用这种控制方式,用户所有入网的接续必须通过专用控制信道来完成,会有"碰撞"问题,因为它将会发生两个或两个以上的移动用户在同一瞬间发送信令而引起争用信道。解决方式有两种:一种是采用"定时询问"的办法,即在此系统对每个移动台都分配一个专用时隙;另一种采用竞争体制,即 ALOHA 方式或时隙 AWHA 入网控制技术方式,通常都采用动态帧长控制时隙 ALOHA 方式。

AWHA 方式必须有一条信道用来作控制信令信道(当然这样会造成语音信道减少)。为了防止专用控制信道发生故障造成整个系统无法运行,可选几个信道轮流作专用控制信道,定期自动轮换一次,可主要由系统控制器来控制。系统控制器定时查询正在工作的专用控制信道,若有故障,则自动转换到下一个作控制信道的信道上去。

2. 分散式控制信道方式

分散式控制信道方式的集群通信系统中的基地台的每个转发器都有一个单独的智能控制器负责信道控制和信号转发。各转发器之间的信息交换是通过一条高速数据总线进行的。移动台可在任何空闲信道上实现接入操作。

在这种系统中,移动台可预先获得可用信道,无须扫描,因而时间短。另外,由于每个信道独立完成信令交换,可在任何空闲信道上实现接入系统的操作,从而减少系统的交换负荷,提高可靠性。因此其最大优点是可以发挥系统的最大效率。

分散式控制方式中的控制过程和集中控制方式系统的过程是相通的,只是硬件结构相对分散了,把控制功能的实现分散在各个信道设备之中,即信道转发器之中,但数据信令由集中于一个控制信道变成分布于各个信道中,信令由低速和高速的混合信令变成纯低速信令,而这恰好是分布处理控制的一个缺点。另一个问题是分散式控制方式系统的系统功能将要少一些,它不如集中式控制方式容易实现一些特殊的功能,如动态重组等功能就不易实现。

总之两种控制方式各有优缺点,也各有侧重使用的场合。集中式控制方式系统功能齐全,便于自动化管理和处理特殊功能,也便于将基本系统连接成大的区域网,因而适宜建大中容量的多基站网。分散式控制方式的系统则系统设备简单、成本低,适宜于中小容量的单区通信网。

思考与练习

1. 简述城市轨道交通通信系统的基本组成结构。
2. 简述城市轨道交通通信系统的发展历程。
3. 简述传输系统的发展状况。
4. 说明时钟系统的基础设备及运行原理。
5. 说明闭路电视系统的组成及功能。
6. 说明广播系统设备与运行控制方式。
7. 说明无线集群调度系统集群方式和无线调度功能。

项目八　城市轨道交通其他设备

城市轨道交通其他设备包括车站给排水系统、火灾自动报警系统、环境控制系统、屏蔽门与门系统、自动售检票系统、车站机电设备、环境与设备监控系统和综合监控系统，它们是城市轨道交通正常和高效运行不可或缺的组成部分。

任务一　车站给排水系统

水是城市轨道交通运营的必需资源之一，而给排水系统是城市轨道交通重要的组成部分。给排水系统是车站及车辆段生产、生活和消防及人防用水对水量、水质和水压的要求，保证车站和车辆段给排水畅通，为轨道交通安全运营提供服务。同时，对车站和车辆段内的生活污水及生产污水进行收集和处理，达到排放标准。

一、给排水系统的功能

城市轨道交通给排水系统主要包括给水系统、排水系统和水消防系统。

车站给排水系统

1. 给水系统

满足车站和车辆段、控制中心、主变电站、集中供冷站等附属建筑内工作人员的生活用水、厕所冲洗用水、通风空调系统的循环冷却、冷冻补充用水的水量、水压和水质的要求。

2. 排水系统

及时排除车站和车辆段、控制中心、主变电站等附属建筑内工作人员的生活污水、厕所冲洗水，及时排除地下区间的结构渗透水、冲洗水及消防废水，及时排除地下区间隧道出洞口敞开段、地下车站出入口、敞开式风亭、高架车站及区间的雨水。

3. 水消防系统

满足车站和车辆段、控制中心、主变电站等附属建筑以及地下区间的消火栓用水的水量、水质和水压的要求；同时满足自动喷水灭火系统用水的水量、水质和水压的要求。

二、供水系统

（一）供水系统的定义

城市轨道交通车站供水系统的主要任务是满足生产、生活用水，消防用水，人防用水的需求。车站生产用水包括车站公共区域地坪等冲洗用水、车站设备用房洗涤盆用水、车站冲洗用水、空调冷冻机的循环水、冷却循环水系统的补充水。生活用水主要指车站工作人员使用的卫生间、茶水间等用水。消防用水主要指消火栓用水。人防用水指城市轨道交通工程除在平常作为重要的交通枢纽外,作为地下工程还兼有人防工程的特点,在战时可作为人员掩蔽的场所,在给水工程中也应考虑到相应的人防要求。

（二）水　源

地下车站生活、生产给水由车站附近的市政大口径自来水管道引出。先引出两路口径DN200管道供消防使用。在其中一路管道上再引出口径DN80~100管道一路,作为车站的生产、生活水总管道,并在地面设有水表井,装有水表和阀门。供水管道(见图8-1)一般沿车站风道、出入口等部位进入车站,车站设有站内总阀门,车站生活、生产给水管道在车站内呈枝状形式布置。车站站厅层供水管道安装在靠墙的顶部。车站站台层供水管道安装在站台板下。车站站厅层、站台层设有冲洗水箱。

图8-1　供水管道

（三）水质要求

1. 生活用水

供应地铁车站及有关建筑的饮用、烹饪、洗浴及浇灌和冲洗等生活用水(见图8-2、图8-3),除水量、水压应满足需要外,饮用水质必须符合国家颁布的生活饮用水水质标准。

图8-2　地铁站直饮水

图8-3　地铁站内餐饮店

2. 生产用水

供给空调设备冷却、洗涤以及车辆和机电设备维修过程中所需的生产用水，由于工业种类、设备维修工艺各异，因而对水量、水压及水质的要求也不尽相同。

3. 消防用水

供给层数较多的城市轨道交通车站建筑及某些生产维修车间的消防系统的消防设备用水，消防用水对水质要求不高，但必须保证其足够的水量和水压，并应符合国家制定的现行建筑设计防火规范要求。

地下车站的消防给水根据车站附近城市自来水管网实际情况，采用两路进水方式供消防使用（见图8-4）。有条件的尽量采用分别由两根城市自来水管道引入水源。

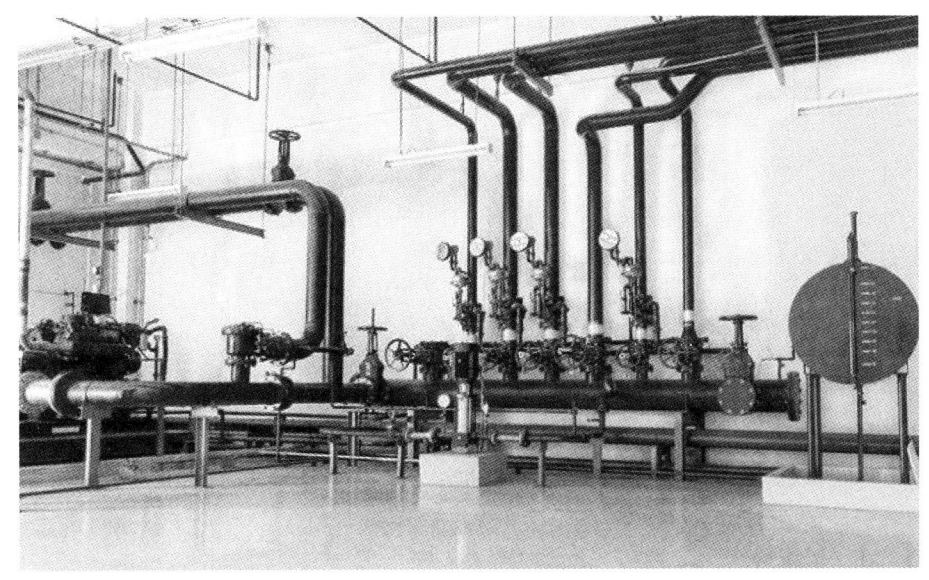

图 8-4　消防管道

三、排水系统

（一）排水系统的分类及功能

地铁车站排水系统位于给排水系统的最末端，其功能为对车站内部一切污废水进行接收、汇集、排放，主要包括排水装置、收集管道、排放装置等。一套完整的排水系统一般包括工作人员和乘客的日常生活污废水、清扫地面及设备排水、结构渗漏水、疏散口出入口和风井雨水、消防废水等。由于地铁车站位于地下，因此这些污废水均通过加压方式排至室外地面，接入市政排水管网。

（二）排水系统的分类

1. 车站废水排水

车站废水主要包括结构渗漏水、冲洗废水、消防废水以及敞开部位的雨水等。

一般车站内设1~2座废水泵站，位置均设在车站的端头，集水池设在废水泵层下部。

2. 区间隧道排水

地铁的区间隧道内主要有结构渗漏水、消防废水、冲洗废水等。在两地铁车站之间中部的线路低洼处设置有排水泵站，大部分排水泵站设置在上、下行线两路之间的联络通道中。废水由线路两侧明沟汇集到泵站集水池。集水池容积按 4 h 隧道渗水量考虑。

3. 车站污水排水

车站内厕所等生活污水由排水管道汇集至污水池（主要是厕所污水），污水池设在污水泵站下部。每个车站一般设一个污水泵站。每个泵站设有两台 AS 型潜水泵，平时一用一备（互为备用）。

在地下车站的风井等部位设有泵站和集水池。

任务二　火灾自动报警系统

消防报警系统

火灾自动报警系统（FAS）是指用于及早发现和通报火灾，以便及时采取措施控制和扑灭火灾而设置在建筑物中或其他场所的一种自动消防报警设施。车站、区间隧道、区间变电所及系统设备用房、主变电所、集中供冷站、控制中心、车辆基地，应设置 FAS。

一、火灾自动报警系统的组成

火灾自动报警系统具备火灾的自动报警、手动报警、通信和网络信息报警，并实现火灾救灾设备的控制及与相关系统的联动控制。随着通信网络的迅速发展和计算机软件技术在现代消防技术中的大量应用，FAS 的结构形式已呈多样化，火灾自动报警技术的发展趋向智能化。城市轨道交通工程特点是以行车线路为单元组建管理机制，每一条线路管理范围从几千米至几十千米，按这种线形工程管理的需要，全线要设控制中心集中管理——车站分散控制的报警系统形式，即由中央管理级、车站与车辆基地现场级以及相关网络和通信接口等环节组成，使管辖内任意点的火灾信息和全线管理中心下达的所有指令均在全线范围内迅速无阻地传输，以保障火灾早期发现，及时救援。

（一）中央级监控管理

中央级监控管理系统由操作员工作站、打印机、通信网络、不间断电源和显示屏等设备组成，并应具备下列功能。

（1）接收全线火灾灾情信息，对线路消防系统、设施监控管理。

（2）发布火灾涉及有关车站消防设备的控制命令。

（3）接收并存储全线消防报警设备主要的运行状态。

（4）与各车站及车辆基地等火灾自动报警系统进行通信联络。

（5）火灾事件历史资料存档管理。

（二）车站级监控管理系统

火灾自动报警系统的车站级应由火灾报警控制器、消防控制室图形显示装置、打印机、不间断电源和消防联动控制器手动控制盘等组成,并应具备下列功能。

(1)与火灾自动报警系统中央级管理系统及本车站现场级监控系统间进行通信联络。

(2)管辖范围内实时火灾的报警,监视车站管辖内火灾灾情。

(3)采集、记录火灾信息,并报送火灾自动报警系统中央监控管理级。

(4)显示火灾报警点,防、救灾设施运行状态及所在位置画面。

(5)控制城市轨道交通消防救灾设备的启、停,并显示运行状态。

(6)接收中央级火灾自动报警系统指令或独立组织、管理、指挥管辖范围内的救灾。

(7)发布火灾联动控制指令。

(三)现场控制级系统

火灾自动报警系统现场控制级应由输入输出模块、火灾探测器、手动报警按钮、消防电话及现场网络等组成,并应具备下列功能。

(1)监视车站管辖范围内灾情,采集火灾信息。

(2)消防泵的低频巡检信号、运行状态、设备故障、管压力信号。

(3)监视消防电源的运行状态。

(4)监视车站所有消防救灾设备的工作状态。

城市轨道交通全线火灾自动报警与联动控制的信息传输网络利用城市轨道交通公共通信网络,火灾自动报警系统现场级网络应独立配置。

二、消防探测设备

消防探测设备主要有感烟探头、感温探头、消防红外对射报警探头、手动报警模块等。

1. 感烟探头

当有烟雾通过探头,阻断探头内的红外线时,探头发出带有 8 位地址码的报警信号,如图 8-5 所示。

2. 感温探头

当火灾温度达到一定程度时,感温探头发出带有 8 位地址码的报警信号,如图 8-6 所示。

图 8-5 感烟探头

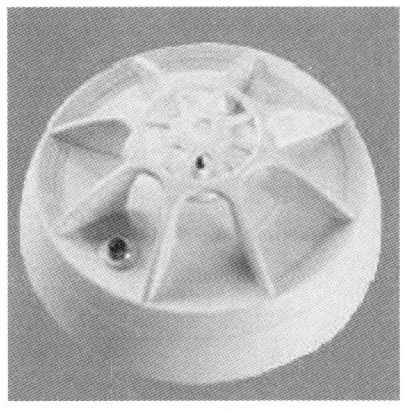

图 8-6 感温探头

3. 消防红外对射报警探头

当火灾烟雾阻断红外对射线时，探头输出 8 位带地址的报警信号，如图 8-7 所示。

4. 声光报警

当主机向两总线发出消防声光报警信号，消防主机会根据需要向相关的声光报警器发出报警指令，从而启动声光报警器，如图 8-8 所示。

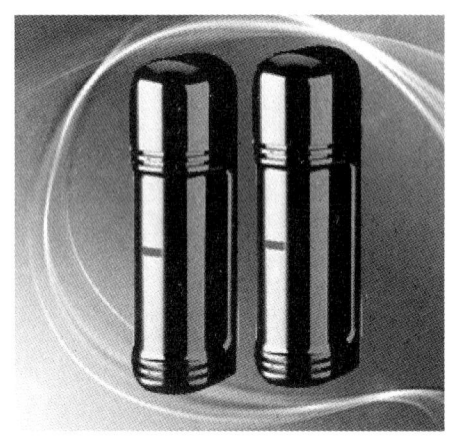

图 8-7　消防红外对射报警探头

图 8-8　声光报警

5. 输入输出模块

在消防报警系统中，输入输出模块一般分为 24 V 电压信号量和触点输出方式，作为设备的控制信号，如图 8-9 所示。

6. 手动报警模块

在许多消防报警厂家中，手动报警附带了消防电话插孔，以供消防人员在火灾地区与消防中心取得联系，如图 8-10 所示。

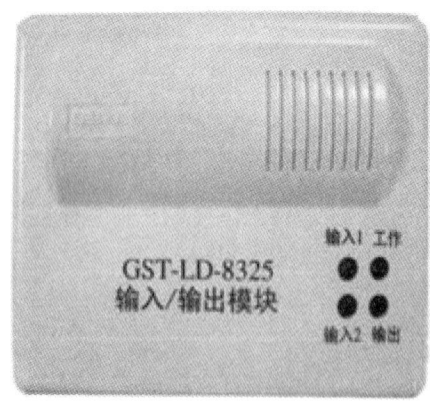

图 8-9　输入输出模块

图 8-10　手动报警模块

7. 感温电缆

感温电缆主要用于线性探测的环境中，如电缆的线槽、易燃物品仓库等，如图 8-11 所示。

其基本组成为感温探测器、感温电缆、电缆终端盒。工作过程：（以电缆槽为例）当蛇形布置的感温电缆受到高温的影响后，其电缆的正常电流发生变化，当到达一定值后，启动感温探测器动作，并给消防模块发出消防报警信息。

图 8-11 感温电缆

三、消防联动控制系统

消防联动控制系统主要包括指挥疏散系统等，如火警电话及消防广播控制等；控制及监视专用灭火设备，如消火栓系统、自动水喷淋系统以及防排烟系统等；控制及监视各类公共设备，如空调系统、电梯及照明电力等。

（1）消防电话系统是一种消防专用的通信系统，通过这个系统可迅速实现对火灾的人工确认，并可及时掌握火灾现场情况及进行其他必要的联络，便于指挥灭火及恢复工作。消防电话系统分为总线制和多线制两种实现方式，组成设备略有不同，但实现功能完全相同。

（2）消防广播设备作为建筑物的消防指挥系统，在整个消防控制管理系统中起着极其重要的作用。火灾发生时，接通紧急广播，用来指挥现场人员进行有秩序的疏散和有效组织灭火工作。

（3）消火栓系统是应用最普遍的一种水灭火系统，系统主要由水泵、供水管网和消火栓等组成。消防泵是灭火系统的心脏，在火灾持续时间内必须保证正常运行。

（4）自动喷水灭火系统分湿式系统、干式系统、干湿两用系统、预作用系统、雨淋系统、水幕系统等多种，其中湿式自动喷水系统是实际工程应用中最普遍的一种。该系统在报警阀的上下管道内均经常充满压力水，闭式喷头在系统中起定温探测器的作用，喷头（68℃）的热敏元件在火灾热环境中升温至公称动作温度时动作，利用喷头开放喷水后管道内形成的压力差，使水流动驱动水流指示器、湿式报警阀、水力警铃和压力开关动作，实现就地和远传自动报警。联动控制系统需要控制喷淋泵的启动和停止，监视水流指示器、压力开关的动作信号，监视检修用碟阀的开启或关闭状态。

（5）防排烟系统主要包括正压送风系统和排烟系统两大类。正压送风系统的功能是将室外的新鲜空气补充到疏散通道，排烟系统的功能是将火灾发生时产生的有毒烟气排到室外，火灾发生时通过启动防排烟系统可以防止烟雾扩散及有毒烟气给人员造成伤害。防排烟系统主要包括风机、风道和风阀等设备。对于高层建筑，在各楼层的电梯前室内通常安装正压送风阀，在各楼层的走廊处安装排烟阀，在屋顶安装正压送风机、排烟机。

火灾发生时，应打开着火区域的正压送风阀、排烟阀，启动正压送风机、排烟机，向电梯前室送正压新风、排出走廊烟雾，以防止躲避在临时安全区（如电梯前室）的人员因烟呛而窒息。送风机以及排烟机现场可以控制风机的启动和停止。消防控制中心的联动控制器也可以远程控制风机的启动和停止，并可以监视风机的运行状态。

（6）气体灭火系统是以气体为灭火介质的灭火系统，根据灭火机理和采用的灭火剂不同，主要分为二氧化碳灭火系统、卤代烷 1301、1211 灭火系统，气溶胶灭火系统、七氟丙烷灭火系统以及烟必静（IG541）灭火系统等几种，主要用于有重要设备的场所，气体喷放后一般不会有残留物，不会损坏现场电气设备，可以尽可能减少不必要的损失。火灾发生时，同一个灭火保护区内的感烟、感温探测器同时报警或人为按下门口处的气体紧急启动按钮时，该分区内的声光讯响器会立即启动，以提示现场人员疏散；气体灭火控制器会同时接收到请求喷气指令，延时 30 s 后向启动电磁阀发送 24 V 电信号，电磁阀得电后会马上动作，气体喷出实施灭火，同时点亮门口处的气体喷洒指示灯，提醒人员切勿入内。若在气体灭火控制器 30 s 延时期间内，按下门口处的气体紧急停动按钮时，将取消气体喷洒操作。

（7）防火卷帘系统。根据安装位置的不同，卷帘门完成的功能不尽相同。火灾初期，延缓火势的快速蔓延完成防火分区之间的隔离，对于如走廊、楼梯口等位置的卷帘门，还可以作为人员逃生通道。

（8）空调通风系统。在车站、车厢等建筑物内通常安装有空调机组、新风机等通风换气设备，在火灾发生时必须切断空调通风系统的工作，以免火灾通过空调、通风系统管道蔓延。

（9）其他公共设备控制。火灾发生时，应将消防电梯迫降至首层，运送消防人员，但应注意消防电梯不能作为逃生的工具。应切断着火区域的照明、动力等非消防电源，控制疏散指示自动切换。单输入/单输出模块可以实现对以上设备的控制和监视。

任务三　环境控制系统

环境控制系统

一、环境控制系统的定义

为了确保地铁的安全以及正常运行，应在地铁内设置环境控制设备和地铁必需的各类车站辅助设备。环境控制设备包括通风、空调、给排水、消防、动力、照明等，车站辅助设备包括自动售检票、电梯与自动扶梯、站台安全门、车站设备自控系统等。

二、城市轨道交通环境的特点

地铁的车站、区间隧道基本上处于与外界隔离的状态，只有出入口、通风口和隧道口等处与外界大气相通。同时，地铁列车牵引系统、车站照明及其他设备产生巨大的热量，列车制动闸瓦产生大量粉尘，乘客和工作人员的新陈代谢也产生大量的热湿负荷和二氧化碳气体，使地铁内的空气很容易恶化。

三、城市轨道交通环境控制的要求

（1）列车正常运行时，排除余热余湿，保持空气的新鲜度，为乘客和工作人员提供一个适宜的温度和湿度范围，满足各种设备正常运转所需的温、湿度要求。

（2）列车阻塞在区间隧道时，向阻塞区间提供一定的通风量，保证列车空调等设备正常工作，能维持车厢内乘客在短时间内能接受的环境条件。

（3）在列车发生火灾事故时，应提供有效的排烟手段，给乘客和消防人员输送足够的新鲜空气，使乘客能及时安全地疏散。

四、环境控制系统的分类

根据城市轨道交通隧道通风换气的形式以及隧道与车站站台层的分隔关系，城市轨道交通通风空调系统一般划分为开式系统、闭式系统和屏蔽门式系统三种制式。

1. 开式系统

开式系统是应用机械或"活塞效应"的方法使地铁内部与外界交换空气，利用外界空气冷却车站和隧道。这种系统多用于当地最热月的月平均温度低于25 ℃且运量较少的地铁系统。

做法：隧道设置机械风井和必要的活塞风井，通过风井、车站出入口、隧道洞口等与室外空气相通，车站与隧道相通，不需要迂回通道，利用活塞或机械进行通风。

2. 闭式系统

闭式系统是一种地下车站内空气与室外空气基本不相连通的方式，即城市轨道交通车站内所有与室外连通的通风井及风门均关闭，夏季车站内采用空调，仅通过风机从室外向车站提供所需空调最小新风量或空调全新风。区间隧道则借助列车行驶时的活塞效应将车站空调风携带入区间，由此冷却区间隧道内温度，并在车站两端部设置迂回风通道，以满足闭式运行活塞风泄压要求，线路露出地面的洞口则采用空气幕隔离，防止洞口空气热湿交换。

做法：隧道设置机械风井和必要的活塞风井，风井、车站出入口及隧道洞口与外界空气相通，需要迂回风道，利用活塞或机械通风。

闭式运行时，隧道内部基本上与外界大气隔绝，仅供给满足乘客所需的新鲜空气。

3. 屏蔽门式系统

屏蔽门式系统采用屏蔽门设备，将站台公共区与隧道轨行区完全屏蔽。关上屏蔽门后，所形成的一道隔墙可有效阻止隧道内热流、气压波动和灰尘等进入车站，有效地减少了空调负荷，为车站创造了较为舒适的环境。另外，屏蔽门系统可以有效保证安全，减小噪声及活塞风对站台候车乘客的影响，改善了乘客候车环境的舒适度。

做法：车站设置屏蔽门，隧道设置机械风井和活塞风井。

屏蔽门系统的优点是由于屏蔽门的存在创造了一道安全屏障，可防止乘客无意或有意跌入轨道；屏蔽门可隔断列车噪声对站台的影响；此外，同等规模的车站加装屏蔽门系统的冷量约为未加装屏蔽门系统冷量的 2/5，相应的环控机房面积可减少 1/3 左右，这样年运行费用仅是闭式系统的一半。

闭式系统的优点是车站和区间隧道内设计温度和气流速度在不同工况条件下符合设计要求，环控工况转换简明，站台视野开阔，广告效应良好，但其相对屏蔽门系统带来冷量大、所需环控机房面积大、耗能高，此外站台层环境易受到列车噪声影响。

只采用通风的开式系统主要应用在我国的北方，在我国夏热冬冷和夏热冬暖地区是不适合采用的。

任务四　屏蔽门系统

屏蔽门系统

一、屏蔽门系统的发展历程

屏蔽门是 20 世纪 80 年代出现的一种现代化的地铁设备系统。其设计的思想：一是为了节省能源，提高地铁运营的经济效益而设置了屏蔽门系统；二是考虑乘客乘车的安全性（防止人员有意或无意跌入轨道，减少乘客撞伤危险）。新加坡地铁屏蔽门系统当时采用气动控制系统，在外观上也较少追求美观，力求经济实用。从其近年来的使用情况看是成功的，既保证了较高的可靠性，又满足了地铁的运营需要，同时节能率近 50%。近年来，地铁屏蔽门系统已被越来越多地用于世界各国地铁车站中。

二、屏蔽门系统的定义

屏蔽门系统是安装于城市轨道交通沿线车站站台边缘，将车站站台区域与轨道区域隔离开来，用以提高运营安全系数、改善乘客候车环境、节约运营成本的一套机电一体化的机电设备系统。屏蔽门是由一系列门体组成的屏障。它综合了力学、机械学、电子学、控制论、计算机技术、传感技术、人工智能技术、系统工程等多学科、多领域的先进技术。

三、屏蔽门系统的功能

（1）屏蔽门与每节车厢单侧的车门对应的是滑动门，可以向两边打开，当列车停靠时，滑动门与车门一一对应。每一道门由左右两扇滑动门组成，在正常使用状态时，滑动门关闭过程中如遇到障碍物，会通过 3 次减速的检测功能，检测是否有障碍物的存在。如果第三次探测到障碍物仍然存在后，DCU 会发停止命令，马上停止滑动的运动状态。

（2）和每个车厢相对应分布有应急门，应急门由两扇铰链门构成，以预防突发事件。

（3）滑动门与应急门之间装有平滑的玻璃制成的固定门。

（4）每个车站有 2 扇（两端各 1 扇）端门。

（5）在同一站台上整侧门中的第一道和最后一道门为非对称门，这是因为它们打开时会堵住紧靠屏蔽门两端的司机门。除这两门道外，其他具有全尺寸，便于乘客上下列车。

（6）所有的门上方盖板上均有门头指示灯，当开门或关门时指示灯会有不同状态的显示。

（7）屏蔽门可以接收远程操作而被驱动执行开门、关门命令，通过这个功能就可以响应来自控制着列车运动的信号系统的命令。因此，屏蔽门在信号系统的控制期间只有列车停下来时才被打开，而在关闭且锁紧后列车才允许离开。

（8）在信号系统失效或弃用信号系统时，可以通过就地控制盘（PSL）来取得门的控制权。每个 PSL 都位于屏蔽门的站台侧端外，并在列车正确停靠时与驾驶室并列，也就是说，每侧站台只有一个 PSL（或称站台操作盘）。

（9）"开门"或"关门"命令从信号系统（或 PSL）发送到屏蔽门控制器（PEDC），经过 PEDC 处理后再传给滑动门控制单元（DCU），控制滑动门的开和关。同时，DCU 也可以把控制信息和状态信息回传给信号系统、PEDC 和 PSL。

四、屏蔽门系统的分类

（1）按屏蔽门功能，可分为闭式和开式两大类。

闭式屏蔽门是一道自上而下的玻璃隔离墙和活动门，沿着车站站台边缘和两端头设置，能把站台候车区与列车进站停靠区完全隔离。这种屏蔽门系统的主要功能是增加安全性、节约能耗以及降低噪声等。

开式屏蔽门又称为可动式安全栅，半封闭式屏蔽门。它是一道上不封顶的玻璃隔离墙和活动门或不锈钢篱笆门。与全封闭式相比，安装位置基本相同，但结构简单，高度低，空气可以通过屏蔽门上部流通，造价也低。它主要起隔离作用，提高站台候车乘客的安全；同时也有一定的降噪作用。这种结构不能完全隔断列车活塞风和噪声对乘客的影响，因此，多用于敞开式地面站台或高架站台。

（2）按屏蔽门结构，可分为上部悬吊式和下部支承型。

（3）按控制方式，可分为气动控制和电动控制。

（4）按门体使用材料，可分为铝合金屏蔽门、不锈钢屏蔽门和彩板屏蔽门等。

（5）按设置规模不同分，可分为全线设置型和部分设置型。前者为每个地铁车站均设置，后者仅为部分地铁车站设置。

五、屏蔽门系统的结构

屏蔽门系统是机电一体化设备，集成了现代计算机控制、伺服驱动、网络技术、UPS 电源技术和精密机械技术。地铁屏蔽门系统一般由机械和电气两大部分构成，机械部分主要包括门体结构和门机驱动系统，电气部分包括电源系统、控制系统及监视系统。

六、屏蔽门系统的控制

屏蔽门系统的控制可分为系统级控制、站台级控制和手动级控制三种控制方式。其中，手动级控制为最高优先级，系统级控制为最低优先级。

系统级控制是由信号系统通过中央控制盘（PSC）控制屏蔽门。

站台级控制则由两侧站台的就地控制盘（PSL）控制屏蔽门。

手动级控制则通过每个门单元的就地控制盒（LCB）来进行开关门操作或由工作人员通过三角钥匙进行开关门操作。

屏蔽门系统还设有火灾控制模式，即在相应的火灾模式下，车站值班人员在车站控制室操作屏蔽门紧急控制开关，配合打开滑动门，疏散乘客和配合环控系统排烟。火灾控制模式的优先级高于站台级控制和系统级控制。

思考与练习

1. 城市轨道交通给排水系统主要包括哪几个部分？
2. 城市轨道交通排水系统由哪几类组成？
3. 什么是火灾自动报警系统（FAS）？
4. 城市轨道交通车站级监控管理系统应具备哪些功能？
5. 消防探测设备主要有哪些？
6. 什么是消防电话系统？
7. 城市轨道交通环境控制系统有哪些要求？
8. 简述三种环境控制系统适用的场景。
9. 简述屏蔽门系统的分类。

通风空调系统

自动售检票系统

车站低压配电系统

火灾的危害

项目九　城市轨道交通行车组织

任务一　列车运行计划

一、全日行车计划

全日行车计划是营业时间内各个小时开行的列车对数计划。它规定了轨道交通线路的日常运输任务，是编制列车运行图、计算运输工作量和确定车辆运用的基础资料。全日行车计划根据营业时间内各个小时的最大断面客流量、列车定员人数和车辆满载率，以及希望达到的服务水平综合考虑编制。

全日行车计划

（一）编制资料

1. 营业时间

城市轨道交通营业时间的安排主要考虑了两个因素：一是方便乘客，满足城市生活的需要，即考虑城市居民出行活动的特点；二是满足城市轨道交通系统各项设备检修养护的需要。根据资料，世界上大多数城市的轨道交通系统营业时间为 18～20 h，个别城市是 24 h 运营，如美国的纽约和芝加哥。适当延长运营时间是轨道交通系统提高服务水平的体现。

2. 全日分时最大断面客流量

全日分时最大断面客流量可在求出高峰小时断面客流量的基础上，根据全日客流分布模拟图来确定。

3. 列车定员数

列车定员数是列车编组辆数和车辆定员数的乘积。列车编组辆数的确定以高峰小时最大断面客流量作为基本依据。在客流量一定的情况下，为达到一定的运输能力，除可采用增加列车编组辆数措施外，也可采用缩短行车间隔时间的措施。但在行车密度已经较大时，为满足增长的客流需求，增加列车编组辆数往往成为选用措施。此时，轨道交通系统保有的运用车辆数是增加列车编组辆数的限制因素之一，其他限制因素包括车站站台长度和车辆段停车线长度等。车辆定员数的多少取决于车辆的尺寸、车厢内座位布置方式和车门设置数。一般来说，在车辆限界范围内，车辆长宽尺寸越大载客越多，车厢内座位纵向布置较横向布置载客要多，车厢内车门区较座位区载客要多。

（二）确定全日行车计划

在已经计算得到各小时应开行列车数和行车间隔时间的基础上，应检查是否存在某段时间内行车间隔时间过长的情况。行车间隔时间过长，会增加乘客的候车时间，降低乘客的出行速度，不利于吸引客流。为方便乘客、提高服务水平，城市轨道交通在 9:00—21:00 的非高峰运营时间内，最终确定的行车间隔时间标准一般不宜大于 6 min；而在其他非高峰运营时间内，最终确定的行车间隔时间标准也不宜大于 10 min。另外，对全日行车计划中的高峰小时行车间隔时间，应检验是否符合列车在折返站的出发间隔时间。

二、车辆运用计划

（一）车辆运用分类

为完成乘客运送任务，轨道交通系统必须保有一定数量的车辆。车辆按运用上的区别，分为运用车、检修车和备用车三类。

车辆运用分类

1. 运用车

运用车是为完成日常运输任务而配备的技术状态良好的车辆。运用车的需要数与高峰小时开行列车对数、列车旅行速度及列车在折返站停留时间等因素有关，运用车辆数专用公式进行计算。

2. 检修车

检修车是指处于定期检修状态的车辆。车辆的定期检修是一项有计划的预防性维修制度。车辆经过一段时间的运用后，各部件会产生磨耗、变形或损坏，为保证车辆技术状态良好和延长使用寿命，需要定期对车辆进行检修。

车辆的定期检修分成月检、定修、架修和大修（又称厂修）等，也有安排双周检与双月检的情况。不同的检修级别有不同的检修周期，具体的检修周期按运用周期和走行里程数先达到者确定。车辆检修级别和检修周期是根据车辆各部件使用寿命以及车辆运用环境等因素综合考虑确定的。对车辆的不同部件制定不同的技术标准、检修级别和检修周期，使车辆在经过不同级别的定期检修后，能在整个检修周期内保持良好的技术状态。

车辆检修周期是一个与车辆段建设规模和车辆段作业组织关系密切的技术指标，它也是推算检修车数的基础资料之一。检修周期主要是根据车辆运用时间确定的，但也有综合考虑车辆运用时间和走行里程确定的情况。在以运用时间确定检修周期的情况下，根据每种检修级别的年检修工作量和每种检修级别的检修停时，可以推算检修车数。除车辆的定期检修外，车辆的日常检修有日检（又称列检），检修停时每日 2 h。此外，还应考虑车辆临修，车辆临修的停时按运用列车平均每年 1 次，每次 2 天确定。

3. 备用车

备用车是为了适应客流变化，确保完成临时紧急的运输任务，以及预防运用车发生故障，而必须保有若干技术状态良好的备用车辆。备用车的数量一般控制在运用车数的 10% 左右。备用车原则上停放在线路两端终点站或车辆段内。

（二）车辆运用计划的含义

车辆运用计划在列车运行图和车辆检修计划的基础上进行编制。车辆运用计划包括以下四个方面。

车辆运用计划的含义

1. 排定车辆出入段顺序和时间

在新列车运行图下达后，车辆段有关部门应根据列车运行图的要求，及时排定运用车辆的出段顺序、时间和担当车次，回段顺序、时间和返回方向。出段时间根据列车运行图关于列车在始发站出发时刻的规定确定，出段时间应分别明确乘务员出勤时间、客车车底出库和出段时间。回段时间和返回方向同样也根据列车运行图确定。

2. 铺画车辆周转图

列车正线运行通常采用循环交路，根据列车运行图和车辆出段顺序，车辆运用计划以车辆周转图的形式规定了全日对应各出段顺序的车辆在线路上往返运行的交路，车辆在两端折返站到达和出发时间，以及车辆出入段时间和顺序。

3. 确定对应各出段顺序的车辆（客车车底）

根据车辆的运用情况和技术状态，在每日傍晚具体规定次日车辆的出段顺序和担当交路。在具体规定车辆的运用时，应注意使各客车车底的走行里程数能在一定时期内大体均衡。

4. 配备乘务员（司机）

为提高车辆利用效率和劳动生产率，轨道交通系统通常采用轮乘制的乘务制度。由于乘务员值乘的列车不固定，在编制车辆运用计划时，应对乘务员的出退勤时间、地点、值乘列车车次以及工间休息和吃饭等同步做出安排。在安排乘务员的工作时，应注意乘务员的连续工作时间不要超过劳动时间。

三、列车开行方案

（一）列车编组方案

列车编组方案规定了列车是固定编组还是非固定编组，以及编组数量。城市轨道交通车辆均采用电动车组，固定编组，辆数为 4~8 节，依据客流量而定，一般采用 6 节或 8 节编组。

6 节编组的列车包含两辆带驾驶室的拖车（A）、两辆带受电弓的动车（B）、两辆不带受电弓的动车（c），列车排列形式为 A-B-C-C-B-A，如图 9-1 所示。

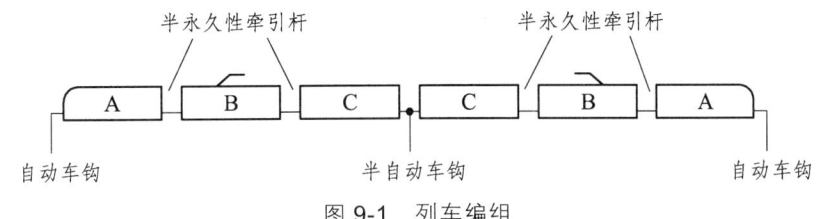

图 9-1 列车编组

带驾驶室的拖车（A）包括 1 个驾驶室，驾驶室端部有自动车钩 1 个，另一端有半永久性牵引杆 1 个；带受电弓的动车（B）包括 1 个受电弓，2 个半永久性牵引杆；不带受电弓的动车（C）包括1个半永久性牵引杆，1个用于车辆单元之间连接的半自动车钩。带驾驶室的拖车（A）始终编在列车的两端，其他车型在列车中的位置可以互换，这样就能保证所编列车首尾两节车均带有驾驶室。6节编组也可以编成A-B-C-B-C-A。当采用4节编组时，其排列顺序为 A-B-B-A。当采用 8 节编组时，其排列顺序为 A-B-C-B-C-B-C-A，也可以是 A-B-C-C-B-B-C-A。4节编组列车的优点是允许使用较短的站台，从而减少了土建工程的工作量，满足中小城市的客流量需求。8 节编组列车的优点是运量大，动车比例高，故障运行和救援能力强，适合人口高度集中的大都市。但由于动车比例高，采购和维护费用都会相应增加。6节编组列车的优点是运量较大，动力性能较好，故障运行和故障救援能力也比较好，能够适应线路的需要。动车比例高于4节编组列车，但是低于8节编组列车，采购费用和维护费用介于二者之间。

（二）列车交路方案

列车交路方案规定了正常运营的载客列车的运行区段、折返车站和按不同列车交路运行的列车对数。在线路各区段客流量不均衡程度较大的情况下，采用合理的列车交路方案，能在不降低服务水平的前提下提高车辆的运用效率，避免运能虚糜，使行车组织做到经济合理。

列车交路方案

列车交路有长交路、短交路和长短交路三种。长交路是指列车在线路的两个终点站间运行。短交路是指列车在线路的某一区段内运行，在指定的车站上折返。而长短交路是指列车在一条线路上的列车交路有长也有短，其中短交路是为了满足一定区段内的短途客流运送需求。

从行车组织的角度，长交路要比短交路列车运行组织简单，对中间站折返设备要求也不高，但在各区段客流量不均衡程度较大的情况下，会产生部分区段运输能力的浪费。将长交路改为短交路，能适应不同客流区段的运输需求，运营也比较经济，但要求中间折返站具有两个方向的折返能力以及具有方便的换乘条件。从乘客的角度出发服务水平有所降低。长短交路混跑的组织方案，既能满足运输需求，又能提高运营效益。因此，在线路各区段客流量不均衡程度较大的情况下，可以采用以长交路为主，短交路为辅的列车交路安排，组织列车在线路上按不同的密度行车。同样，当高峰期间客流在空间分布上比较均匀，而低谷期间客流在空间上分布相差悬殊时，也可以在低谷时间采用长短交路列车运行方案，组织开行部分在中间站折返的短交路列车。

（三）列车停站方案

列车停站方案规定了列车是站站停还是非站站停，以及非站站停列车的停车方案。在传统的列车运行计划中，总是安排列车每站都停车，但从优化列车运行组织、提高列车行驶速度、节约乘客出行时间出发，根据具体线路的客流特点，还可采用下面的两种列车停车方案。

1. 跨站停车方案

该方案将全线车站分成 A、B、C 三类。A、B 两类车站按相邻分布原则确定，C 类车站按每隔 4 座车站选择一站原则确定。所有列车均应在 C 类车站停车作业，但在 A、B 两类车站则分别停车作业。

跨站停车方案减少了列车停站次数，因而能压缩列车旅行时间和乘客乘车时间，提高了运行速度。同时，由于车辆周转加快，能够减少车辆使用，降低运营成本。该方案的问题是：由于 A、B 类车站的列车到达间隔加大，乘客候车时间有所增加；此外，在 A、B 两类车站间乘车的乘客需在 C 类车站换乘，给出行带来不便。因此，该方案比较适用于 C 类车站客流较大，而 A、B 两类车站客流较小，并且乘客平均乘车距离较远的情况。

2. 分段停车方案

该方案在长短列车交路的基础上，规定长交路运行列车在短交路区段外每站停车作业，在短交路区段内不停车通过，而短交路运行列车则在短交路区段内每站停车作业，短交路列车的中间折返点作为换乘站。

分段停车方案减少了长交路列车的停站次数，因而能压缩长途乘客在列车上消耗的时间；列车旅行速度的提高也有利于加快长交路运行车辆的周转。该方案的主要问题：上下车不在同一交路区段的乘客需要换乘，增加了在车站内消耗的时间。因此，采用分段停车列车运行方案的基本依据是乘客时间得到的总节约应大于增加的总消耗。

（四）列车运营时刻表

1. 运营时刻表的定义

列车运营时刻表的定义通常有两种表述形式。

（1）运营时刻表是行车组织工作的基础，它规定了运营线路的每个运营周期（一般为每天）的起止时间、高峰期起止时间、各次列车占用区间的顺序、列车在一个车站到达和出发（或通过）的时刻、列车在区间的运行时分、列车在车站的停站时分、折返站列车折返作业时间及列车出入基地的时刻。

（2）列车在车站（基地）出发、到达（或通过）及折返时刻集合。

列车时刻表及晚点

2. 列车运营时刻表的作用

列车时刻表是行车组织基础，运营时刻表也是地铁运行组织的一个综合性计划。

列车运行图

3. 列车运行图与列车时刻表的区别

运营时刻表和列车运行图的内容基本相同，它们的区别在于运营时刻表的服务对象是乘客，而列车运行图的服务对象是城轨运营系统内部各相关部门。

（五）列车正点、延误及晚点

1. 列车正点、延误及晚点的定义

（1）列车正点。列车按照运行图或时刻表计划规定的时刻出发或到达称为列车正点。

（2）列车延误。列车延误是指运营列车在某一位置（一般指车站）的时刻比其在时刻表规定的时刻延后的现象。

（3）列车晚点。当列车延误发生在本列次终点站时且符合列车晚点范围时，称为晚点（规定超过 2 min 为晚点）。

2. 列车晚点统计方法

比照运营时刻表单程每列晚点 N 秒（N 的取值为行车间隔，但最小值不低于 120 s）以下为正常；N 秒及以上为晚点。行调应根据客车晚点情况及时采取措施，调整客车运行，因列车调整需要，在两端站晚发的列车不计为晚点，但在单程运行过程中晚 N 秒及以上时为晚点。

3. 列车正点、晚点的界定

（1）凡按列车运行图固定车次、时间准点始发、终到的列车全部统计为正点列车数。

（2）临时加开列车按正点统计。

（3）由于客流变化而抽调部分列车或加开列车，行车调度员采取措施对部分列车调点时，该部分列车按正点统计。

4. 列车到达、出发、通过时刻的确认

（1）到达时刻：以列车在规定位置对正停稳为准。

（2）出发时刻：以列车由车站（包括基地规定发车地点）前进起动（不再停下）时为准。

（3）通过时刻：以列车最前部通过站线规定位置时为准。

任务二　运营事故处理规则

一、安全生产方针与事故处理原则

安全生产方针与
事故处理原则

（一）安全生产方针

（1）为贯彻"安全第一，预防为主，综合治理"的安全方针和执行党、政、工、团齐抓共管的原则，轨道交通企业各级领导要把安全工作当作首要任务来抓，加强安全管理和安全思想教育，强化职工安全意识，严肃劳动纪律和作业纪律，教育职工自觉执行各项规章制度。

（2）做好员工技术培训，提高技术业务水平，加强安全检查，及时消除各类隐患；做好设备维修保养，提高设备质量；深入开展安全正点、优质服务的竞赛活动，确保地铁安全运营。

（二）事故处理原则

（1）发生运营事故时，应该积极采取措施，迅速组织救援处理，尽快恢复运营，尽量减少事故损失。

（2）事故发生后，要以事实为依据，以国家法律、法规、规章为准绳，坚持"四不放过"的原则（即事故原因没有查清不放过，事故责任者没有严肃处理不放过，广大职工没有受到教育不放过，防范措施没有落实不放过）处理事故，查明原因，分清责任，吸取教训，制定措施，防止同类事故再次发生。

（3）对事故要定性准确，对事故责任者（或单位），应根据事故性质和情节，分别予以批评教育、经济处罚、行政处分，直至追究法律责任，并根据事故性质、情节的严重性，按照有关规定逐级追究责任。

（4）地铁公司各级领导及全体职工要严格贯彻执行"依法执政、依法管理、依法从政"

的原则。对于违反或未贯彻落实国家安全生产法律法规，或因单位内部管理缺陷、失效而造成安全运营生产的问题，视情节按事故论处。

（5）良好的车辆、设备是保证安全运营的物质基础，因车辆、设备漏检、漏修、维修不到位而造成危及安全运营的严重质量问题，按事故论处。

（6）地铁系统内任何单位和个人，在"高度集中、统一指挥"的原则下，均有尽快处理故障或事故的责任和义务。发生各类故障或事故时，有关单位和人员应相互配合、积极处理、迅速抢救，尽量减少损失和影响，尽快恢复正常运营。对于因失职或推诿扯皮而贻误时机造成后果的人员，要追究其责任。

二、运营事故的分类

按照事故性质、损失及对运营造成的影响和危害程度，轨道交通运营事故分为特别重大事故、重大事故、大事故、险性事故、一般事故和事故苗子。

（一）特别重大事故

在运营工作中，造成下列后果之一的为特别重大事故：
（1）死亡 30 人及其以上的。
（2）社会影响特别恶劣的。
（3）造成 100 人以上的急性中毒的。

（二）重大事故

运营事故的分类

在运营工作中，造成下列后果之一的为重大事故：
（1）轨道交通发生爆炸、化学恐怖袭击等人为破坏事件。
（2）发生二级以上火灾（被困人数 500 人以上）事件。
（3）乘客人身死亡 10~29 人，或死伤 50 人以上。
（4）轨道交通运营中断 6 h 以上。
（5）直接经济损失 500 万元以上。

（三）大事故

在运营工作中，造成下列后果之一的为大事故：
（1）轨道交通发生二级火灾（被困人数 500 人以下）。
（2）死亡 3~9 人，或死伤 10~49 人。
（3）轨道交通运营中断 3~6 h。
（4）直接经济损失 100 万~500 万元。

（四）险性事故

在地铁运营工作中，凡事故性质严重，但未造成损害后果或损害后果不够大事故及以上事故的，符合下列条件之一的为险性事故：
（1）运营线列车冲突。

（2）运营线列车脱轨。

（3）运营线列车分离。

（4）列车冒进禁行信号。

（5）未经允许列车载客进入非运营线。

（6）列车反方向运行未经引导自行进站。

（7）列车擅自退行。

（8）列车、车辆溜走。

（9）列车运行中擅自切除车载安全防护装置。

（10）列车错开车门。

（11）列车未关闭车门行车。

（12）列车运行中开启车门。

（13）列车夹人行车。

（14）列车运行中，齿轮箱吊挂装置、关节轴承销轴、空压机、牵引电机等车辆重要部件脱落。

（15）电话闭塞出站信号故障时无凭证发车。

（16）擅自向未具备封锁条件的区间接发列车或擅自向封锁区间接发列车。

（17）未办或错办闭塞接发列车。

（18）行车或电力指挥通信联络系统中断。

（19）信号升级显示。

（20）供电系统操作中发生错送电、漏停电。

（21）运营中车站照明全部熄灭。

（22）给水干管位移侵限、爆裂跑水。

（23）排水不畅，积水漫过道床。

（24）地铁排雨泵站设备故障，雨水不能排出中断列车运行。

（25）运营中走行轨由轨头到轨底贯通断裂。

（26）运营线路几何尺寸超限。

（27）轨道线路发生胀轨、跑道影响运营。

（28）擅自触动、移动站台电视监视车门设备，影响正常使用。

（29）未按规定撤除接地保护装置。

（30）漏检、漏修或维修不到位而发生重大安全隐患，危及运营安全。

（31）其他（性质严重的运营故障、安全隐患，经地铁公司运营安全委员会认定，列入本项）。

（五）一般事故

在地铁运营工作中，造成下列后果之一，但损害后果不够大事故、险性事故及其以上事故条件时，认定为一般事故。

（1）非运营线列车冲突。

（2）非运营线列车脱轨。

（3）非运营线列车分离。

（4）调车冒进信号。

（5）应停列车全列越过显示绿色灯光的出站信号机。

（6）应停列车在站通过。

（7）列车擅自在不具备条件的车站停车，开启客室车门。

（8）漏乘造成列车车长未上车发车。

（9）列车车辆未撤除防溜铁鞋或止轮器开车。

（10）列车客室内或车站的设施、设备、器材松动脱落等异常情况，造成乘客受伤。

（11）运营线列车车辆空气系统（空压机、风缸）安全装置失去作用，造成破损爆裂，运营线列车车辆空气系统（空压机、风缸）安全装置失去作用，造成破损爆裂。

（12）中断运营正线行车每满 20 min 时。

（13）直接经济损失在 1 万元及以上。

（14）出站信号在中心和车站同时失控或紧急关闭信号失控。

（15）运营车站正常照明全部熄灭或侧式站台一侧正常照明全部熄灭。

（16）各类设施、设备、器材、物资等侵入车辆接近限界。

（17）线路检查维修不当，造成列车临时限速运行。

（18）无特殊工种操作证操作特种设备、车辆。

任务三　事故处理预案及预防

地铁作为为大众服务的城市公共交通的重要组成部分，以其大容量、准时、快捷、安全、高效的优势，对有效解决人民群众出行、促进城市健康发展、构建社会主义和谐社会具有极其重要的作用。目前，我国轨道交通已进入快速发展阶段，政府高度重视，明确提出要逐步构建以城市轨道交通为骨干的城市公共综合交通体系，建立安全便捷、可持续发展的城市轨道交通模式，更好地服务于公众，而地铁运营安全第一的原则也意味着安全管理和事故预防越来越重要。

运营事故的抢险指挥

一、安全管理

任何一名地铁员工都是确保运营安全的重要力量，地铁运营安全有序与每名员工的成长、利益、价值是一个共同体，是唇齿相依的关系，运营安全离不开每名员工的努力，企业和员工只有相互依存，才能共同发展。只有长期不懈地提高员工安全意识和工作技能，让员工深刻体会到安全与自己息息相关，形成"人人想安全，人人会安全，人人善安全"的文化氛围，才能确保地铁运营稳健发展。安全工作的一个重要特点就是"只有起点，没有终点"，永远都没有结束的时候，长此下去容易使人产生麻痹大意思想，各级管理人员要坚决杜绝这种思想的滋生与蔓延，在抓安全工作时要带着责任抓，带着感情抓，带着使命抓，抓重点部位，抓重点环节，抓重点岗位，同时可以采用"投石头原理"防麻痹，经常地"敲打点击"，使员工警钟长鸣，保持警惕。

运营服务作为地铁最大的服务载体,任何事故都可能引发媒体和民众的高度关注,对运营造成巨大的社会压力,甚至给地铁的整体形象造成不良影响。各级管理人员要把安全作为地铁运营的头等大事,以铁的手腕、铁的纪律、铁的面孔来抓安全工作,始终坚持"没有安全就没有运营"的理念,落实各项运营安全措施,打造平安地铁。

二、地铁运营事故分析

通过对近年来国内外地铁事故发生原因的分析,我们可以看到人、车辆、轨道、供电、信号及社会灾害等是造成地铁事故发生的主要因素。

地铁运营事故分析

(一)人员因素

从某地铁线路发生事故的分类统计表明,一般性事故的发生主要是因为乘客未遵守安全乘车规则,而险性事故多是由于工作人员职责疏忽引发的,人员因素是造成地铁事故发生的主要原因。

1. 不慎落入和故意跳入轨道

长期以来,因人员跳入地铁轨道,造成地铁列车延误的事件屡次发生,短的一两分钟,长则三五分钟。而地铁列车只要一旦受到影响,不能正点行驶,势必影响全局,需要全线进行调整。

2. 高峰时段造成拥挤

1999年5月某国外地铁车站人员过多,发生踩踏事件,导致54名乘客被踩死事件;2001年12月4日,国内某地铁站一名女子在站台上候车,当车驶入站台时,被拥挤人流挤下站台,当场被列车压死。

3. 工作人员处理措施不得

在2003年某国外地铁火灾中,地铁驾驶员和综合调度室有关人员对灾难的发生就有着不可推卸的责任。前方车站已经发生火灾,另一辆1080号列车依然驶入烟雾弥漫的站台,在车站已经断电、列车不能行驶的情况下,驾驶员没有采取任何果断措施疏散乘客,却紧闭车门,请示调度该如何处理,更不可思议的是,在事故发生5 min后,调度居然还下达"允许1080号车出发"的命令。

(二)轨道因素

2001年5月22日,台北地铁淡水线士林站附近轨道发生裂缝,地铁被迫减速,并改为手动驾驶,造成10万旅客上班受阻。

(三)供电因素

2003年7月15日,上海地铁1号线莲花路到莘庄的列车突然停电,被迫停运62 min,原因是地铁牵引变电站直流快速断路器跳闸,列车蓄电池亏电过量导致列车无法正常起动。2003年8月28日,英国伦敦和英格兰东南部部分地区突然发生大面积停电事故,伦敦近2/3地铁停运,大约25万人被困在地铁中。

（四）车辆因素

2000年6月，某国发生一起地铁列车意外出轨事故，造成89位乘客受伤；2003年1月25日，英国伦敦一列挂有8节车厢的中央线地铁列车在行经伦敦市中心一地铁站时出轨，并撞在隧道墙上，最后3节车厢撞在站台上，32名乘客受轻伤。同年9月，一列慢速行驶的地铁列车在国王十字地铁站出轨，导致地铁停运数小时。

2003年3月20日，某地铁站闸门自动解锁拖钩故障，造成停运1 h多；2002年4月4日，某地铁站因机械故障导致车门无法开启，停运30 min。

（五）信号因素

2003年3月17日，某地铁站信号控制系统突然发生故障，停运8 min。2003年2月14日，某地铁站中央控制室自动信号系统发生故障，停运20 min。

（六）社会灾害

地铁车站及地铁列车是人流密集的公众聚集场所，一旦发生爆炸、毒气、火灾等突发事件，容易造成群死群伤或重大损失，严重地影响社会秩序。1995年3月20日，日本东京地铁曾经遭受某邪教组织施放沙林毒气，夺走了10多条人命，5 000多人受伤，引起全世界震惊。2003年2月18日韩国大邱市地铁发生的纵火事件造成至少126人死亡、146人受伤、318人失踪。

三、事故预防对策

事故预防对策

1. 加强对乘客和地铁员工的教育

由于乘客素质对地铁安全运营有很大影响，所以应加强对市民的安全乘车意识和在紧急情况下逃生自救知识的宣传教育，减少由于乘客的失误而产生的地铁运营事故。统计表明，几乎每一起重大事故都与地铁工作人员的失职有关。韩国大邱市发生地铁惨案一个重要原因，就是企业日常职工教育工作流于形式，没有落到实处。所以务必加强对员工的法制教育、技术教育、安全教育和职业道德教育，教育员工牢固树立"安全第一"的思想，任何时候都不能麻痹大意。

2. 建立自动监视及报警系统

为保证地铁安全运行，每个地铁系统都应具备自动监测及报警系统（Fire Alarm System，FAS）。FAS对确保地铁安全以及正常运营具有极其重要的作用，是地铁各系统中不可缺少的重要组成部分。受FAS保护的具体对象是全线车站、主变电所、车辆段及通信信号楼。地铁FAS必须是一个高度可靠的系统，接线简单，组网灵活，容易维修和扩展，运行控制中心（OCC）应有全线示意图，能监控全线的报警情况。

3. 采用先进的设备及其检测体系

地铁的运营涉及众多的人员和先进设备。车辆、线路、信号等设备性能直接关系到列车的安全运行。例如，北京地铁设有双组变电站供电、紧急照明和应急通风设施，即使在出现两个主变电站同时停电、列车失去牵引力最终停车时，也不会导致出现地铁"失控"现象。地铁的指挥系统，如调度电话、通信系统等，在失电情况下仍能正常使用，它们全部由蓄电池供电。上海地铁有两套自动防火设施，两级自动监控系统，一级设在车站，另一级设在中央控制室；自动灭火喷淋系统，有水喷和气体喷两种，可以针对不同的火灾原因进行调控，地铁隧道里还设有专门的排烟装置，一旦发生火灾，隧道内的事故风机系统就会启动，在最短时间内排出有毒烟雾，防止窒息。地铁发生意外导致紧急断电，在突如其来的黑暗状态下人员极易发生混乱，造成伤亡，因此在断电情况下能持续保持光源十分关键，自发光疏散指示系统完全解决了这个问题，这些安全标志在完全失去光源的情况下仍然能够利用自身的蓄能发光，以便乘客在漆黑一片中找到逃生的方向。同时，加强车辆维护及检修工作，从而提高综合服务水平。

4. 建立应急救援体系，增强应急处置能力

根据国内外地铁突发事件发生的特点和运营救援抢险的经验，针对地铁发生火灾、列车脱轨或冲突、大面积停电、爆炸、自然灾害以及设备故障、客流冲击、恐怖袭击等非常情况建立健全应急预案体系，制定相应的应急预案，其中部分预案需经政府组织相关部门、专家进行评审，报政府批准。

四、事故应急预案

应急预案是针对各种可能发生的事故或突发事件所需的应急行动而制定的指导性文件，是应急救援系统的重要组成部分。其

事故应急预案

目的是指导应急行动按计划有序地进行，防止因行动组织不力或现场救援工作的混乱而延误事故应急救援，从而减少人员伤亡和财产损失。

（一）应急预案的制定

应急预案的制定应该分层次、分级别。

（1）城市轨道交通特大事故和突发事件应急救援预案应由当地政府组织制定。

当地政府应组织城市轨道交通运营单位、公安、消防、供电、通信、供水、交通和医疗等单位建立统一和完善的灾害救援指挥机构和抢险救灾体系，制订故障、火灾、爆炸、化学恐怖袭击、灭火抢险救灾等应急处理工作预案。

（2）城市轨道交通运营单位应急预案。

城市轨道交通运营单位应组织制订运营机构应对轨道交通事故和突发事件应急救援预案。该预案应遵循统一指挥、逐级负责、快速反应、配合协同的原则，并且该应急预案还要包含以下子预案：

① 控制中心应急处理预案（调度指挥预案）。城市轨道交通运营单位应组织制订控制中心应急处理预案，该预案应规定控制中心各调度岗位在运营组织中，遇到各类突发事件时的应急处理程序。

② 城市轨道交通车站应急处理预案。城市轨道交通运营单位应组织制订车站应对各类事故和突发事件的应急处理预案。车站现场应急处理预案均应遵循及时报警、疏散乘客、抢救伤员的原则，周密制定相关岗位职责、工作流程和设施器材配置标准及操作规程。

③ 车站其他预案。为确保城市轨道交通运营安全，除火灾应急预案外，运营单位还应建立毒气、爆炸、劫持人质等突发事件应急预案。

④ 车务安全应急处理预案。城市轨道交通运营单位应组织制订车务安全应急处理预案，该预案应规定车站、客车驾驶员及车场行车有关人员对乘客服务、行车组织、调车作业等工作中可能发生的各种应急事件、事故的处理程序。

⑤ 乘客疏散预案。因发生火灾等突发事件需要疏散乘客时，各岗位工作人员应密切配合、协调动作，根据指挥进行乘客疏散作业。

（二）应急预案的基本内容

（1）运营单位抢险指挥领导小组的人员组成和职责。抢险指挥领导小组应负责抢险救援的组织、指挥、决策，并指挥各部门实施各自应急预案，尽快恢复轨道交通运营。

（2）抢险信息的报告程序，应遵循迅速、准确、客观和逐级报告的原则。

（3）现场处置过程中各部门的组织原则及相关职责。

（4）不同事故情况下的抢险救援策略和人员疏散方案。

（5）提供救援人员、通信、物资、医疗救护和生活保障。

（三）应急预案的分类

应急预案按照针对事故的不同，可以分故障应急预案、事故应急预案、突发事件应急预案3种。

（四）应急预案的使用

应急预案在编制完成后，应注意先让工作人员熟悉和演练。首先，应急预案必须及时发放给相关工作人员，包括应急处置指挥人员、参与应急处置人员、可能与事故直接有关人员、可能会受到事故影响的人员等。其次，应急预案必须通过模拟演练与培训来强化。通常应急预案中规定的救援办法都需要多单位、多部门的人员进行相关配合使用，因此通常应急预案在被编制完后一定要按照里面提及的人员进行配合模拟演练。

思考与练习

1. 什么是全日行车计划？
2. 全日行车计划的编制需要哪些资料？
3. 什么是检修车？
4. 如何统计列车的晚点？
5. 运营事故可以分为哪几类？
6. 重大事故的认定条件是什么？
7. 造成地铁运营事故的原因有哪些？
8. 什么是事故应急预案？
9. 简述事故应急预案包含的内容。

乘务组织

城市轨道交通经济评价

参考文献

[1] 阎国强. 城市轨道交通概论[M]. 北京：人民交通出版社，2010.

[2] 张凡，钱传贤. 城市轨道交通概论[M]. 成都：西南交通大学出版社，2007.

[3] 刘峻峰. 城市轨道交通概论[M]. 重庆：重庆大学出版社，2013.

[4] 仇海兵. 城市轨道交通车站设备[M]. 北京：人民交通出版社，2010.

[5] 耿幸福. 城市轨道交通运营安全[M]. 北京：人民交通出版社，2012.

[6] 耿幸福. 城市轨道交通行车组织[M]. 北京：人民交通出版社，2012.

[7] 黄俊. 电力电子技术[M]. 北京：机械工业出版社，2004.

[8] 徐安. 轨道交通电力牵引[M]. 北京：中国铁道出版社，2000.

[9] 李红莲. 城市轨道交通车站机电设备[M]. 北京：机械工业出版社，2017.

[10] 朱济龙. 城市轨道交通车站机电设备[M]. 北京：机械工业出版社，2015.

[11] 曾险峰. 城市轨道交通概论[M]. 北京：中国电力出版社，2014.

[12] 于存涛，李良玉. 城市轨道交通概论[M]. 北京：北京交通大学出版社，2015.

[13] 王晓飞，黄建中. 城市轨道交通车站设备[M]. 合肥：中国科学技术大学出版社，2014.